战国原来是这样

张嵚◎作品

历|史|中|国
白金升级版

中国出版集团　现代出版社

图书在版编目（CIP）数据

战国原来是这样 / 张嵚著. — 增订本. — 北京：
现代出版社，2021.1
（历史中国）
ISBN 978-7-5143-8890-9

Ⅰ. ①战… Ⅱ. ①张… Ⅲ. ①中国历史—战国时代—
通俗读物 Ⅳ. ①K231.09

中国版本图书馆CIP数据核字（2020）第197151号

战国原来是这样

作　　者　张　嵚
责任编辑　张　霆　哈　曼
出版发行　现代出版社
地　　址　北京市安定门外安华里504号
邮政编码　100011
电　　话　010-64267325　010-64245264（兼传真）
网　　址　www.1980xd.com
电子信箱　xiandai@vip.sina.com
印　　刷　三河市国英印务有限公司

开　　本　710mm×1000mm　1/16
印　　张　18
字　　数　249千
版　　次　2021年1月第1版
印　　次　2021年1月第1次印刷
书　　号　ISBN 978-7-5143-8890-9
定　　价　39.80元

目 录

一　春秋这样变成了战国 /001

二　借壳上市，田氏代齐 /010

三　韩国变法，为啥没能走向强大 /018

四　春秋时代的小国，战国开始后都去哪了 /026

五　要变法，学李悝 /035

六　吴起的辉煌与失败 /043

七　齐国“奸臣”，一代名相 /057

八　最成功的只能是商鞅 /066

九　连横合纵，大国博弈 /076

十　楚国为啥会衰落 /092

十一　华夏骑兵宗师 /103

十二　谁能拯救长平 /111

十三　东西对峙，齐秦争霸 /120

十四　燕国改革，一场昙花一现改变战国历史 /129

十五　最后的君子：信陵君 /143

十六　最后一次合纵 /151

十七　最后一个公子也走了 /157

十八　韩赵魏的衰落 /163

十九　就这样一统天下 /173

二十　秦始皇错了多少 /182

二十一　科技革命改写战国历史 /193

二十二　战国商业：和战争一样热闹 /201
二十三　要强大，修水利 /209
二十四　没有战车的战国 /216
二十五　法家宗师韩非子 /223
二十六　最后的辩者：鲁仲连 /229
二十七　稷下学宫，东方的雅典学派 /238
二十八　衣食住行说战国 /247
二十九　墨子的神秘与强大 /255
三十　被欧洲人追捧的农家 /261
三十一　战国兵家那些事 /266
三十二　战国的官职都怎么叫 /274

战国大事年表 /281

一　春秋这样变成了战国

我们这本讲战国历史的书，自然要从战国的起始年头说起。

可偏偏就是这个看似十分简单的问题，在历史学界却充满着各种争议。作为东周列国时代中最高潮的一段，战国究竟起于哪一年，放在不同的史料里，却有好几种说法。

比较通用的说法，就是司马迁《史记》里的观点：公元前 476 年，也就是周元王元年。之所以定在这一年，主要还是为了尊重周天子权威。

而宋朝人认同的说法，则是吕祖谦《大事记》里的说法：公元前 481 年。这是孔子作《春秋》的终结年份。在儒家思想成为主导的封建社会，这一划分方法也十分流行。

当然宋朝的司马光并不同意，他编《资治通鉴》的时候，把公元前 403 年作为战国的开始，之前那么多折腾，都算在了春秋年间。直到公元前 403 年，周威烈王承认了韩赵魏三国的诸侯身份，等于扒掉了最后一块遮羞布，才意味着战国的开始。

当然依照清朝许多学者的说法，公元前 453 年才是战国真正的开始：韩赵魏三家瓜分了晋国，确立了战国七雄并立的局面，标志着战国时代正式形成。

同一个时代，为啥被划分成不同的起点，只因在不同年代的史家眼中，战国与春秋之间，简直是天翻地覆的变化，让前一代人看不懂的变革，着实太多太多。

但无论哪一种划分，一个真相无可争议：这是一个有别于春秋时代，几乎堪称全新的时代，中国历史将在一场剧烈的厮杀中，完成一次至关重要的浴火重生。

战国就是打

不管怎样划分，战国这个年代，最主要的标志就一个字：战！

而且和春秋年代最大的不同是，春秋虽然不乏战争，但列国诸侯名义上是都还是周天子的臣子，因此讲的是春秋礼数，哪怕是规模惊人的争霸战争，争的也主要是名分。

发展到战国年代，这条才是最大的不同。为什么很多史家眼里，韩赵魏瓜分了晋国，或者田氏取代了齐国，往往被看作战国的开始？那是因为在春秋年间，这是绝不可能发生的事情，就像春秋时代任何一个强大的霸王，都可以肆意凌辱周天子，但绝不可能取代周天子一样。从大国到小诸侯，春秋时代也没有一家权臣，可以名正言顺地取代原有国君。这基本的尊卑礼数关系，到了战国就彻底没有了。

自家国君，说废就废，自家国君的土地，说分就分。春秋时代大逆不道的事，却在三家分晋和田氏代齐中，表现得毫无负担。照着教科书里通用的说法，这也就意味着，旧有的奴隶主贵族制度，正在走向瓦解中。

自家的争斗，都能如此地你死我活，国与国的争斗，自然更加凶狠惨烈。

其实“战国”这个称呼，在最初的中国史料里，并不是指这个年代，而是指这个年代七个主要争雄的大国。就如《战国策》里所说：“凡天下之战国七。”而对这个年代，一开始《史记》上的称呼，也只是叫“六国之时”，直到西汉《战国策》之后，才开始有了这个叫法。

从称呼国家，到指代这个年代，真正开始这一称呼，还是到了《汉书》上，有了“至于秦始皇，兼吞战国”一句。自此之后，越来越多的史家论及这段历史，都开始以“战国”来指代。

战国者，正是此时热衷于兼并战争的七大强国：“秦楚齐燕韩赵魏。”

这段列国争霸的历史，论规模和惨烈程度，堪称中国历史之前所未见，而如果再计算上人口与伤亡比率，它的剧烈规模，甚至要远远超过这以后中国历史上绝大多数的乱世时期。

对比春秋时代，这个全新的战国年代，一个重要的变化，就是对待战争的态度。以春秋时期的通用说法，国家的大事就两件：祀与戎。也就是祭祀和打仗，而到了战国年间，所有的大事，都是以战争为中心。列国的变法、用人、改革，为的只有一件事：打赢！

孟子的一句话，足以概括当时战争的凶残程度：“争地以战，杀人盈野，争城以战，杀人盈城。”

如果再对照一下《史记》，就知道战国时代的战争，惨烈到何等的地步：比如大名鼎鼎的秦国名将白起，亲自指挥的四大战役，杀敌数量就在一百万以上。而当时中国的总人口，也不过两千万上下。

如果说春秋年代，列国间还有一层温情脉脉的礼节，那么在战国时代，这已彻底变成了你死我活的厮杀。

厮杀的主角，正是秦楚齐燕韩赵魏七大强国。对比春秋年代来说，表面看这其中有熟脸，比如秦楚齐燕，也有生脸，比如分了晋国的韩赵魏，但事实上，无论生脸熟脸，比起春秋时期的他们，这时的七雄早已大不同。

以教科书的说法，这是中国奴隶制制度崩溃，新兴封建制度勃兴的时期。因此能在这历史时期存在下来的国家，都必然做出了巨大的改变，有的像秦国一样变法，有的像田家一样代齐，有的像韩赵魏一样分家。但无论怎样做，目的都是一样，就是要脱去旧日奴隶制制度的外壳，全力向着封建制度狂奔，只有活出一个全新的自己，才有资格在这场角逐中角力。

而作为这个年代里的主角，秦楚齐燕韩赵魏七国，在这个热血时代开始初期，版图力量也都各自有了不同的变化。

首先从分完家的赵魏韩三国开始说起。

赵国分到的，是晋国当年北方的主要国土，包括山西吕梁山以西和山西北部与东南部，往南还占有了今天河南、山东、河北的部分领土。地理位置十分好，却摊上了好几位强悍的邻居，比如东北的中山，西北的楼烦和林胡，参考下西汉历史就知道，全是赫赫有名的强悍游牧民族，后来又崛起了强大的匈奴，一直不消停。

但这块地除了给赵国找麻烦，也送了个大礼物，例如北面的代地，不但是战国时代的良马产地，更是整个中国古代史上的战马孵化地，堪称中国骑兵的摇篮。因此胡服骑射发生在赵国，丝毫不意外。

相比之下，魏国的运气表面要好一些，分到了陕西东部至河南河北的大片地区，全是物产丰富经济发达的宝地，可战略位置就悲催了，号称“四战之地”，夹在齐赵秦楚四大强国中间，等于是被挤压住，极容易被包围痛打。

但对早年的魏国来说，这真不算个事，魏国自从分家之后，就是三家里最为自强的一家，首先启动了伟大的变法运动，率先实现了变法图强，坐上了早期战国列强里的头把交椅，且差不多有半个世纪，几乎到了战无不胜的地步。四战之地？它不打别人就谢天谢地，这段光辉历史，后面会详细讲述。

而其中相对较弱的，就是韩国，韩国一开始分家，运气就十分不好，分到了山西东南部和河南中部地区，不但国土狭长无险可守，国力也十分贫弱。所以在整个战国年代里，韩国都是最弱的一家，它不是挨打的对象，而是跟在人家后面做小弟。但韩国也吃柿子拣软的捏这一套，尤其是灭掉了郑国，奠定了自己的大国地位。

而这三家的老邻居，就是春秋晚期曾与晋国争霸的齐国。

齐国的特点是换了马甲，虽然还叫齐国，但已经由当年的姜氏齐国，变成了这时的田氏齐国。田氏继承的除了国君的名分，更有强大的家业，齐国资源丰富经济实力强大，国土在田氏代齐的演变中更加膨胀，领土包括了山东大部分地区和今天河北的一部分，尤其是把春秋时期的大国鲁国，吞并得只剩下几个小城。它有地有技术有钱，这时候的齐国，正面临着极好的发展机遇，因此在战国初期，其与新崛起的三晋国家，也开始了相爱相杀的历史。

而另一家与三晋关系密切的强国，就是西部的秦国。

在后人的印象里，秦国在战国早期，国力一直相对薄弱，直到商鞅变法，才真正实现了自强。

而事实上，商鞅变法以前的秦国，一点都不弱，国土的膨胀尤其厉害，战国早期已经占有了关中平原和甘肃部分地区，领土十分广袤，治下民族更十分复杂，以华夏族为主，却也兼有各类少数民族。

但秦国比起中原来，最弱的一条却是经济。虽然坐拥物产丰富的地区，但是经济技术和制度却严重落后，生产力更是极其不发达，反映到战场上，就是战争的支持能力极差，秦国在战国早期的战争剧本，就是一开始尚能取胜，但没赢几次，就粮草接济不上，然后就被人痛打，相似的狼狈，复制了好多回。

早期欺负秦国最厉害的，就是魏国，自从魏国强势崛起后，就把秦国当作了提款机，隔三岔五就要来打一把，打得秦国完全丢掉了西河之地。也正是这番的狼狈，才逼得后来秦国痛定思痛，决心变法。

但要问从春秋到战国，有谁一直保持国土最大的纪录，答案就是楚国。

楚国对比当时北方各国，堪称是战国早期最为嚣张的超级大国。楚国的国土包括了今天河南南部和湖北全部，包括湖南、江西、安徽等部分地区，到了春秋战国之交，楚国更干脆吞并了吴越两国，实力扩展到今天的江南地区，以《史记》的说法，就是“南吞百越，北并陈蔡，却三晋，西伐秦”。可以说，当时的楚国，以国土面积论，比其他任何国家都大得多。

而要问当时七国之中，谁的国土面积是最接近楚国的，答案恐怕出人意料，并非齐秦这样的传统强国，相反却是一个传统弱国：燕国。

燕国在整个战国历史上，绝大多数时间都是被欺负的，但它的国土却十分广袤：既拥有包括今天北京在内的河北地区，更有辽宁西南部，与东胡部落接壤。就像楚国通过吞并百越扩展领土一样，燕国也曾经北击东胡，极大地扩展了自家的实力范围。

从这七个国家的实力说，我们不难看到能成为“七雄”的准入标准：国土面积至少得千顷以上，军队数量更要“带甲数十万”，像楚国这样的超级大国，更要有百万以上的兵力。战国轰轰烈烈的争霸，就在这七个战争魔兽之间展开了。

这些事情都变了

战国的主旋律就是打，但是对于主要国家来说，最重要的改变，却不只是战争。

为了能在这弱肉强食的时代里生存下来，列国除了整军精武，就是要变法图强。不变法的国家，不是被推翻，就是被吞并，而变法的结果，却是让这些原本春秋时期的诸侯国，外壳之下的各种制度，都发生了翻天覆地的变化。

只有了解这些改变，才能更清楚地了解战国这个时代。

最重要的一个改变，就是各个国家的官僚制度。同一类国家，比如齐国秦国楚国，其主要官僚运转制度，从春秋到战国时代的变化，套老百姓的俗话说，真叫“老母鸡变鸭”。

在春秋以前，特别是西周时期，中国的主要官僚制度，就是世袭制。贵族永远是贵族，贵族的儿子生下来就是贵族，大小官职都是世袭继承，老爹过世儿子来，以文言文的说法，叫“世卿世禄”。

这样制度的改变，是从春秋时期开始的。先是一些有实力的卿大夫，开始有了家臣，然后就是一些破落的贵族离开原先的家族，外出闯世界，凭借自身的才能获得任命。但在当时的年代里，这样的情景还是非主流。

而到了轰轰烈烈的战国变法年代，新型的用人制度更成了大潮，所谓的世卿世禄，更成了浮云。各国的主要人才，外来人才极多，其中草根出身的尤众，“举贤”的理念取代了往日的世袭，越来越多的底层人才有了更多出头的机会，搅动了这个风起云涌的时代。

而在各国掀起的变法狂潮中，大家殊途同归的一条，就是确立新的用人制度，废除往昔的世袭制度。以清朝历史学家赵翼的说法，战国时期诸如苏秦、张仪成功与否，商鞅这类人物，他们的功过是非有待评判，但公认的一条贡献，就是开创了中国历史“布衣为相”的先例。而比这些草根上位已属以往不能想象，而各国官僚制度的改变更是更翻天覆地的。

首先直观的一件事，就是将相分立。最典型的代表，比如“将相和”的典故，老将廉颇向蔺相如负荆请罪，留下千古美谈。但实际上这样的千古美谈，也就只能是自战国起才会有，因为之前的春秋时代，将相的职权，基本都是不分家的。

从战国开始，除了楚国之外的几个主要国家，政治制度都有一个类似改革：专门设置了负责行政事务的相和负责军事的将，这也就是“将相”关系的由来。需要特别说明的是，在战国时代，相的称呼往往是叫“相邦”，直到西汉开国，为了避讳汉高祖刘邦，才改成叫“相国”。今天很多战国题材的电视剧，管吕不韦之流叫“相国”，分明就是要把刘邦穿越来的节奏。

随着这两个部门的分离，相关的新型配套部门，也如雨后春笋般建立，比如秦国和赵国，就有了掌握财政的内史，赵国的都尉负责管理人事任免，韩国的少府，除了管理税收，还要负责武器铸造与研发。而在武将方面，将军之下也有各种尉职，用以辅佐军务，这类新型官职，对于两千年中国封建政治制度，影响都非常深远。

与新型官职相对应的，就是新型的官吏任免制度。

战国时期还没有科举，但这并不妨碍草根阶层的出头。国君选拔人才的方式，除了举荐还有招贤，比起春秋时代的世袭制度来，这已经前进了一大步。但其中最重要的是，人事的任免权力，完全掌握在国君的手中，特别重要的一条是，国君通过授印来授予官员权力。因此从战国起至清末，官员倘若丢掉官印，都是几乎要掉脑袋的大事。

同样重要的一个改变，就是俸禄制度。

战国时期的官员工资，通常都是用谷物来支付。各国的工资标准也不同，比如在魏国做相，基本就是“食禄千钟”，标准高工资，齐国相对更大气，齐宣王当年为了挖孟子，许了“万钟”的高工资，但还没留住人。

而除了这种直接支付外，还有一种福利，就是封地。战国有很多高官，在获得官职的时候也获得了封地。可和春秋时代不同的是，大多数官员，对于封地只有使用权而没有继承权，一旦任期到期下课，封地也大多要原样交回。以韩非子的说法，就是“主卖官爵，臣卖智力”。

这个关系的改变，才是跨时代的。春秋时代的国君和大臣，虽说是上下级，但彼此却是一种世袭的关系。到了战国时代却不同了，国君和大臣已经是一种完全的雇佣关系。以前是吃祖宗的饭，现在要吃国君的饭。国君说话，比起春秋年代，真是胆大气粗。

而胆大气粗的国君，做另一件事也就得心应手：考核制度。

既然吃着国君的饭，那么就要被国君管，不再世袭的士大夫们，命运也从此被国君捏住。

而官员考核制度，也因此发生变法，掌握考核大权的，首先是相，也就是“相邦”，但除了少数几位权倾朝野的人物，绝大多数的相邦，都是直接对国君负责。以荀子的说法，列国每年都要由相邦主持，对官员进行考核，而考核的结果判定，则完全由国君来主持。这在春秋时期，基本是不可想象的。

而在战国年代，对于地方官来说，这种考核也有一个名称：上计。“计”就是统计的簿册，上面记载着田产、人口、土地等事项，年初时做好规划，年终时由国君一一对照，进行考核。这样的考核模式，也沿用了中国整个封建社会。

也正是从这样的改变里，我们不难看出战国时代战争扩大的重要原因。

比起春秋时代的集体负责，话语权更大的战国国君们，自然可以放开手脚，为争霸兼并大打出手，每个国家的战争动员能力和指挥效率，比起春秋时代，可谓高速进步。

正是在这样的高速运转中，战国时代轰轰烈烈的争霸大戏开场了。

而比起三家分晋之类的爆炸新闻，真正催动战国早期战争大戏的，却是另一个劲爆事件：田氏代齐。

二　借壳上市，田氏代齐

在从春秋到战国的时代巨变下，最常见的景象，照教科书的说法，就是旧的奴隶主阶层崩溃，新兴的封建地主阶层把持各诸侯国大权。崩溃的方式，也五花八门，最惨烈的当属晋国，也就是大名鼎鼎的三家分晋。

所谓“三家分晋”，即在晋国国君有名无实的局面下，通过内战的方式，由韩赵魏三大家族联合灭掉了最强的智家，瓜分了晋国的土地。晋国，这个春秋时代一直作为南北争霸“两极”存在的大国，也就因此不复存在了。这样做的结果，就是原本晋国的土地上，崛起了韩赵魏三个国家，在战国争霸的历史上，这三个国家都是“战国七雄”之一。

说起“分家”的过程，那是十分惨烈：一开始，是先分成了智韩赵魏四大家，可偏偏实力最强的智家掌舵者智伯瑶，继承的实力一流，但本人智商却末流，非要人心不足蛇吞象，要并吞其他三家领土。为了杀一儆百，智伯瑶先拿最不听话的赵襄子开刀。公元前 455 年，他带领其他两家组团围了赵襄子老窝晋阳。接下来的事情，就堪称惨绝人寰：晋阳被三家联军，足足围困了两年多，全城战死饿死无数。智伯瑶偏偏缺德到冒烟，还把晋水给决了，来了个水淹全城。但饶是这样，却非但没有逼降赵襄子，反把其他两家韩康子与魏恒子看得心惊肉跳：对他这么狠，接下来会不会也这么对我们?

这样一心惊，立刻就心有灵犀，反而是韩赵魏三家背地联络上，一齐朝着智伯瑶反戈一击，不但把智伯瑶打得全军覆没，其领土更被尽数瓜分。而后的事情，就是趁热打铁，晋国其他的土地，陆续被这哥儿仨瓜分完毕。到公元前 403 年，干脆派使者去见周威烈王，正式取得了册封，把春秋的老牌强国晋国，就这样变成了历史名词。

这番惊动列国的裂变，是无数次尸山血河的惨烈战争换来的。但比起如此惨烈的战斗，齐国的变化却相对温和，而且结果也比晋国更好。也是以旧国君被废黜为结果，却并没有出现如晋国这样的国家分裂局面，代春秋时代姜氏而起的田氏，不但顺利平定了齐国其他诸侯势力，抢班夺权成功，齐国的国土也并没有因此而分裂，统一的齐国，反而比春秋时代更为强大，一度成为与秦国争锋的两强之一。

相比于晋国的分裂，这种更特殊的抢班夺权方式，究竟又是什么原因呢？

外来户田公子

要了解田氏代齐的来龙去脉，得从事件的主角——田氏家族说起。

对于齐国来说，田氏家族其实是个外来户，田氏家族本来姓陈，是春秋时代陈国国君的后人。因为陈国发生变乱，他们避难到了齐国，此后几经发展，成为齐国的重要宗族之一。

虽然田氏家族是难民，但在公元前672年，他们逃亡到齐国时，一个恐怖的流言，就曾让整个齐国惊悚。当时的田氏祖先，就是陈国公子陈完，早在陈完出生的时候，就有算命先生为他算过一卦，大体意思是说这个孩子的子孙将来要建立一个国家，但这个国家会在陈国之外，按照卦象的指示，这个国家的诞生地，就是齐国。

但对于这个流言，当时齐国国君齐桓公，却表示毫无压力，且对陈完很器重，任命他为管理百工的公正。在这个职位上，传说中将闹出大动静的陈完，表现得十分低调，一直夹着尾巴做人，工作兢兢业业，待人接物谦虚有礼，很快在齐国站住了脚。

但站住脚的陈完，这时也不过是个小人物，而真正确立他在齐国贵族地位的，则是靠娶媳妇——和齐国宗族懿仲的联姻。

作为齐国宗族的懿仲，之所以要把女儿嫁给这个低调的家伙，同样也因为一卦。这次他们请的算命先生，似乎比当年陈完家更专业，不但做出了相同的判断，连时间表都算出来了：这个陈完的子孙在五代之后就要昌盛发达，八代之后其在齐国的地位，无人可比。

如此震撼的卦象，彻底震撼了懿仲！嫁！

就这样，改为田姓的陈完家族，从此确立了和齐国王室的姻亲关系。

虽说有了贵族身份，但之后这家的几代人，也一直没有显山露水，因此日久天长，这个曾经被津津乐道的预言，也就成了笑话一件。可事实证明，这个卦是很靠谱的，到了陈完身后第五代，相关的事情开始应验了。

田完的五世孙田须无被齐庄公册封为正卿，这个家族也因此取得了在齐国国内和高、鲍等世家大族平等的高贵地位。田须无去世后，他的儿子田桓子继承了爵位，此人，正是田氏代齐过程中的一大关键人物。

田桓子继承爵位的时间，正是曾经强大的姜氏齐国，一段公认极乱的时期。当时的齐国，连续遭到内乱。先是国君齐庄公被权臣崔杼杀害，接着大权独揽的崔杼，嚣张了没几年，又被另一大权臣庆封杀掉。然后，就到了田桓子的表演时间，他与晏婴等人联合，推翻了庆封的专权，稳住了新国君齐景公的王位。

这之后的一段时期，是姜氏齐国最后风光辉煌的年代。齐景公任用贤相晏婴，几十年来励精图治，意图重新恢复齐国的霸主地位，齐国的经济、生产得到迅速发展。而比起对外称霸来，权力欲极强的齐景公，也十分重视对内的威权，在吸取了当年齐庄公被杀的教训后，他对齐国的传统豪门家族，一直保持极强的警惕，稍有风吹草动，立刻残酷打压！

要干这霸道事，仅靠他本人不行，于是根基极浅的田桓子，就成了齐景公一度最信任的打手：公元前 532 年，齐景公借田桓子之手驱逐了此时把持齐国大权的栾、高两大家族，并且迅速平定掉他们的残余势力，为齐景公立下头功，也踢开了田家夺权之路的第一块绊脚石。其在齐国的政治地位，开始蒸蒸日上。

就这样，如同黑马一般蹿出的田桓子，就成了齐国国内炙手可热的新贵。

而比起这节节高升的权位，田桓子做得最成功的，还有生意。

齐景公在位时期的春秋时代，是弭兵之会结束后的暂时和平期，中原诸国的战乱大为减少，各国都把主要精力放在整顿内政和发展生产上，齐国尤其如此。

但田桓子最成功的，是极接地气，立刻采用了新兴封建制度的发展理念：采用减轻租税的方式，招募农民前来投奔，特别是在收租子的时候，他特意设计了一套新工具，采取“小斗进，大斗出”的方式，给老百姓以实惠，这和当时齐国旧贵族的残酷剥削形成了鲜明的对比。

所以齐国的老百姓们纷纷投奔到他的门下，一时间“归之如流水”，他的这些做法，一方面迅速增强了家族的实力，积累了后来颠覆齐国政权的本钱；另一方面大批的老百姓宁可逃亡，也要附身在田桓子的门下，这些老百姓，在当时叫作“隐民”，他们的逃亡，使得齐国能够缴纳赋税的老百姓数量大为减少，国家的财政收入，以及齐国政府对财政的控制权，从此都大为削弱。

而比起一心苦心经营的田桓子，齐景公却显然放松了，他这时期的主要精力，还是放在对外重树霸权上。公元前530年开始，齐景公首先通过外交手段，和晋国、楚国等国国君接触；公元前502年，齐景公在经过了几十年准备后，终于同晋国开战。齐国以猛虎下山之势，一举拔除了晋国重镇聊城，之后迫使晋国的盟友鲁国与齐国结盟，北方的局势，形成了齐国一家独大的局面。

在这之后的12年里，齐景公通过扶植晋国权臣傀儡，以及主动进攻的方式，数次发起对晋国的战争，虽然节节胜利，但仅仅加剧了晋国内部的分裂，始终没有彻底战胜晋国。公元前490年，齐景公去世。这位齐国国君在位的57年，前半段休养生息，最后十年大打出手。十分的霸气风光，但他不曾想到的，就是在这风光之下，田桓子一脉势力也在悄悄坐大。

虽然田桓子先于齐景公过世，但这样的疏忽，却还是立刻让齐国尝到苦果。田桓子的儿子田乞，是个精明能干不亚于他父亲的人物，齐景公尸骨未寒，田乞就联合士大夫发动政变，驱逐了齐国从齐桓公开始确立的两大宗族——国氏和高氏。

值得一提的是，这场政变的成功，源自田氏得到了当时临淄“国人”的支持，田家几代收买人心的举动，这时候开始得到回报，不但诸多士大夫倒向他们一边，城中的百姓还自发地帮助他们。政变成功后，田乞拥戴齐悼公即位，自封为国相，从此把持了齐国的大权。

图穷匕首见

田乞成功夺权，拥戴齐悼公，是田氏代齐的开始，但是这时候的田氏，距离夺取政权，却还有一段路要走。

此时的齐国，齐悼公完全倚重于田乞。但是国内的旧宗族势力仍在，田氏虽然控制了军事、经济、政治大权，却还不能任意行事。特别是各种重大决策，虽说国君越发没存在感，可也要靠国内各宗族集体决定，各个家族间的钩心斗角，更是十分多。但田家的力量，却是蒸蒸日上。

当然这时期最不甘心的，还是已成傀儡的齐国国君们，但是他们的反抗，也是越来越有限。

齐悼公做了 4 年傀儡后，被鲍氏杀死了，而田乞也在同时期过世，田氏的下一个掌舵人，就是姜氏齐国的真正掘墓人——田常。

田常如何掘了姜齐的墓？还得从齐悼公过世后说起。这堪称齐景公去世后，姜氏国君最后一次权力反弹。

齐悼公过世后，即位的齐简公，是由当时的齐国宗族共同推举上去的，比起前任齐悼公来，齐简公的权力要大得多，这时候继承爵位的田常，被齐简公任命为右相，依然属于掌握大权的人物。可是担任左相掣肘他的，就是另一个官员监止，这时期的齐简公雄心勃勃，意图解决田氏尾大不掉的问题，而田氏多年来大权独揽，也引起了许多旧贵族的不满。一股反对田氏的暗流，正在形成。

更让齐简公感到惊喜的是，这位传说中强大的田常，似乎变得特别谨慎小心，举手投足都彬彬有礼，对自己更是尊敬有加，根据一些眼线的汇报，这人私底下更极度悲观，经常感叹自己恐怕熬不过去了啥的，宛如日薄西山。

不但齐简公这样看，很多旧贵族也是这个判断，在经过了多年风光后，已然成为众矢之的的田家，其风光之路似乎要走到头了。

但做这个判断的人，显然没有了解田常。田常何尝不知道此时局面的凶险，但就当时的发展来看，老天最眷顾田家的，就是这几代人，一代更比一代强。

田常就是这样，齐简公登基后的四年里，一面延续了祖父收买人心的政策，继续通过减轻租税，在封地内实行仁政的做法，招揽大批百姓前来投靠。而比他祖父父亲两代做得更出色的，就是他加强田氏宗族内部的团结，整合田氏宗族的力量。对田氏宗族里的杰出人物，他也广泛招揽，委以重任，很快形成了一套更加强大的政治班底，如果说在他之前的田氏历代英杰们，都是通过联合旧贵族的方式一步步扩大权力的话，这时期的田氏家族，已经完全可以凭借自己的力量了。

于是，就在田常表面的隐忍下，齐简公放松了警惕，诸多贵族们也把心放到肚子里，很多紧锣密鼓针对田家的阴谋，也就因此慢了半拍：既然田常如此颓废，不妨等他自然死亡。

正是这样的犹豫，让姜氏齐国错过了这最后哪怕理论上的救命机会，等待他们的，将是一场惊天巨变。

公元前 481 年，图穷匕首见的时刻终于到了。

田常于是年夏天发动了政变，对齐简公展开了攻击，其实这时候田常完全属于“赌一把”。当时忠诚于齐简公的大臣以及军队还是很多的，只要齐简公能够当机立断，集合所有反对田氏的力量发起反扑，这时候的田氏还是无力对抗的。

齐简公的反应起初很果断，准备亲自主持镇压叛乱，宣布田氏的罪状，但临近行动的时候却犹豫了。毕竟田家树大根深，而且现在又是抱团决死一战，关键时刻，横的怕不要命的，田家这一刻正不要命，而齐简公却退缩了。

其实田常当时的态度，远没齐简公想的强硬，相反出人意料地𡳞。当监止率领的政府军向他进攻时，田常抵抗不力，甚至想过逃命，关键时刻他的族人田行拽住了他，要他千万不能优柔寡断。在田行的激励之下，田常索性决死一搏，带头率兵冲杀，一举击溃了监止。

其实监止的兵败，就当时的大局来说，也不过是小挫折，如果齐简公当时能整顿兵马，不说立刻击溃田常，形成相持局面是不成问题的，而且叛乱这种事情，兵贵神速最重要，时间永远是齐简公的朋友。这就好比中国足球经常碰到的局面：打平就出线。

可是齐简公的反应，却显得十分窝囊：闻听监止兵败，此时尚有力量抵抗的齐简公立刻吓破了胆，当场扔下随从们逃往滕县（今为山东省滕州市），却没逃掉，被抓了回来。田氏代齐的天王山战役，就在这样的偶然与必然中完成了。

杀掉齐简公的田常，此后又立齐简公的弟弟为齐平公，他自己以国相的身份继续掌握大权。但虽说如此，他却还没有废掉齐国国君的勇气，这事毕竟影响太大，不寻求外部支持是不可能的。然而，这个时候，一个天然的朋友出现了：晋国新兴的韩赵魏三大家族。

为了赢得这哥儿仨的支持，田常也豁出去了，甚至连国家利益也顾不得，主动把齐国原先占有他们的土地归还给了他们。对南方正咄咄逼人的吴国，他也采取隐忍政策，主动遣使通好。

但这时候的中国，宗法制的社会结构并未完全消失，废除国君依然是大逆不道的行为。田常虽然大权独揽，但终其一生，也没敢走出这最后一步。

田常去世后，田氏掌握政权的局面，又持续了 69 年。他的儿子田盘拥立了齐宣公，孙子田和拥立了齐康公。这期间田氏的威权日益扩大，田家宗族的各类人物，已经陆续接替了齐国旧贵族地位，以新贵族的身份把持了国家大政，田氏的接班，已经是时间问题。

这个接班的时间，最终在公元前 392 年到来了。这一年田和将傀儡国君齐康公迁移到了海边居住，随后通过与他一直要好的魏文侯向周天子上奏，要求按照三家瓜分晋国的例子，册封他为齐国的国君。公元前 386 年，田和正式成为齐国国君，田氏代齐就此彻底完成了。

在春秋到战国的过渡阶段，地主阶级抢班夺权的行动很多，但田氏代齐无疑是极其重要的一环。三家瓜分晋国的行动，虽然开天辟地，但毕竟是三家权臣势力均衡的产物。以一家权臣独大的形势，最终完成一个国家从里到外的改朝换代，田氏代齐开了一个先例，它的成功，也标志着西周时期建立的宗法秩序彻底崩溃。那么，承认田氏代齐既定事实的周王室，不知是否预感到下一个事实：最终被取代的，就是周天子自己。

三　韩国变法，为啥没能走向强大

战国七雄之中，如果评选其中自始至终最弱的一家，当属韩国。比起齐国曾经战胜于诸侯，魏国曾经首霸，秦国更是后来居上，吞并六国，波澜壮阔的历史画卷里，韩国的角色，却是自始至终未变：垫背。

最早魏国崛起的时候，它是魏国的垫背，跟在魏国后面，当了好多年小弟，占过不少便宜，也挨过不少欺负。后来齐国崛起，它们又曾是齐国的附庸，甚至书写下战国战争历史妙笔的“马陵之战”，事件的起因正是魏国攻韩，替齐国在整个战争期间生扛魏国，帮助齐国赢得出击时间的，也同样是韩国。后来秦国变法崛起，大肆向中原扩张，征服的首个对象，依然还是韩国，自从秦孝公起，就不断地把韩国当提款机，今天占地明天讹钱，好好地为秦国发展壮大买够了单。

因此说起这战国七雄里最弱的韩国，稍微熟悉战国历史的朋友都知道，基本除了屈辱，还是屈辱，燕国还曾有弱燕破强齐的闪光一幕，韩国却是从头到尾，基本找不到半点亮色。基本就是落后挨打。

这个贵为战国七雄之一的国家，真的就只有窝囊吗？

事实却不尽然，韩国虽然缺少横扫天下的豪迈武功，也没有齐国稷下学宫的百花齐放文化，却也同样是战国历史上，十分浓墨重彩的一环。

韩国并不弱

韩国的历史，同样也起于公元前 456 年，三家分晋成为既定事实时。

当时的韩国，经过了韩康子、韩武子、韩景侯几代人，基本都是惨淡经营。当初分家的时候，韩国看似国土分得不少，可是正好夹在秦楚赵魏之间，看看地图就知道，完全就是在夹缝之中生存，外部环境十分恶劣。

但更为恶劣的，却是内部斗争：特别是在公元前403年，韩景侯取得了周天子的册封，有了诸侯名分以后，韩国的建国成了既定事实，然而内部的争斗，却是愈演愈烈：既发生过相侠累被刺杀事件，也发生过韩哀侯被儿子刺杀事件，内部就是这样各种乱。

外部条件恶劣，内部又各种乱，也就注定了韩国从开国初期，就免不了被人欺负，欺负韩国最为勤快的，当然还是秦国。虽说当时的秦国，离商鞅变法还有好些年头，还处于十分野蛮落后的阶段，而且动不动还要被魏国各种吊打，但是欺负韩国，却还是不成问题的。

于是从韩哀侯在位时起，秦国对韩国的讨伐，就越发地变本加厉。公元前371年，秦国一口气就拿下了韩国六座城池，虽说韩国堤内损失堤外补，转过头来灭了郑国，还把国都迁到了新郑，但其实还是惹不起躲得起，躲躲风险再说。但是就是在韩哀侯的这段执政时期里，透过韩国年年窝囊挨打的悲惨现象，我们同样可以看到的，是韩国在很多地方的风光强大。

其中最拿得出手的业绩，就是韩国强大的手工业。

韩国的官营手工业，在列国里公认是极其强大的，特别是在韩国灭掉郑国，迁都新郑之后，得到的最丰厚的财富，就是郑国昔日强大的手工业生产体系。韩国的官营手工业，涉及当时各个主要行业，最有名的就是兵器制造业，韩国的冷兵器特别是弓弩，性能和杀伤力都冠绝天下。今天出土的战国墓葬宝剑，尤其以韩国的宝剑最为锋锐。特别是后人说起秦国的强大时，最为羡慕的，就是秦国强大的弩兵，而事实上，秦国的弩兵正是脱胎于韩国，相当多的韩国工匠，在被秦国俘获后，直接帮助升级了秦弩的杀伤力。

而与手工业同样闻名天下的，就是韩国的商业。

被韩国灭掉的郑国，本身就是当时中国最繁荣的商贸区，郑国地区的富商大贾云集，商贸活动十分红火热闹，这些红火场面，都成了战国早期韩国发展的最大本钱。尤其是回看战国历史，相当多有影响力的大商人，都是韩国人，最为著名的就是白圭，其商业经营理念，在两千年的儒商文化历史上，都有着重量级影响。

确切来说，地理优势非常恶劣的韩国，却在战国起家早期，有着无与伦比的经济和技术优势。因此虽然一直挨打，令列国不可忽视的，正是它这强大的发展潜力。

而在韩昭侯即位后，韩国也开始了与几大国一样的选择：变法图强。

申不害变法

韩昭侯走上这条路，比起当时其他几个大国来，还是晚了很多年，但即使这样，也是被逼的，当时的韩国，已经到了不变法不行的地步。不但秦楚这样的大国，对韩国的欺负变本加厉，就连传统弱国宋国，竟然也加入欺负韩国的行列来，夺取了韩国的黄池地区。眼看再不变法，就是灭顶之灾，韩昭侯也就下定了决心：变！

战国早期的变法，基本模式都是一致：统治者下定了决心，然后找个靠谱的改革家。韩昭侯找到的人物，就是申不害。公元前 354 年，韩昭侯正式任命申不害为相，变法图强。

申不害，号称申子，新郑人，战国时期法家学派的代表人物，同样也是与商鞅、李悝、吴起齐名的顶级改革家。他的著作《申子》，更是法家思想上有着重要里程碑意义的代表著作。而且以《史记》的说法，这位奇人原先出身于道家学派，后来却成了法家代表人物，他的思想更是兼有道家和法家两者的精髓，因此自成一派，思想十分鲜明。而在获得韩昭侯重任后，一直锐意变法的申不害，也终于找到了大展拳脚的战场。

即使对于今天来说，申不害的一大别号，依然有着振聋发聩的意义：法术士。其中的“法”，就是强调立法法制，即有完备的法律，确保变法的胜利进行。其中的术，则是指实现的手段，即用灵活的手腕，确保法的实行。这种手段与思想结合的理念，对于后来王安石、张居正等变法家，也是影响深远的。

而放在当时，申不害的变法，首先也是从法律的修订和确立开始的。以申不害自己的话说：“君必有明法正义，若悬权衡以正轻重，所以一群臣也。”也就是说国君行使权力，就好比用秤称重一样，法律就是秤，有了法律才能驾驭群臣。完备的立法是一个国家走向强大的必经之路。在这样的理念下，韩国开始了轰轰烈烈的修法运动，韩国的法令完备，哪怕比起商鞅变法来，也是毫不逊色的。

然而更可贵的是，除了立法完备，申不害更强调有法必依，法律重的不是条文，相反正是执行力。哪怕是国君，也不能凭借着自己的个人好恶玩弄法律条文，有法律就必须遵守，即使国君也不能违法。所谓“任法而不任智，任数而不任说”，翻译成白话，就是事实依据，法律准绳。在申不害看来，一个国家守不守法，正是一个关系生死存亡的大问题。

申不害的这几条思想，首先强调的，就是对国君权力的限制，这样的思想放在战国时期，可以说大逆不道。但为什么韩昭侯对于申不害，却是百分百地支持呢？因为在这些关于法律的坚决规定背后，更隐藏着申不害一个最讨国君欢心的思想：“术”。

所谓“术”，以堂皇的理由解释，就是实现法治的方式，但具体到申不害的思想上，其实就是指一件事：国君的专制独断。

强调法治的申不害，同时又是君主专制的绝对倡导者，在他的眼里，只有实现了国君的绝对权力，不受任何人干涉的绝对话语权，才有可能实现他理想中真正意义的法治。这个思想在他的《申子》中，被称为“独断”。也就是国君的威权，不受任何外力的挑战。所谓“操生杀之柄，课群臣之能者”，正是申不害一直在努力宣扬的“术”。

这样的思想，作为国君，谁都会百分百地欢迎。而更让韩昭侯感到高兴的，却是申不害的“术”，绝非一个空洞的宣言，相反更有实现这话语权的靠谱方式。

在申不害看来，一个国君想要说一不二，掌握生杀予夺大权，在政治争斗中，时刻立于不败之地，归根结底，只要做好一件事：“无为。”

然而这个思想，才是申不害的变法思想中，最有别于其他任何一国的妙笔。列国的变法主张，都在为加强国君的话语权而努力，例如当时的两大强国齐国和秦国，都在以加强国君权威和职责的方式，来强化对变法的坚持，申不害却反其道而行之。在他看来，只有无为的国君，才是大有为的君主。

为什么这么说呢？

申不害解释说，一个国君最失败的地方，不是让大臣们觉得他很笨，相反恰恰是让大臣们觉得他很聪明。如果大臣们感到自己的国君常年明察秋毫，那么他们的第一反应，就会挖空心思继续欺骗国君。只有国君摆出一副无为的面孔来，才能卸掉大臣们心头上的包袱，大臣们猜测不透国君们内心的真实想法，才会真正老老实实地为国君工作。而且和别家变法派不同的是，在“无为”这条上，申不害也确立了分工原则：每个官职都有自己的职责分内所在，大家各司其职，国君的工作不是要代替这些官员们干活，而是监督好他们，不让他们犯错误，这样整个国家的效率，才能够真正得到提升。

以《史记索隐》的作者司马贞的观点说，申不害的变法，无论成败与否，有一个效果无可非议：建立了一个封建王朝最为高效的行政运转体制，即“尊君卑臣，崇上抑下”。而比起上层行政体制的设计来，申不害的另一个创举，就是“经济建设”。

战国时期的列国变法，经济领域的内容，基本都大差不差，几乎都是废井田开阡陌，承认封建土地所有制，把新兴的封建土地制度，纳入国家财政体系的轨道，给予保护和扶持，从而增加收入，振兴经济。

申不害的思想，也非常类似，但相对有所不同的是，他把农业生产抬到了极高的地位上，所谓“四海之内，六合之间……曰贵土”，也就是土地是最珍贵的财富，而国家要想称霸天下，也必须“国富而粟多也”。因此在申不害当政时期，奖励农耕的政策极多，农业生产也抬到了极高的地位上。

而同样被申不害十分重视的，则是韩国的手工业，正如我们所知道的，韩国手工业的技术基础十分强大，而申不害的改革，更起到了催化剂的作用。在申不害的坚持下，韩国加重了官营手工业的职权，而且建立了一套完整的手工业考核体制，尤其影响后世的一件事是：每一件韩国出产的兵器，上面都标注了工匠的名字，哪个兵器出问题，立刻就追究工匠的责任，韩国的宝剑与弓弩，从此驰名天下，都是拜这严格管理所赐。

而比起李悝、商鞅等人，申不害在韩国的变法话语权上，那也是相当大的，他共担任韩国国相十五年，其间文武大权独揽，除了负责行政事务，军事工作也是一把抓，他还主持了韩国历史上著名的军事改革，把贵族自家的私兵收归国有，和国家的兵马混搭训练，从此以后贵族没有了兵马特权，力量逐渐削弱，国君的威权大为加强。这件事当时在韩国引起的争议和阻力最大，但在申不害的灵活手腕和强硬动作下，到底办成了。

在这场痛苦的改革中，韩国的军事实力，也一度焕然升级。而申不害的个人声望，也在韩国军事改革完成后，一直如日中天。但风口浪尖上的申不害，自始至终保持的，就是对国君韩昭侯不贰的忠诚。

然而，作为申不害的领导，韩昭侯除了对申不害有百分百的信任外，更以其独特的驾驭手段，令申不害始终诚惶诚恐，比较有名的一件事是：有段时间申不害也曾因为自己功劳不少，一度飘飘然。有一次竟然大模大样，要求韩昭侯封自己的一个堂兄做官。没想到韩昭侯却冷冷拒绝了，申不害开始还不解，甚至一脸的不情愿，但韩昭侯接下来的一句话，却吓得申不害全身冷汗：“您一直教育我不能被情绪左右，严格依法办事；您说今天这事，我要是听了您的，就违背了您的教育；要是不听您的，就让您不高兴，您说我该怎么办？”

就这一句话，申不害立刻面容改色，忙不迭地向韩昭侯请罪。从此也百分百知道，这位国君是个不容易糊弄的人物。之后的很多年里，他一直保持着对韩昭侯百分百的尊重，换得韩昭侯百分百推心置腹的信任。这个君臣同心的掌故，是中国古代史上一段美谈。

一肚子委屈的申不害

申不害对韩昭侯，一度底气十足，也来自于他底气十足的业绩。

以一个相国来论，申不害变法的成绩，可以说相当优秀，所谓“国内以治，诸侯不来侵韩”，也就是国家经济发展迅速，列国诸侯都不敢来欺负韩国。这十五年变法时代，也是韩国历史上难得的，不曾遭到外来侵扰的黄金时代，以业绩来说，十分的强大。

但比起同时期战国其他国家的变法来，韩国却显得弱多了。

作为三家分晋后经济最发达的国家，韩国却不曾像赵国魏国那样，有过笑傲战国时代的风云岁月，最强大的表现，也不过是申不害变法时期那样，仅免于挨打而已。为什么会这样呢？

以法家大师韩非子的观点，这个问题的症结，还是出在申不害自己身上。

申不害改革的最重要环节，就是立法，但是其最大的漏洞，也是立法，申不害口口声声认为立法是国家重器，有法必须执行，但同样又把执行法律的关键，寄托在国君自身的威权上，这就带来一个极为矛盾的结果：为了实现国君的威权，所有严格的法律条文，都必须为国君服务，同样一句话的法律解释，可以根据不同的需要，解释出不同的结果来。精心制定的法律，也就成了为国君专制服务，肆意被篡改的工具。

而更严重的后果是，申不害为了能够减小变法的阻力，并没有像商鞅、李悝那样大破大立。商鞅变法最典型，在确立新法的同时，对秦国旧有的法律基本都尽数废除；李悝在魏国的变法，也基本是踩着奴隶制旧规矩的尸首前进，唯独申不害弄起了平衡，他的“术”思维，漏洞就在这个地方：晋国时期的法律，在韩国都还有保留，申不害却又颁布新法，而且当新法和旧法发生冲突的时候，完全就是以利益的需要，来选择偏于哪一方。这样的做法，减少了变法的阻力，同时却也让阴魂不散的旧法，成了韩国进一步改革的最大负担。

然而最让申不害感到失败的是，他这样的权术，为的是减少变法的阻力，但适得其反的是，就是这样的缩手缩脚，使本来应该成为变法保护的法律，反而在申不害过世之后，成了反对变法的最重要屏障。以韩非子的话说，当申不害活着的时候，可以按照他的意愿随意解释法律的条文，可是当申不害过世后，反对者们也有样学样，同样一条法律，今天可以支持变法，明天就可以废除变法，韩国的落后，也就在此。

但申不害对这个问题，也是一肚子委屈，以申不害自己的话说，绝不是他自己缩手缩脚，相反是对他一直毕恭毕敬的领导韩昭侯掉了链子。以韩昭侯自己的话说，就是“法度甚不易行也”。申不害一直寄希望国君可以乾纲独断，但最讽刺的事实是，恰恰是他的领导韩昭侯，是对于新法最游移不定的人物。以申不害著作里的话说，每次韩昭侯刚同意一件国策，却在左右的劝说下改弦更张，且没有了战争威胁后，韩昭侯也沉迷于享乐，变法的经济成果，基本都被他用来大兴土木，这样的韩国，可以在申不害时期保持国家安全，但距离走向富强，依然道路遥远。

四　春秋时代的小国，战国开始后都去哪了

如果把历史比作舞台，那么春秋时代的历史，就热闹得好似团体操。

虽说后人记住比较多的，还是那些诞生过春秋霸主的大国，或者齐桓公、晋文公这类风云人物，以及各种波澜壮阔的争霸场面。但如果细观历史就会发现，春秋每一个大人物的故事，甚至每一场吸引眼球的大事件，在高光的主角背后，龙套们的出镜率，也是相当高的。

比如宋国、陈国、蔡国这类的小国，这些我们看上去只是一个概念的名字，以及各种各样的小国国君们，不熟悉历史的朋友，可能无暇注意，但只要细细注意春秋时期的历史演进，就会发现他们的戏份儿，实在是太过重要。就以争霸战争来说，每一次大国争霸，爆发点大多是小国惹事；每一次大国间博弈，都是先以小国间互掐为铺垫。甚至有些时候，小国们还会喧宾夺主，让大国好好吃个瘪，比如鲁国就曾打过齐国，宋国也曾生扛过楚国，让称霸天下的楚庄王都没了脾气。

可到了战国时期，就不一样了。

如果说春秋历史好似团体操，那么战国时期，就是结结实实的对台戏。一直轮流唱主角的，都是几个主要大国，说起这段历史，哪怕最不熟的朋友，也张口就是“秦楚齐燕韩赵魏”，就好比电影大片，看的是主角光环。以前还抢个戏的龙套们，这下真成了人肉背景。

那么问题来了，战国开始之后，是不是真的就只剩下这七个国家，其他的小国都彻底没啦？

当然不是，恰恰相反，在它们看似边缘化的历史中，却也深藏着许多饶

有趣味的故事，了解它们的消失，也许更能理解这个时代的风云变幻。

越国去哪了

虽然说起战国初期的大国，我们习惯称之为“秦楚齐燕韩赵魏”七国，但按照顾炎武《日知录》里的说法，应该是八个大国，除了前面七个大咖，还有一个实力足以比肩的超级强国：越国。

这个国家曾经的牛气与传奇，熟悉春秋晚期历史的朋友都了解，为了报血海深仇，那真是啥侮辱都能受，国王勾践睡过草席啃过苦胆，硬是华丽逆袭，把昔日强悍无比的死对头吴国打成了历史概念。甚至也因此有个说法：这个强悍的国家，也配得上位列春秋五霸，起码比争霸不成含恨而死的宋襄公有资格得多。

但是进入战国时代以后，在很多史料的描述里，特别是当代好些历史教材里，越国的故事就一笔带过了。曾经牛气如此，咋就说没就没啦？

其实在战国时代开始的时候，这个国家依然很牛很强大。

为什么牛？想想就知道，灭掉了传统老冤家吴国，打包全收其家当。而且越王勾践一代英主，更是打下一个雄霸天下的好家业。想不强大都难。

进入战国时代以后，中原地区的大事件十分热闹，但越国的事情，虽然历史上记录少，却一样非常热闹。

勾践过世以后，越国相继传了六代君主，虽然“新闻”少了，国力却在这里摆着，和北方的齐国以及西边的楚国，既闹过摩擦，也常打交道。是中原七大豪门说起来都为之色变，从来不肯轻视的力量。

到了勾践的六世孙无疆在位的时候，也正是战国时候，几位风云人物的叱咤风云期。比如北方的齐国，正是齐威王一鸣惊人的时候，西边的楚国，也是楚威王长袖善舞的年头。七大强国各个憋足了劲，卖力求发展弄争霸，劲爆故事不断。但当时最劲爆的一件事，却正是这位越王无疆造就：公元前

333年，越王无疆大举进兵，要攻打北方的齐国。

为啥要闹出这个大新闻？按照《史记》的说法，是因为越国国力日益衰弱，特别是被西边的楚国压制，空间日益缩小，于是堤内损失堤外补，悍然发动对齐国的进攻。但这时候的齐国，虽说是一代英主齐威王在位，可还正处在爬坡阶段，实在经不起这轮折腾，眼看越国是搏命而来，齐威王却灵机一动，来了一次祸水西引的妙笔。齐威王派使者劝说越王无疆：你的对头是楚国，你凭啥过来打我们，咱俩要是打得不可开交，楚国朝你扑过来就麻烦了。何况现在楚国也在对外用兵，正是你攻打楚国的好机会，打我干吗？

要说这越王无疆，也确实是志大才疏的类型，真的就掉转了枪口，冲着楚国就撞了过去，且不论到底打不打得过楚国，就这种朝令夕改、胡乱拍板的军事决策胡乱调，就和后来宋徽宗联金灭辽有一拼，这种没头苍蝇一般的指挥，打得过也变打不过了。最后果然没打过，送上门去被楚国一顿暴虐，把江苏到浙江一大片土地都收入囊中。向北一直扩张到了徐州。白白给楚国送了大礼。

值得一说的是，楚国虐完了越国，便在长江边建了“金陵邑”，也就是今天的南京。而被虐完的越国，国王无疆被楚人杀死，土地被楚国大片吞并，只剩下一小块地勉强维持，就这残山剩水上，几个儿子还互相争斗自立为王，从此基本退出战国舞台。

但值得表扬的是，越国的家族们，虽说争斗不停，但扩张也不停，到了秦始皇统一六国的时候，他们也在南方建立了大大小小好些国家，比如闽越和百越，都是他们一系。华夏文明跨越长江界线，播撒在南中国大地上，最早的军功，该记在他们身上。

不作不死的宋国

虽说连顾炎武都认为，战国七雄的划分不科学，一开始应该是“八雄”。

但战国有个国家却曾认为，第八个强国根本轮不到越国，却应该是它自己。

这个国家的君王，就是宋康王。

作为春秋时代曾经举足轻重的大国，宋国的地位，自从宋襄公争霸不成身死后，基本就是打酱油，虽说也曾是夹在晋楚之间，被双方争取的力量，可到了战国年代，就连这点儿价值都一度没有了。

而且和战国时代的三家分晋和田氏代齐一样，宋国也出了类似的折腾。史称“戴氏取宋”，也就是在公元前356年至前350年之间，宋国权臣司城子罕推翻宋桓公自立为王，从此也换了马甲。这类事情放在春秋年间，还算是个大新闻，但在战国时代，已经不稀罕了。所以流传下来，就连具体发生时间，都有不同的说法，十分不引人注目。

但引人注目的人物，就是宋国最后一任国王：宋康王。作为司城子罕的弟弟，此人同样靠政变上台，把好哥哥打到了齐国去。而且比起要阴谋的哥哥，这位宋康王却是个猛兽类型的人物，生得孔武有力，还有一身好武功，所谓“力能屈伸铁钩”，放今天参加世界大力士比赛，必然能为国争光。但放在当时，宋康王要的不是争光，而是争霸。上任之后就整顿军备，而且还开出高价，招揽了不少勇猛武士，外交手腕也鬼机灵，和秦国建立了友好关系，接受了秦国不少帮助，成了秦国安插在中原的一枚棋子。

以秦国当时的打算，就类似狐假虎威，秦国做老虎，宋国借着秦国的威风，在中原招摇一下。没想到真执行起来才知道，宋康王可不甘心做狐狸，他要做豺狼。

从公元前318年宋康王自立为王起，这个国家就没消停过，而且出手就令中原六大国震惊了：先向东打败了齐国，夺了五座城池；接着向南打败了楚国，扩地三百里；又向西打败了魏国，几场胜利下来，天下震动。

这就好比武侠小说里，一个窝囊了很久的小子，一出手就接连打趴下南帝北丐东邪西毒，江湖不震惊，肯定没天理。

但宋康王本人，却狂得更没天理，接下来出格的事情就来了：长鞭抽地，弓箭射天，还强迫着官民全喊万岁，号称自己就好像太阳一样灿烂光亮。雷人雷事不断，把周边国家鼻子都给气歪。还给了他一个绰号：桀宋。然而，宋康王自己不知道，他的强大，是建立在一个本钱上的：秦国的支持。列国对他退避三舍，不是因为他强大，而是不愿意招惹他背后的那个战争魔兽。如果他懂这个道理，至少还能把握个分寸，蹦跶的时间长一点，但遗憾的是，他不懂!

他真以为是自己天下无敌，才吓坏了列国君主们，于是扩张的速度也紧锣密鼓，挑衅的对象，竟变成了当时堪与强秦比肩的超级大国：齐国。

其实秦国扶持宋国，要的就是这目标：齐国已经成为秦国东进的最大对手，可两家偏偏又离得远，秦国也曾组织过远征，却被齐国给打回来，还叫齐国组织联军，反过头把函谷关拿下了，幸亏齐国国内当时矛盾重重，否则真险过剃头。所以为了对付这强大对手，就得在这强敌面前拴条狼狗，让它彻底分心，这样才好坐收渔翁之利，宋康王就是最好人选。

宋康王一天天地闹，齐国一次次地忍，终于等到惹了众怒忍够了，齐湣王霸气出手。公元前 286 年，齐国和魏国、楚国组成联军，大举进攻宋国，一直自我感觉良好的宋康王，这才知道大国不是这么好当的，几下交手就被打得稀里哗啦，宋国的城池一座座沦陷，这下求和没用，割地赔款也没用，三个大国铁了心：灭的就是你。

这下宋国就惨大了，三大国的强军战车一起碾轧而来，眼看彻底顶不住了，宋康王也仓皇逃窜，逃也没逃掉，被齐国抓住后杀掉，作为周朝就建国的老牌国家，宋国就这样被瓜分了。

当然就战国历史的走向来说，宋国被灭的意义却极其重大，正是宋国的被灭，才拉长了齐国的战线，给了秦国、燕国乘虚而入的机会。宋国灭亡两年后，燕国秦国组织的五国联军伐齐，差点端掉齐国的江山。侥幸熬过一劫的齐国，也就彻底失去了与秦国争锋的实力。秦国东进中原的最大障碍就此搬开，而自大身死的宋康王，只是钓饵一颗。

昙花一现中山国

比起越国和宋国的风波，其他好些小国的灭国，却显得悄无声息。

作为周公封地的鲁国，虽说也曾在吴起的带领下，战国早年还曾让齐国吃过瘪，但总体说来，窝囊挨揍是主流，被齐国胖揍是家常事，连大本营曲阜都眼看保不住，出了曲阜以东，就是齐国的地盘，过得十分风雨飘摇。

就这样在风雨飘摇中，鲁国还是熬过了战国大部分年头，直到公元前 256 年，才被楚国所灭。

而另一个曾经显赫一时的小国，就是中山国。

这个小国在战国早期，曾是首霸魏国差点崩掉牙的硬骨头，后者狠拼硬打，才在公元前 406 年将其灭亡，谁知又是百足之虫一般，命着实太硬，公元前 378 年又复国成功。有了第二次生命的中山国，地盘在河北平山地区，也一度焕发了第二次青春，国力出名地强盛，曾把邻居赵国折腾得苦不堪言。正是因为被中山国的铁骑打得太头疼，赵武灵王才做出了一个艰难的决定：胡服骑射！

在完成了这场震撼中国古代史的伟大军事改革后，一直强硬的中山国，就成了赵国胡服骑射的第一个试验品，被摧枯拉朽般地灭掉。公元前 296 年，中山国灭亡。这次，是真灭了。

而在春秋年间号称首霸的郑国，则是在战国时期，沦落于战国七雄里最弱的一位——韩国之手。

作为战国七雄里最弱者，韩国比较幸运处，就是摊上个还可以逮着欺负的邻居郑国。但偏偏郑国还不自量力，一开始瞧着韩国弱，竟抱着魏国的粗腿，想着先欺负欺负韩国，这下就招灾加速度。公元前 408 年，韩国拿下了郑国的重镇雍丘，公元前 385 年又拿下阳城，每次郑国要威风，就会被韩国一顿暴打。

但当时郑国，却还有个安全条件：毕竟是魏国的小兄弟，打狗还要看主人面，所以每次只要韩国占了便宜，魏国就要干涉，一来二去，虽说郑国国土越来越小，却总算能勉强维持，但公元前 375 年，郑国的好日子终于到头了，是年魏国与楚国展开了空前惨烈的大战，动用倾国之力的魏国，也实在难以再管这个小弟了，于是韩国乘虚而入，将郑国彻底吞并。

然而对韩国来说，灭亡郑国的最大意义，就是把国都迁到了郑，好好坐享了郑国的家业，也奠定了其在战国七雄里的位置。而位于山东境内的莒国和邹国，春秋时期就是小国，到了战国弱肉强食的年代，更是彻底无法自保，相继灭亡在楚国之手。同样灭亡于楚国之手的，还有蔡国、杞国、倪国、曾国，这几个小国的灭国时间，史料五花八门，基本不可考。

但就在这样残酷的时代里，却也有个传奇小国生存了下来：卫国。

这个诞生了商鞅、吴起等一干杰出变法家的神奇国度，人杰地灵却国力奇弱，常年处于齐国、赵国、卫国的包围中，领土不断被蚕食，到了战国晚期，只剩下濮阳这个巴掌点儿大的地方。但幸运的是，由于魏国被秦国击败，少了一个传统威胁，卫国更顺利地攀上了秦国的高枝，成了其铁杆附庸，一直到秦始皇灭六国时，卫国依然存在。直到公元前 209 年，秦朝都已经风雨飘摇时，这个国家才被秦二世所灭。

胡人国家变化多

除了这些传统诸侯国外，战国时期一度活跃的，还有一些少数民族建立的小国。

燕国的北方，就有东胡和肃慎，东胡活跃在今天辽宁西部，和燕国之间的战争极多，燕国的领土，也因此拓展到辽东地区，设立了渔阳、上谷、辽东、辽西四郡，这四个要地直到汉武帝年间，还是汉朝抗击匈奴的东线桥头堡。而与燕国时战时和的东胡，后来则被匈奴击败，一度成为匈奴附庸，后来更分裂成两个十分有名的民族：鲜卑和乌桓。

比起高调的东胡，肃慎却低调得多，但就中国历史来说，他们的影响显然更恒久，肃慎活跃在长白山以北，自周朝时就与中原有往来，但由于它们离得远，往来也极少，但他们却是后来靺鞨和女真的祖先。因此清朝雅克萨大战前，康熙皇帝致书沙特的交涉国书里，就有掷地有声的一句话：肃慎，自古吾北土也!

和燕国一样，赵国的北面，也一直是蛮族环伺。比如林胡和楼烦，林胡这个部落，可能名声不太响亮，但后来的历史却极长，先是在赵武灵王胡服骑射后，被赵国一顿猛打后屈服，等到匈奴崛起后，又转而投向了匈奴，它的名字也换作“丁零”，一直到魏晋南北朝时，还活跃在中国北方。

楼烦的名号，显然就更响亮了，同样是被赵国痛打，也同样后来投降了匈奴，再后来的汉匈战争中，他们更是充当急先锋，与汉朝铁骑血战了好几场，特别是著名的汉朝卫青收复河套的战役里，打败的正是已归属匈奴的楼烦部落。汉朝征战四方的荣光里，他们好好当了垫背。

而作为战国最强的秦国，除了要面对中原六国这些强敌，北方和西方，也同样麻烦不少。特别是西部，还有“大荔”“绵诸”“义渠”几个部落。而其中给秦国威胁最大的，当属义渠。哪怕是秦国经过商鞅变法，国力已然雄视天下的秦惠文王时代，义渠依旧是秦国坐卧不安的强敌，尤其和其他部族不同的是，义渠十分重视外交，和中原国家关系很密切，特别是每次中原兴起联合抗秦的活动时，义渠也会热情参加，在秦国后背凶狠捅刀子。特别是东方五国合纵抗秦的时候，义渠也乘虚而入，在西线大肆攻打秦国，把秦国结结实实地惊出冷汗。

这个倔强的强敌，直到秦昭王三十五年，也就是公元前272年，秦国才彻底将其灭掉。至于其部族的下落，大多自然融入了华夏族，也有少部分西迁，成为羌族的一支。

然而对秦国来说，他们能够确立逐鹿天下的绝对优势，综合国力远远凌驾于中原六国里任何一国之上，更因为两个南方邻居送大礼：巴蜀。

在今天，巴蜀往往用来合称四川、重庆地区，但在战国时期，巴蜀却是两个国家。一个是建立于成都平原地区的蜀国，另一个是地盘包括今天重庆地区的巴国。从战国初年开始，秦国就对这两个国家进行讨伐，直到公元前 315 年，才由名将司马错带兵，将这两个国家彻底灭掉，把四川大地收入囊中。

对于秦国后来一统天下的进程来说，巴蜀地区的获得，才是其中最具决定性的一步：秦国获得了广袤的粮食产地，更以巴蜀当作重要的战略大后方，特别是著名的都江堰工程完工后，四川更成为粮食产量丰饶的天府之国。秦国几次重大战役，拼的就是粮草的战略支撑力，特别是著名的长平之战，正是巴蜀地区的粮食供应，才保障秦国以倾国之兵，打赢了这场惨烈的消耗战，搬掉了东进中原的最后一个强敌：赵国！

五　要变法，学李悝

在经过了三家分晋的厮杀和田氏代齐的折腾后，其他国家的地主阶级，也有样学样，开始了热火朝天的夺权之路。

但无论是分家还是借壳上市，过程都太血腥暴力，相对温和的方式，就是变法。无论是那些改变了国君宗族的诸侯，还是保留了国君名号的诸侯，在这个大变革时代要想生存下来，变法都成为他们唯一的选择，不变法者，最后的结果只能是被淘汰。因此自从战国时代开始后，变法就成了各国间的时尚。几乎所有强大的诸侯国，都采取了各种变法的措施。现代人耳熟能详的，包括魏国和楚国的吴起变法、秦国的商鞅变法。

然而，在各类变法运动中，真正具有开天辟地意义的，并成为之后战国诸侯变法“范本”的，却是最早的魏国李悝变法。

魏国凭啥先变法？

李悝变法，起于战国时期的新兴国家魏国。

在瓜分晋国的三家里，魏国属于分家运气非常不好的一个。表面看来产业丰富，国土包括今天的山西南部、河南北部以及陕西、河北的部分地区，工商业发达且农业繁荣，全是肥得流油的宝地。可看看地图就知道，这些个宝地，全夹在齐秦楚三大国之间。所谓“富得流油”，其实就是人家眼中案板上的肥肉。

它的地理劣势有多大？在战国群雄并起的局面下，地利上的劣势是显而易见的。魏国的东面是齐国，西面是秦国，南面是楚国，北面是赵国，夹在中间的魏国，可以说是无险可守的“四战之地”，这样的局面下，要生存下来，环境是非常艰难的。

幸运的是，魏国的开国之君，是这时期各诸侯国里最杰出的君主魏文侯。在这个问题上，此人非常有觉悟：不但不能做肥肉，还要做吞并别家肥肉的魔兽。

要想做魔兽，就得变法！

虽说公元前403年，韩赵魏三国的国君，才正式获得周天子的承认。但是其中的魏文侯，却已经早早名声在外。在当时的列国诸君中，魏文侯属于出名有见地的一位，不但善于发现人才，治理国家有方，身边更是明星荟萃。照着北宋历史学者司马光的点赞说：“魏文侯的雄才大略，简直就是春秋五霸之一的晋文公再世。”

而对比晋文公，魏文侯有一点极像的，就是麾下群英荟萃。比如子夏这样的儒家学者，吴起这样继孙武之后的杰出军事家，还有西门豹这样善于治理地方的英才。比起魏国劣势的地理条件，魏文侯的人才储备，却是绝对的优势。

但这其中，最著名的却是李悝。不仅仅对于魏国，即使对于整个中国封建社会的形成，他都是一个很关键的人物。

作为子夏的学生，在现存的各类史料中，李悝都是十分默默无闻的一位，有关他的记录少之又少，甚至司马迁写《史记》的时候，都没有他的传记，比起后来风光无比的各路战国精英们，可谓活得十分低调。

李悝之所以如此默默无闻，主要还是生的运气不好，魏国的霸业虽说辉煌，可是对照整个战国历史，堪称起了大早赶了晚集，在这段辉煌的年代里，出镜率极高的人委实太多，包括吴起等人，各自都十分有话题。而后来商鞅变法的异军突起，完全盖过了他的锋芒。

但是所有这些交相辉映，却都掩盖不住一个公认的真相：李悝变法，它不但造就了一个强大的魏国，更造就了一个轰轰烈烈变法的时代；它奠定了战国时期整个中国大变革的雏形，在这个中国社会的全面转型期，它是历史的先声。

而李悝比较幸运的，还有一件事：虽然后来变法成了时尚，但在李悝生活的年代里，这事只能发生在魏国。

比起其他国家奴隶制贵族还十分强大的局面，从晋国脱颖而出的韩赵魏三国，属于毫无压力的新兴国家，特别是在漫长的战乱中，先前所谓实力强大的旧贵族，基本上被一扫而光，掌舵的人从上到下，都是新兴地主阶层，变法的阻力极小。而且更幸运的是，所谓四战之地的魏国，当时的外部环境：齐国正在忙着田氏代齐，秦国也正在内耗，楚国正忙着对南方扩张，几个主要大国，这时正好都顾不上管它。如此黄金机遇，堪称机不可失。

当然更重要的因素却是魏文侯。在战国早期的统治者中，很难找到一个像魏文侯这样眼光超远，能够放手让臣下做事的国君。更何况，魏国此时面临的生存局面，比其他两个新兴国家都要严重得多，生存的压力，也使得魏国必须要选择变法图强的道路。而当时的魏国，在变法之前面临的局面，也可以用内外交困来形容。外部环境上，诸侯之间的征战日益激烈，外部的军事压力亦日益增大；内部经济上，魏国本身就是晋国中相对落后的地区，在富庶程度上，魏国不如韩国，在军力的强悍程度上，魏国又不如赵国。这样的压力下，魏国必须采取措施，走变法图强的道路。而李悝，就是完成这个使命的最合适人选。

其实在魏国立国的早期，李悝并不在魏国的权力中枢之中，他曾经担任过中山相和上地守，这两个地方，都是在毗邻秦国的西北边境上。早年的李悝，曾经多次率军和秦国交战，而他得到魏文侯的赏识，一是因为他的老师子夏是魏文侯的重臣，二是因为他的变法思想，切中了魏国的时弊。

在经过了多年惨淡经营后，魏文侯也终于确信，李悝就是他要找的人才。

于是在经历了数年地方官磨砺后，李悝最终成为魏国重臣，开始全面推行他的变法主张。

李悝变法内容主要包括四大项：第一是废除奴隶制时代的世袭制度，根据能力来选拔官吏，取消旧贵族原本享受的世袭俸禄，用来招募贤才，发展生产。这条在魏国，当时还是最容易办到的，因为韩赵魏的旧贵族势力，本身就是最弱的，既得利益者极少。这条商鞅后来在秦国遭到极大阻力的改革内容，这时算是顺利推进。

第二是正式废除了中国传统的井田制，采取“尽地利之教”的政策，鼓励老百姓垦荒，废除原本井田制制度下的土地界限，允许土地私有买卖。同时对国家境内的所有土地进行测评，估算国家的土地产量，制定合理的税收政策。按照土地的贫瘠标准，分配给农民土地，鼓励农民生产的积极性。

第三是实行法治，建立完备的魏国法律，对于国家法令、政府职能、官员的升迁奖惩、军功的奖励，都做了最完备的规定，这个法律的名字就叫《法经》，是中国历史上第一部封建制度下的法律。

第四是改革军事制度，建立“武卒”制，即对军队的士兵进行考核，奖励其中的优秀者，并且按照不同士兵的作战特点，重新将他们进行队伍编排，发挥军队的作战优势。

这四项措施，从表面上看，似乎平淡无奇，但真实的意义，却影响深远。

李悝变法的第一条，是对残存的奴隶贵族世袭制度的最后颠覆。在经过了春秋末年的一系列动荡之后，传统的奴隶主贵族，势力早已经日益萎缩，而西周时代传承下来的奴隶世袭制，就是他们最后一层遮羞布，凭借这个制度，他们在战国的早期，还能够保持表面尊崇的地位。世袭制的废除，使他们最终被历史所淘汰，彻底淡出了中国历史的政治舞台。

与此同时，魏国用原本奉养这些社会寄生虫的开支，向各国招纳贤才，从此以后很长时间，当时中国最优秀的人才，几乎都把魏国作为建功立业的首选。魏文侯统治时期的魏国，形成了英才荟萃的局面。

李悝变法的第二条，是对中国传统井田制度的最后颠覆。井田制度经过春秋时代的连续动荡，早已经名存实亡，也成为奴隶主贵族维护封建制度的一个口实。尽地利之教的实施，使魏国的土地面积在这一时期如滚雪球一般增长。传统的奴隶主贵族经济被彻底打破，大批原本属于奴隶主贵族的庄田，通过开阡陌的方式转入了新兴地主阶级和农民的手中。魏国经济的全面转型，是在此过程里完成的。

李悝变法的第三条，影响更加深远。李悝制定的《法经》，是中国封建社会的雏形法典，奠定了中国封建社会方方面面的建制，虽然其内容在今天已经失传，但是在整个中国封建社会里，它都是被后世各类学者推崇的法律典范。

第四条的作用，对于当时的魏国是最直接的。通过“武卒”制度的确立，魏国拥有了一支强大的军队，在当时的战国军事界，有“齐之技击不可遇魏之武卒”的说法，即魏国的武卒战斗力，一度是整个战国版图上最强大的。这四条内容的实施，不但在当时成就了魏国的腾飞，也成为不久的将来，诸多变法家奔走列国，进行变法图强的内容范本。

强悍魏国横扫天下

作为战国时代最早的变法，李悝变法的效果是成功的。

在三家分晋的局面形成以后，三国中最早走上扩张道路的，是赵国和韩国，两个国家都企图乘着国家初兴的机会趁热打铁，尽可能地扩展地盘。但现实是残酷的，当魏国埋头发展的时候，韩赵两国在对外战争中处处碰壁，赵国多次被秦国击败，韩国更受到了齐国和楚国的夹击，立国没有多久，生存局面却陡然艰难了起来。

外战打不好，韩赵两国还想内斗，都想着兼并掉对方的土地。在魏文侯埋头发展的时候，韩国和赵国都曾经通过外交渠道找到魏文侯，提出和魏文侯合作，兼并掉对方的国土。对这些要求，魏文侯不但拒绝，更苦口婆心地劝说，提出现在三晋国家，当务之急不是内斗，而是集中力量，对外进行扩张。

从当时的局面看，魏文侯的眼光堪称长远：只要三家能够相互呼应，共同进退，就能在残酷的诸侯争霸中，始终立于不败之地。到了一千多年后的北宋年间，苏辙的《过秦论》中，也同样提出了类似的观点：只要韩赵魏三国是铁板一块，就足以挡住秦国东出的脚步，整个中国历史都要改写。

然而放在当时的情况，却恰恰相反，不是韩赵魏三国要阻挡秦国东出，而是秦国哭着喊着，不能让魏国打进来。

公元前 419 年，魏国开始了扩张之路，他们的打击重点，就是西面的秦国。虽然晋国已经成为“过去式”，但继晋国后崛起的魏国，依然延续了晋国时代对秦国的挤压政策。对于像秦国这样一个尚武成风、战争潜力巨大的国家，必须牢牢地把它堵在关中平原之外。一旦让它突破了关中平原的阻碍，对于整个中原诸侯国来说，那都是如洪水猛兽一样的灾难。

公元前 419 年，魏国首先在少梁筑城，和秦国边军拉锯，但出师不利，魏国虽然占领了少梁，却始终无法消灭秦军，和秦国之间形成了长期相持的局面。就在这关键时刻，魏文侯起用了一个名声不好的将军——吴起。吴起因为当年在鲁国的“杀妻”事件，一直都是正人君子眼中不齿的小人，但魏文侯用人用其长，就看中了他能打仗的优点。这个决定的效果立竿见影。公元前 413 年，吴起一举攻破了秦国的西河防线，击溃了秦国的西河守军，将整个西河尽数纳入魏国的版图中来。这场胜利在当时的意义非同小可，魏国占有了秦魏两国边境之间的战略要地，对秦国的战争主动权已经形成。对秦国而言，别说是东出进攻中原国家，只要魏国不来进攻，就已经阿弥陀佛了。

西河的失去，引起了秦国上下的震动，咬牙切齿的秦国人决心不惜一切代价夺取西河，但光有决心是不够的，李悝变法多年以来的成果显现了出来，魏国凭借其远远优于秦国的经济实力，可以在战争中大打消耗战，借此来拖垮秦国。到了公元前 408 年，魏国不但占有了河西地区，更向北占领了陕西代郡，向南夺取了河南三门峡，秦国从关中进入中原的所有要道，至此完全被魏国堵死。秦国不得不暂时放弃了收复西河的打算，转而在边境修筑堡垒，防御魏国的进攻。魏强秦弱的局面，成了战国初期双方实力对比的写照。

在压制秦国的同时，魏文侯也对南方的另一大强国楚国、东方的齐国进行了打击。公元前 405 年，趁齐国田氏宗族内部发生内乱的机会，魏文侯联合赵韩两国出兵，斩杀齐国军队 3 万人，占领了齐国物产丰富的鲁西南地区，特别是收复了齐景公当年占领的晋国重镇聊城。此战的胜利，使此时正在忙着“代齐”的田氏家族，再次选择了对魏国的暂时臣服。

齐国后来向周天子要求册立的文书，也是托魏文侯代呈的。而南方的“超级大国”楚国，也在和魏国的交锋里吃了亏，魏文侯不断南下，攻掠江汉平原的小国，楚国虽然组织过几次北上，但后来都败北于魏国的手下。魏文侯在位的时期，原本是“四战之地”的魏国，却处在一个四面扬威的时期。归根结底，还是魏国率先进行变法尝到的甜头。

盛极为何衰

李悝在魏国的变法，不但影响了魏国的历史，更影响了整个战国的历史。从某种意义上说，魏文侯时代魏国的李悝变法，其实就是整个战国时代变法的试验田，列国诸侯从魏国的强大过程里，看到了变法对于国家崛起的重要意义。

从此之后，列国的变法轰轰烈烈地展开了。当时几乎所有开展变法的国家，都把魏文侯和他治理下的强大魏国，作为变法的楷模和目标。而魏国也同样是战国变法人才的“培训学校”，早期在其他国家主持变法的人才们，许多人都在李悝变法中扮演过重要角色，比如后来主持了楚国变法的吴起，早年就是魏国李悝变法的助手。而列国变法中最彻底的商鞅变法，也基本是以李悝变法为蓝本。这时期的各类变法中，唯一和李悝变法无关的变法行动，应该就是燕国的“复古”改革，这种历史倒退的做法，引发了燕国本国的一场内乱，险些沦亡于齐国之手。

作为战国诸侯中第一个吃变法“螃蟹”者，魏国的国势，在魏文侯在位的时期达到了一个高峰。他在位的 50 年，是魏国称雄于诸侯的 50 年。西面的秦国被它打得服服帖帖，东面的齐国唯它马首是瞻，南方的楚国遭到它联合三晋势力的一次次沉重打击。虽然与北方的赵国发生过摩擦，但韩赵魏三国中，魏国却是当之无愧的老大。而在当时整个战国大势中，它也是国力最强者。

但魏国这时期霸业的基础，仍然是脆弱的，因为它没有称霸的地理优势，“四战之地”的局面并没有改变。魏国如果想长久地保持霸主地位，甚至想统一六国、结束分裂局面，就必须要占据一个战略制高点，不是向北占有赵国，取得对六国诸侯坐北朝南的优势，就是要向西或者向东，占有秦国和齐国，取得得天独厚的地理屏障，否则，魏文侯所奠定的版图，势必是不能持久的。

魏文侯过世后，其子魏武侯即位，就在魏武侯登基后的第二年，为魏文侯设计变法大业的老臣李悝也病故了，但这时候的魏国，国力依然在持续上升。魏武侯在位的 26 年，是魏国对外战争比较多的一段时期。

公元前 393 年，魏国两线作战，分别在南线击败了郑国，西线击败了秦国，向南和向西都拓展了大片国土。之后，魏武侯与韩赵结成军事同盟，四处征战，先后击败了楚国、齐国、秦国，但是这以后，它和两位盟友赵国、韩国，也相继发生了矛盾，陷入了新的战争。这时期的魏国，整整 26 年来，对外战争几乎未尝一败，对四面的敌人连战连捷。

魏武侯比起其父亲来，虽有军事才能，但在政治眼光上却远远不及，总迷信武力能够解决一切。连战连捷的结果，就是魏国四面树敌。在之后的魏惠王时代，国力严重虚耗的魏国，虽然有庞涓屡败诸侯的辉煌，但最终在齐秦两大国的东西夹击下，实力日益萎靡，随着马陵之战魏军被齐军全歼，魏国的强大地位，最终不复存在。

六　吴起的辉煌与失败

说到战国早期推动了封建化进程的各路改革家，那是一个英杰荟萃的榜单。这些敢于向旧有奴隶制制度开刀的勇士们，以其大无畏的精神和精准的思路，把握住中国社会发展的脉搏，促成了当时中国社会的全面转型，在中国走向封建社会的道路里，他们其实是发动机的角色。

但是这些发动机的命运却是悲惨的，其中大多都是以悲剧结尾，即使是秦国这样发动自上而下改革的国家，从变法中尝到了巨大的甜头，导演了变法事业的商鞅，最终也难逃被杀的命运。他们用自己的死亡，成为一个新时代的托起者和一个旧时代的殉道者。

然而如果说其中最慷慨悲壮的人物，应当数曾经参与过魏国变法，后来又导演了楚国变法的吴起了。

奇人吴起的争议

说到吴起，或许我们还可以加上另一个称呼：战国变法家的第一奇人。因为在当时整个战国列国中，再也不能找到一个像吴起这样的通才人物：兵法读得好，武艺练得好，从治国到带兵，样样都有一套本事。无论文武，都是当时英杰中的翘楚。但就是这样一个牛气十足的人，却在列国之中，长期身败名裂，最重要一点，就是在很多老前辈眼中，这人是个毫无道德负担的人物。

吴起，山东定陶人，公元前440年生。定陶在当时属于战国中的卫国——一个芝麻绿豆大的小国。出生在这里的吴起，小时候的运气还不错，他家是当地的富户，史载“家累千金”，在当时也是一个新富阶层。关起门来安安稳稳过日子应该不错。

但老天似乎就要造就一个天生不安分的人，吴起从小就是这样，从不喜欢平淡的生活，小时候总闯祸，长大了更是外出惹事，在那个连科举都没有的年代，想要活得轰轰烈烈，就得做一件事：砸钱。吴起多年以来遍访名师，家产糟蹋得差不多，先砸到了鲁国首都曲阜，投身于儒家学派门下，拜了当时著名的儒家学问家曾参为师，后来又师从于当时的另一个著名学问家子夏。这样论起来，他与李悝还是师兄弟。

在好些人眼里，这样一个不安生的人物，投身到儒家学派还是个好事，起码能修身养性收收心。儒家学说的内容，大多都是倡导和平，反对战争，最该让他学学。

可吴起却显然是个叛逆的学生，不但依然不消停，偏偏喜欢打仗，就连读书都读出了新觉悟。他喜欢将儒家学说举一反三，应用到战争之中。还特别喜欢和人探讨。因此他交了很多朋友，也十分招老师烦，其中最烦他的，就是恩师曾参。

吴起之所以招烦，除了因为这类不良表现，更重要的原因，是他有前科：当初为了出人头地砸钱，砸得倾家荡产，成了十里八乡有名的败家子，招来了不少风言不语，放在一般人身上，也就忍忍算了，碰上韩信这类特别能忍的，没准还要再钻一次裤裆，但吴起却显然不是：立刻杀掉了说他坏话的乡邻三十多人，人命官司犯了，老家便待不下去，吴起和母亲告别，发誓不混出个人样绝不回来，就这样，才来到了鲁国。

然而更叫老师同学受不了的，是吴起的脾气，连人都轻易杀的人，自然不会有什么好性格，特别让身边人抓狂的一个性格，就是睚眦必报：最喜欢和别人较真，比如学堂里讨论问题，别人都是动动嘴皮子，他急了却能动手打人。日久天长，仇恨越来越多。

但这个不招大多数人喜欢的人，当时还是有人欣赏的。此时在齐国的大夫田居就是一个，大国的官员到底有眼光，就看出吴起不是一般人，他对吴起说，你将来一定是出将入相的人物，我们家将来就靠你照顾了。然后，他就把自己的女儿嫁给了他。事实证明，田大夫的话，前半句准得离谱，后半句却错得离谱。

当然这桩婚姻，毕竟还是改变了吴起的生活，对待姑爷，田大夫十分厚道，给了他大笔的嫁妆，足够吴起在鲁国生活。可是生活刚刚有改变，吴起很快又得罪了教授他儒学的老师曾参。

那时吴起的母亲死了，按照儒家的规矩，母亲去世，子女应该回家奔丧并且守孝，吴起这时候正一心忙着奔前程，哪里顾得了这个，干脆两脚一跺——不去！这下可捅了马蜂窝了，孝道是儒家弟子们生活的基本准则，谁要敢违反那就是大逆不道，结果曾参大怒，立刻把吴起逐出师门。

吴起也不在乎，反正儒学里的思想，他也不感兴趣，此处不留爷自有留爷处，干脆钻研起了兵书战策。事实证明，他确实是一个聪明的人物。除了平时喜欢好勇斗狠外，他从来没有上过战场，对战争可以说是个门外汉，但凭借着几本兵书，外加自己对于儒家思想的理解，他将这些思想杂糅起来，竟然创造了属于他自己的兵家学说。

这时候的吴起，还经常在鲁国当地的学宫里参加各种辩论活动，他的名声也越来越大，确切地说是越来越臭，一个不孝顺父母且嚣张跋扈的人，放在当时崇信儒家的齐国，是非常被人所不齿的，被人不齿，也就没有出头的机会，那时候的吴起，日常生活主要靠岳父家接济，不然早就去喝西北风了。

但就是在这样一边胡混一边挨骂的日子里，吴起于公元前 410 年，等来了他人生里最重要的一次机会。

那一年，齐国大举进攻鲁国，这时候的齐鲁两个国家，军事实力的差距已经空前悬殊了，一般只要齐国进攻，鲁国也就只有挨打的份。但鲁国不想挨打，想不挨打，就要抵抗，要抵抗就要有将领，要有将领，没人。

这个时候，鲁国国君鲁穆公想到了吴起。虽然他没有打过仗，但是毕竟名声在外，地球人都知道他研究兵法，而且讲起来头头是道，再说国内确实没有其他合适的人选。可问题是，他老婆是齐国人，而且还是齐国掌权的田家的女儿，这层关系太微妙了，万一他把我的军队卖了……

消息传到吴起的耳朵里，吴起的反应很简单。这有什么，不就是怕我反悔，不相信我吗，我把老婆杀了，你总相信我了吧。一边是苦苦等待多年的建功立业的机会，一边是含辛茹苦、美丽温柔的老婆，吴起眼皮都不眨，手起刀落做出了选择：杀！血淋淋的人头告诉鲁穆公，我连老婆都杀了，该相信我了吧。

这还有什么话说，虽然崇尚儒学的鲁穆公吓得直哆嗦，但行不行的就是他了，打吧！30 岁的吴起，第一次得到了统兵打仗的权力。

然而这时候的吴起，接过来的鲁国军队，却是个烂摊子。当时鲁国军队数次败给齐国，几乎被齐国人打怕了，心理上不发怵是不可能的，而且鲁国是小国，能动用的兵员有限，军队的规模根本不能和齐国相比。但是吴起有办法呀，他先是在军内大搞整顿，严明纪律，行军路上，吃住都和士兵们在一起，得到了他们的拥戴。而且他还有个本事就是能说，学了这么多年儒学，练就了一番好口才，讲起话来口若悬河，三言两语就能把部队激得嗷嗷叫，鲁国军队破天荒地嗷嗷叫了。吴起不但能说，更能耍诈。他故意假装要和齐国谈判，然后和齐国军队磨洋工，在齐国军队面前他也屡屡示弱，齐国人果然上当了，当时齐国的军队，真以为吴起就是来谈判的。

吴起要的就是这个效果，瞅准了齐国人不设防的机会，吴起就开始发动反击，全军突袭，自己冲在最前面，本来大得不得了的士气这下子更大了，鲁国军队嗷嗷叫地杀红了眼，破天荒地把齐国人打得大败，在精研了多年兵法之后，吴起初出茅庐的第一战就打得如此漂亮。

仗打得漂亮，吴起的形象却变得更糟糕了。鲁国本身就是一个崇尚儒家道德礼法的国家，吴起原本就是杀人犯出身，还离经叛道，老娘过世都不回家，早就是出了名的混账人物，这次为了当将领，竟然杀了老婆来求官。

这时候的鲁国人，全然不顾吴起击败齐国，拯救国家的大功，举国上下拧成一股绳，集体强烈声讨杀老婆求官的吴起，结果一场大战的胜利，反而让吴起在鲁国混不下去了，他在战后不久就被鲁穆公免除了职务。然而，上天在给他关上鲁国这扇门的时候，却给他开了另一扇门——魏国。此时魏国在位的魏文侯，正在锐意变法图强，四处招揽人才，而且是什么样的人才都欢迎。吴起立刻感到人生有了新的希望，索性离开鲁国，投奔了魏国。

对于吴起，魏文侯早就有所耳闻，这时候的吴起，因为对齐国战争的胜利，已经是这时期战国战场上小有名气的人物。但对于吴起的为人，魏文侯还深感疑虑，他向李悝询问吴起是个什么样的人，里克的看法相当精准："这个人又贪又好色，但要说打仗，恐怕春秋时代的兵家司马穰苴也不是他的对手。"就这句话让魏文侯下了决心：用人用其长，用！

秦国噩梦降临

吴起在魏国期间，正是魏国大张旗鼓，采取李悝变法，开始魏国封建化进程的时期。在这个大变革的时代里，魏国英才云集，既有当时最杰出的改革家李悝，也有此时战国时代最佳地方官西门豹，可谓是群星璀璨，能在这群星里占有一席之地，主要原因，就是吴起此时的作用就一个——打仗。

在这件事上，吴起堪称是魏国最稀缺的人才。

当时魏国的主要对手，就是秦国。虽然这时的秦国，远不如后来商鞅变法后那般强悍善战，但也是公认的野蛮。而对魏国问题更严重的是，一个秦国还好对付，魏国南边偏还有个楚国，这又是个可以募集百万大军的强悍国家。外加东方的齐国，也是各国里最富庶的一个，打仗砸得起钱。想想当年没分家时，以晋国空前膨胀的综合国力，和这三家交手，也基本是互有胜负，如今换成一个魏国，胜利更谈何容易？

但是吴起的回答是：很容易。

吴起到魏国的时间，是公元前 409 年，就在他被魏文侯起用仅两个月后，他就立刻给魏文侯送上了一份厚礼——西河。

所谓西河，就是今天黄河以西的地区，包括陕西澄城县等大片领土，在战国时代，这里是秦国和魏国之间的分界线，双方都只占有了一部分领土，长期东西相持。秦国如果得到整个西河，就意味着打开了东进的通道，他们就能够毫无阻拦地进入中原地区；而魏国如果得到西河，就可以控制对秦国战争的主动权，把秦国死死地摁在函谷关里。

西河的战略位置如此重要，因此自从春秋时期起，为抢这块地方，两家就一直打破头。所谓的秦晋之好，就是几百年的死仇。

而在三家分晋之前，这场犬牙交错的战争，就已经进入了新阶段：魏桓子时候，就曾和秦国为了西河发生战争，到了魏文侯时期，这里更成了兵家必争之地。多年以来双方互有攻守，都想多占一寸土地，但谁都寸步难行，形成了此时魏国西部战场上暂时的平衡，而这时候，打破平衡的人来了——吴起。

吴起到任之后，经过短暂的准备，便发动了对秦国的东征。公元前 409 年，吴起先夺取了当时秦国西河的重镇大荔，然后再接再厉，接连夺取了五座边城，他进攻很讲策略，基本上是循序渐进，打下一个城，就立刻重兵防御，待到站稳脚跟后，再继续进军下一个城池，就这样步步为营、滴水不漏，渐渐地推进到了整个西河地区。

对这看似平淡无奇的招数，秦国一开始很不屑，总以为丢了还能打回来。但打过了才知道，这就是无招胜有招。

其间的秦国，多次组织反攻，皆被吴起打退，到了公元前 408 年，吴起已经占领了秦国的合阳、华县等地区，整个西河都被吴起收入囊中。值得一提的是，在收复西河的战役中，魏文侯给予吴起的兵马，最多只有 8 万人，而对面秦国的兵马，一度曾经达到了 20 万，兵力差别如此悬殊之下，却能连战连胜，确实不易。

西河地区的获得，在战国早期的诸侯战争中有着重要意义，秦帝国东出的道路被完全堵死，之后的很多年里，他们不得不对魏国采取了消极防御政策，同时开始向魏国学习，积极地谋求变法。而对此时的魏文侯来说，魏国得到了西河，也就得到了当地的千里沃野、大量的人口、珍贵的战略要地，这样重要的地盘，当然也要可靠的人去把守，除了吴起，也就没有别人了。

公元前 408 年，魏文侯设立西河郡，吴起被委任为西河郡守，这是他军事生涯里非常重要的一件事。

如果说这之前吴起夺取西河，秦国人还可以解释说，这是自己大意了，那么从此开始，他们将真正见识吴起的实力。吴起的军事思想，比起之前历代兵家来，有一个十分具有现实意义，今天也振聋发聩的亮点：军事建设。

在他的军事理念里，临阵指挥固然重要，但是决定胜负的关键却是准备情况与经济情况。所以在军队建设上，吴起采取了开发水利、储存军粮的措施，同时对于麾下的军队进行精简。他编选出了由精锐士兵组成的“武卒”，在战国早期，武卒是一支战斗力超级恐怖的步兵军团。

凡是被选入武卒的魏国士兵，都是可以拉 20 石强弩，并且具有高耐力奔跑能力的精兵，对他们不但免除全家的赋税，更给予优厚的国家补偿。所以在当时的魏国军队里，作为一个士兵能够入选武卒，不仅仅意味着这个家庭的生活状况可以从此大变样，更意味着一种无上的荣誉。

从那时候起，魏国军队的士兵们开始苦练杀敌，上演士兵突击的励志故事，人人都为能够成为武卒而努力。与此同时，吴起非常重视边境的生产，多年以来他采取屯垦政策，命令士兵们战则为兵、归则为农，在当地积极发展生产。所以他到任没几年，西河当地就出现了仓储丰厚、经济富庶的局面。

正是这样的运作模式，不但造就了魏国的强大，而且富有讽刺意味的是，后来全盘学习吴起这一整套带兵模式的，正是商鞅变法后的秦国。当然，这是后话。

此时的秦国，非但还没有学习吴起的觉悟，相反正在眼红中：从吴起就任西河郡守之后，秦帝国就频繁地调集重兵，意图一举夺取西河。这时候的魏国，在西河地区很少采取主动出击的战略，当时魏国的重兵，大都集中在东线，用于对齐国和楚国的作战，所以吴起基本得不到中央支援。

西河面临着极其巨大的战争压力，但是吴起不惧，他镇守西河的时间长达 27 年，在这 27 年中，他和西北的秦帝国经历了大小战斗一共 96 场，其中 76 场取得了胜利，剩下的 20 场是平手，可以说是真正意义的“不败将军”。

其间，秦帝国曾经几次不惜血本，发动举国兵力对西河地区进行东征，特别是在公元前 389 年，发生了历史上著名的阴晋之战。这一年秦国动用了举国 50 万大军，屯兵在山西阴晋，计划一举东进，拿下整个河西地区（今陕西大荔县以东地区）。

当时魏文侯已经去世，即位的魏武侯非常惊慌，身为西河郡守的吴起却不慌不忙。多年以来，他早就在当地采取了种种措施，比如设立军功奖励制度、激励士兵杀敌，而且每次战后，都要举行大规模的庆功活动，表彰战争中的死难者，所以每次有战争发生的时候，西河当地魏军，大都把打仗当成一种荣誉，甚至好多人连盔甲都来不及穿，就急急忙忙地要求投身战场。所以秦国人虽然多，在求战欲望高涨的魏国人眼里，也只不过是一盘肥肉而已。

吴起知道，要啃下这块肥肉不容易，为了保证能够一战必胜，吴起做足了文章，首先抓住了秦军人数虽多，但是军队部署分散，容易各个击破的弱点，决定集中优势兵力打歼灭战。其次就是这次参战的士兵，除了少数老兵之外，大多数都是从来没有立过军功的新兵，这些人虽然作战经验不足，但是立功心切，求战欲望极其强烈，吴起本人也以身作则，亲自带领军队冲在第一线。

他甚至颁布命令，做骑兵的一定要看护好自己的马匹，做战车兵的一定要看护好自己的战车，如果战后发现骑兵丢了马，战车兵丢了车，就算是建立了战功也不予表彰。然而这样做是有道理的，秦军人多，而魏国士兵作战经验有限，所以必须要保证从军令上限制士兵们的无意义作战，集中兵力消灭敌人。战斗打响后，魏军各个以一当百，奋勇冲杀，结果秦军五十万大军全线崩溃，五万魏军一路掩杀，打得秦国军队尸横遍野。在战国的历史上，这是秦国军队遭到的最惨痛失败之一。

吴起镇守西河的二十七年，是魏文侯改革后魏国的黄金二十七年，这二十七年的魏国，西边死死地摁住了秦国，南边痛打楚国，东方扫荡七国，同样属于三晋国家的赵国和韩国，也拜服在魏国的脚下。而镇守西河的吴起，也成了这个强大的吴国的西北屏障。

吴起是不满足做屏障的，他更想高升一步，特别是在魏武侯即位后，当时魏文侯改革时期的杰出人物，许多都已经去世了，而吴起本人也很卖力表现，除了屡次击败秦国之外，还曾经多次大胆进谏。作为一个名将，吴起却不主张轻率发动战争，甚至有一次魏武侯视察西河，赞叹魏国的大好河山时，他不但不应和，反而说出了一句很经典的话：“国家的安危，在德不在险。”也就是说，在发动战争上，国家一定要慎重，国家的强大，靠的是“德”而不是险，从这些思想上可以发现，虽然已经是此时战国最杰出的武将，建功无数的吴起，从根本上来说还是一个儒生。

魏国的政治，一直有“出将入相”的传统，外加当年吴起的“前岳父”田居也曾预言吴起将出将入相，现在出将实现了，吴起也就开始憧憬“入相”了。这时候机会也来了，当年曾经向魏文侯推荐吴起为相的西客去世了，魏国的相国之位一下子出现了真空，按照吴起的想法，自己镇守西河二十七年，功劳苦劳一大把，就是排也该排到自己了，但是魏武侯却不是这么想的，最后继任相国职位的，却是在吴起眼里远不如自己的商文。

这个商文是当时的魏国贵族，在吴起看来，他不过是靠了裙带关系才当上丞相的，直到两人发生了一次对话。吴起在回京的时候，气势汹汹地质问商文，先问带兵打仗你比我强吗？又问治理地方你比我强吗？让士兵拥戴，并且誓死效力，你比我强吗？三声发问，商文都是好脾气，连着都说“我不如你”，吴起得了理，立刻嚷嚷起来，那你凭什么当相？

商文只回答了一句话：“现在大王年轻，老百姓人心惶惶，你说是你当相合适还是我合适。”就这一句话，让杀气腾腾的吴起立刻哑巴了，想了半天说，还是你合适。

这就注定了吴起不可能在魏国当相，不是因为他没这个能力，相反恰恰是因为他太优秀了，作为国君，根本就不敢驾驭这样优秀的人。所以老成厚道的商文，也就成了魏武侯的首选。

相做不成，吴起任劳任怨，准备继续给魏国守边疆，但这时候边疆却也守不下去了。没几年商文就去世了，这时候继任相的是公叔痤，这个人性格猜忌褊狭，非常忌惮吴起的战功。他的背景也不简单，是魏国的驸马爷，他的妻子就是魏国的尚公主。当了相后，他就绞尽脑汁，非要赶走对他相职位有威胁的吴起，一个门客给他出了主意，可以搞一个非常麻烦的连环计。先假装给魏武侯说，吴起可能有反心，建议魏武侯试探他一下，可以假装说要把公主许配给他，如果吴起没有反心，那他理应高兴地接受这个婚事，如果他有反心，就肯定会推辞这个婚事。

于是，公叔痤便拉着自己的老婆，当着吴起的面演双簧，让老婆拼命地暴打他。性格刚硬的吴起，必然不会接受这样的悍妇，只要他一推辞，谋反的罪就砸瓷实了。吴起万万没有想到，耍了一辈子兵家诡道的他，竟然就这么被人耍了，事情的整个过程，都在公叔痤的计划之中，吴起果然很“配合”，眼见公叔痤娶了公主后的“悲惨”情景，铁了心说什么也不娶公主。这下可伤了魏武侯的自尊，他当场气得拂袖而去，而政治嗅觉还算灵敏的吴起二话不说，跑路。

就这样，在魏国立下赫赫战功的吴起，就这么不干了，当然以吴起的性格，如果如此退出江湖，那就不是吴起了，这时候的他已经名满天下，不愁没有饭碗。公元前383年，他找到了新饭碗——楚国。

殉难在楚国

吴起到楚国时，正好是楚悼王在位的时候，这时的楚国，也正好处于一个很微妙的时期。

虽然常年处于大国地位，但是战国早期的楚国，却一度国力不振，特别是在中原国家纷纷进行封建化改革的时候，楚国的进展却缓慢得很，主要原因还是楚国的整体经济水平与中原差距遥远。

楚国国内，其地主派势力和新贵族势力也凤毛麟角，根本没有能力对抗奴隶主贵族的卿大夫阶层。韩赵魏三国建立后，成了楚国的大敌，特别是强大起来的魏国，多次发动了对楚国的战争，连续多次战败楚国。

在这样的局面下，一心想有所作为的楚悼王，也必须要效法中原各国，变法图强。所以此时到来的吴起，可以说是当时楚国最需要的紧缺型人才。吴起到来之后，楚悼王首先让他去担任楚国北方苑守，干的还是老本行打仗。吴起到任后一如既往，他继续推行安边持重的战略方针，这时候他的主要对手，却成了“老东家”魏国。

在吴起的指挥下，先前多次被魏国打败的楚军这次扬眉吐气了，他们多次击败魏国和韩国、赵国的联军，暂时遏制了魏国的南下势头。但是楚悼王知道，这样做是治标不治本的，不变法，就很有可能被这个时代所淘汰。

这里要说说吴起的这个老板楚悼王，在当时，这也是一个出了名的英主。他本是在政变中被拥立上台的，之后励精图治，扭转了自春秋末期开始，楚国国君权力衰弱的局面，楚国的国力蒸蒸日上。但是在向北发展中，楚国却遭遇到了魏国的阻隔，楚国多次发动对魏国的战争，却皆被魏国击败，严酷的现实，也让他决定走魏国的强国之路，而曾经参加过李悝变法，并且战功卓著的吴起，自然就成了他借以实行变法的最佳人选。

和其他国家一样，楚国也有抵抗变法的守旧势力，不一样的是，楚国变法，是战国时期所有变法中最难的。比如，商鞅变法时期，虽然秦国的旧贵族同样强大，但是秦国本身的机构就非常简单，自上而下的威权，可以很容易地推动，楚国这个时候的情况，却是旧贵族的势力盘根错节，且画地为牢，楚王很多时候都说了不算。

但吴起从小就是个不知道害怕的人，当年在魏国打仗的时候，5 万打 50 万他都不怕，何况现在对付几个小小的拦路虎。和用兵一样，吴起是一个从来不打无准备之仗的人，他深知搞变法，每个国家都有自己的特点，生搬硬套是行不通的。经过一番筹谋，吴起拿出了他的变法议案，一份和中原国家变法大不相同的方案。

吴起的变法方案，主要包括如下条文：一是取消世袭的贵族制度，凡是贵族传承了三代以上的，一律取消世袭，从此之后，子孙不能再继承爵位；王室的家族稍微宽松一些，传承了五辈的，一律都取消特权和俸禄，而且要迁移到边远的州县去，给予土地自食其力，他们原先的土地一律都要由国家没收。二是整顿政治机构，也就是机构精简，整个机构要裁撤冗赘官员，精选干吏，提高行政效率。三是要统一言论，整个国家不能有任何反对变法的言论，否则就要治重罪。四是吸取自己在魏国创办武卒的经验，在楚国也创办了独特的军事部队——厉甲兵，和当年在魏国一样的政策，厉甲兵也是精选出来并由国家直接掌控的国家精锐部队，有了这样的虎师，楚国的实力也就大大增强了。

吴起变法的内容，条条都触动了此时楚国的要害。楚国这时期面临的最主要问题，就是奴隶制度太过强大，尤其是贯穿楚国始终的百越之战。这些战争的结果，就是楚国每次都会收获大量的奴隶，成为奴隶主贵族的私产，在这样的情况下，土地封建化也就大大不如中原地区。

总的来说，这时候吴起的措施，主要还是以剥夺旧贵族势力为主，而且手段极其酷烈，不但有取消世袭特权的内容，还有要强制拆迁的内容，原先养尊处优的贵族们，这下都要给送到边远的地方干活去。这样做的结果，不但收回了大量的土地，释放了大批奴隶，更增加了社会的劳动力，让贵族们的实力遭到了沉重的打击。

整顿政治机构，名义上说改善统治效率，实际上，还是为了加强国君的威权，而统一国家言论，为的是要给变法扫清舆论的障碍。这几条的实施，除说明了吴起深沉的心机之外，也暴露了他变法上的漏洞。

吴起变法的实行，在当时收到了立竿见影的效果。公元前381年，经历过变法图强运动的楚国再次挥师北上，和当时北方最强大国家魏国再次大打出手。这次的楚国军队，拿出了他们的新式兵种——厉甲兵，结果，新组建的楚国王牌军，以摧枯拉朽之势将魏军打得大败。楚国军队紧紧追杀，竟然直打到了黄河边上，魏军重演了春秋战国时期全军崩溃的局面，大批士兵溺死在水中。战后，楚国人饮马黄河，北方诸国大惊，春秋时期曾经把长江以南打得天翻地覆的楚人——回来了!

这时候的吴起变法，可以说非常成功，但是吴起变法的问题，也在这个时期越来越凸显出来。

说起吴起变法的问题，我们不难看到，在这场变法中，吴起既有自己的发明创造，也有师承别人的东西。但最要命的一件事情是，吴起的改革措施，大多都是着眼于中央权威和富国强兵，对于楚国旧奴隶主贵族所生存的奴隶制经济制度，却没有做任何的触及。所以，这也就注定了改革不会得到普通老百姓们的支持。甚至连实力虽然弱小但已经兴起的地主阶层，得到的好处也很有限。

比起更为成功的商鞅变法，我们不难看到，吴起所采取的堵塞言路、裁撤冗赘人员等内容，大都是在商鞅变法中所用过的，但后来商鞅颁布的时候，是在变法的第二阶段，即变法已经获得了全国百姓空前的拥护支持的时候，而吴起此时这么做，却已经操之过急了。而且更重要的一点是吴起变法的着眼点，还在于“富国强兵”上，给予楚国普通老百姓的好处太少，这一点，就决定了吴起的变法注定以悲剧收场。

公元前 381 年，一直支持吴起的楚悼王去世了，他的去世，就意味着吴起的命运不可避免地走向终结。就在楚国召开追悼会的那一天，反对变法的旧贵族发生了叛乱，这是吴起变法的另一个失策，他虽然建立了中央直接掌握的军队，却没有收回旧贵族阶层对私人武装的控制权，一旦发生变化，就会出现严重的后果。

这次的严重后果被吴起自己承担了，反对派们的士兵疯狂地追杀吴起，吴起东躲西藏，最后躲进了楚悼王的灵堂里，杀红了眼的顽固派哪里管这个，一股脑儿地闯了进去。吴起见叛军们弯弓搭箭，密密麻麻地射向他，干脆用力一扑，扑到了已经过世的楚悼王身上，这对战国时期引导楚国走向强大的君臣，就这么被射成了刺猬，大家射得带劲，后果却很严重。

按照楚国的法律，对国君动武的，就是叛乱，即令国君的尸体也不行，这样一来，七十多家奴隶主贵族尽数遭到楚肃王的诛杀。用自己的生命做代价，吴起让楚国的守旧力量，遭到了一次沉重的打击。而战国时代楚国的崛起，也就从此开始了，此后楚国经过楚肃王、楚宣王，国力开始重新振作，在后来魏国衰弱，强秦东出函谷关的时代，楚国一度和齐国一样，成为关东诸侯中仅有可以抵抗秦国的力量。这一切的底子，却是以生命为代价的吴起换来的。

七　齐国“奸臣”，一代名相

战国时代的第一个强国，是魏文侯改革后的魏国，但随着魏国的一蹶不振，相继取代魏国崛起的，是东方的齐国和西方的秦国。这两个国家的崛起，同样也是拜变法所赐。它们的封建化改革，也都是通过自上而下的方式完成的。秦国的改革，就是著名的商鞅变法，这是整个战国时代政策上最彻底、效果最显著的变法，秦国也从此走上了精兵尚武的扩张之路。

而就在商鞅变法图强的同时，东方的齐国也开始了相同的过程。与秦国拥有商鞅这样一个精干的改革家一样，齐国也拥有一位相似又相反的人才——邹忌。

说邹忌和商鞅相似，因为他们身份相似，都是卓越的改革家，成果也相似，都造就了其所在国的强大。说他们相反，一个是性格相反，商鞅为人坚毅果决，性格嚣张跋扈，做事说一不二，相比之下，邹忌却是一个很“委婉”的人，比如对国君的进谏，商鞅喜欢直来直去，邹忌却喜欢虚与委蛇的“讽谏”。如果说商鞅“至刚”的话，那么邹忌就是“至柔”。

两人的结局也截然相反，立下大功业的商鞅，在秦孝公过世后，难逃被清算的厄运，同样是改革家的邹忌，却封侯拜相，终生富贵。时至今日，“至刚”的商鞅，已经是当之无愧的“著名改革家”；“至柔”的邹忌，名望比商鞅大大不如，身后非议颇多，有说是贤相的，也有说是奸臣、佞臣、弄臣的。比起耳熟能详的商鞅，毁誉参半的邹忌又是个怎样的人物呢？

齐国变法的总设计师

邹忌，史记上又称邹忌子，是齐国桓公（战国时代的齐桓公）时期的大臣，齐威王在位的时候被任命为相。在齐国的封建化改革中，他是主要的设计者和执行者。

说到邹忌对齐国的贡献，不妨先说说田氏代齐后齐国的政治军事局面。

战国早期的齐国，在魏文侯和魏武侯两代，多次和魏国发生战争，但几乎每战必败，甚至被打出了“恐魏症”。齐国的军队，到了齐威王早期，几乎到了遇到魏军就崩溃的地步。“齐之技击不可遇魏之武卒”的说法，也正是在这时期流传开来的，虽然是形容魏国军事力量的强大，却也说明齐国这时期被打惨了。

田氏齐国立国初期，在战国历史上的记录相对较少，出场次数比较多的，往往都是战争的失败，尤其是对魏国战争的失败。齐国在齐景公时代一度振作，夺取的晋国的大部分国土，在这时期几乎被魏国全数打包收回。魏国还曾多次联合韩赵两国，攻入到齐国的腹地，甚至兵临齐长城。而齐国的真正振作，却要从公元前356年齐威王田因齐即位开始。

齐威王登基初期，是一个很不靠谱的人，他不靠谱的时间也很长，竟然长达九年。在这九年里，他日日沉迷于享乐，对外战争也屡战屡败，一开始还只是败北于魏国这样的大国，到后来，连鲁国这样不入流的小国都能欺负他。最严重的时候，齐国还落到了“诸侯并伐，国人不治”的局面，即是个诸侯都要来打你两下，是个老百姓，就对你不抱任何信心。

在这样的局面下，身为大臣的邹忌脱颖而出了。

和许多大臣一样，他也对齐威王进行了进谏，但比起大家的直来直去，邹忌的方法却很委婉，他假装要给齐威王弹琴演奏，引起齐威王的兴趣，然后借题发挥，大谈乐理，齐威王哪里懂这个，一边听一边劝邹忌快演奏，这时候邹忌正色说："大王见我不演奏只说道理，就觉得不耐烦了，但是大王拿着齐国这张大琴，多年来也没有弹奏一下，大家也很不耐烦了。"只这一番话，九年来胡吃海喝的齐威王幡然振作了起来。从此之后他像换了一个人一样，一心锐意进取，变法图强，田氏齐国的强大，其实就是从这时候开始的。

邹忌与齐威王的这番对话，奠定了他一生里一个重要的做派：讽谏。

他所有的政治主张，都是采取这种委婉的方式表达的，通过看似毫不相关的事物旁征博引，用绕圈子的方式讲出大道理，在不得罪国君的情况下把事情办了。如果说主持秦国变法的商鞅是一个强硬派，那么主持齐国变法的邹忌，就是一个温和派。

所以比起商鞅强硬的变法政策来，邹忌的各类政策，表面看起来，也似乎非常温和：第一条就是广开言路，虚心纳谏。他通过对自己相貌问题的阐述，向齐威王讲明了作为国君，"兼听则明，偏信则暗"的道理，说服齐威王广开言路，号召老百姓主动向国君提意见，并且提前说明言论自由，提意见的人无罪。第二就是赏罚分明，任用贤能。通过各种渠道，面向各诸侯国招揽人才，同时对吏治进行整肃，实行"严刑重赏"的政策，重赏有政绩的官员，严惩有劣迹的官员，以赏罚分明，提升整个国家的行政效率。第三条就是完善稷下学宫的建设。稷下学宫是齐国著名的文化圣地，最早创建于齐桓公时期，到了齐威王时代，它重新进行扩建和改革，成为齐国招揽各国人才的主要承载，邹忌为稷下学宫设立了三条原则，即"不任职而论国事""不治而议论""无官守，无言责"。鼓励来此的学者们自由发言，自由讨论。表面看，这似乎是三条很平常的政策。但是平常的外表下，却有不平常的真相。

鼓励老百姓进谏，要求国君虚心纳谏，只是第一步，后面却是真正要采纳大家的意见，从而推动齐国的各类封建化改革。正是在虚心纳谏的过程里，齐国清除了国家制度中最后的奴隶制残余政治，和魏国一样，废除了奴隶制的世袭政策，取消了奴隶主阶层享有的俸禄，建立了完善的中央集权管理体系。

齐国对吏治进行整肃，严刑重赏的同时，更制定了完备的法律，形成了封建化中央集权的国家体系。而稷下学宫的设立，其影响恐怕连邹忌本人也始料不及，稷下学宫成为战国乱世学者们眼中的乐土，中国文化中自由讨论的风气，正是在这个小小的学宫里形成，诸子百家的经典论著，也大多完成于这个小小的学宫，与这里有渊源的学问家，包括孟子、墨子、荀子等几乎所有的战国时代文化名人。

两千年风云之后，王侯霸业早成尘土，稷下学宫所衍生出的古老文化，却依然在为现代社会所传承。而即使在当时，稷下学宫也同样有着重要意义：魏国给予人才的，是优厚的俸禄和官位，齐国给予人才的，却是人格上的尊重与学问上的自由。

邹忌在担任齐国相国期间，做的另一个重要的事情，就是开掘水利工程，在今天的淄博、济南等地，都有齐国水利工程的遗址，齐国的农业经济在这时期取得了长足的进步。邹忌在经济上的政策，是“恤民养战”四个字，这时期的齐国，延续了春秋时期就设立的寓兵于农的政策，而且有进一步的发展，对于服兵役的家庭，政府给予经济上的补贴奖励，提高士兵作战的积极性。富裕的齐国，在齐威王的励精图治下，正在把其丰厚的经济能力，转化为强大的军事战斗力。

战场见真章

齐国的崛起道路，在齐威王在位的中后期逐渐变成了现实。

按照《战国策》的说法，虽然齐威王执政前期，通过广开言路的方法，提高了自己的威望，使得韩赵魏等国家纷纷派使者前来朝见，收到了“战胜于朝廷”的结果。但是国家的力量博弈，“不战而屈人之兵”，在战国年代是不现实的，强国的地位，还是要在沙场上见真章。

齐国这时期面临的主要对手是魏国，在齐威王在位的大部分时间里，他的主要对手，是魏国的第三代君主魏惠王。这正是魏国的由盛转衰期。

魏惠王之前，魏国经过魏武侯长期的扩张，既四面树敌，又形成了其横扫天下的威武。公元前369年，魏惠王派兵与秦国激战，击败了进攻西河的秦军，但在这场战斗胜利之后，魏惠王改弦更张，并未乘胜追击攻灭秦国，相反主动迁都大梁，对西面的秦国，改防守为主。之所以做出这样的决定，是因为魏国当时严峻的外部形势。作为四战之地的魏国，其国力势必承受不起四面作战的消耗，要想巩固霸主的地位，就必须有的放矢，对其中的一面强敌采取防守政策，集中力量对付相对较弱的对手。

在魏惠王眼里，秦国虽然屡次败给魏国，但是其民风彪悍，战争潜力强大，不是一朝一夕可以平定的，所以抓住机会，先挑相对弱小的对手下手，才是最好的争霸手段。魏惠王眼中比较弱的对手，就是曾是魏国盟友的韩国和赵国。在魏惠王时期，原本韩赵魏三国的铁杆关系，早已经基本破裂。而魏惠王也把统一三晋大地，兼打压齐国作为这时期的战略重点。

这以后，魏惠王一度暂停了对外用兵，在西面修筑长城抵御秦国进犯，严守国门，在国内兴修水利，发展生产，积累力量。自魏武侯时期开始，魏国生产破坏严重、民力疲敝的局面得以改变，魏国的实力持续增强。在此期间，经过励精图治的齐威王，已经成了魏国最主要的敌人。

齐威王与魏惠王的较量，是以失败开始的。魏惠王东迁大梁后，和齐国发生了多次战争，这时候的齐国虽然经过了整顿军队，战斗力大为提升，却依旧不是魏国的对手，长期南征北战的魏军，在作战经验和战斗素质上远远高于齐国人，何况他们还有一个杰出的军事统帅——庞涓。这样强悍的军队，除非有神人帮助，否则不是一朝一夕可以打败的。而似乎老天爷也在眷顾齐威王，数次败北于魏国的齐国军队，很快就得到了一个可以扭转他们命运的"神人"——孙武的后人孙膑。

作为中国历史上杰出的兵家，孙膑今天已经是家喻户晓的人物，他和魏国统帅庞涓的那段恩怨纠葛，也是后人恒久讨论的话题。孙膑和庞涓最早都师从于战国兵家鬼谷子，孙膑更得到了鬼谷子代为传授的祖先遗产——《孙子兵法》。作为孙膑师兄的庞涓，因为妒忌孙膑的才华，假意邀请孙膑来魏国发展，事后又翻脸诬陷孙膑通敌，结果害得孙膑被处以“膑刑”，挖去了膝盖骨，成了终身残疾。孙膑凭借他的隐忍，更靠着齐国使臣的帮助，终于逃到了齐国，在得到了齐威王赏识后，被委任为齐国的军师。之所以说孙膑是扭转齐魏战争战局的关键人物，不只因为他的才能，更因为他的作战方式，恰恰切中了魏国的“死穴”。

在齐魏两国军队战斗力差距暂时不能拉开的情况下，战胜魏国的办法，也就只有一个：必须要用高出对手一筹的战略眼光，牵着对手鼻子走，想尽办法分散敌人兵力，集中自身优势打歼灭战。可魏国的主将不是莽夫，而是同样足智多谋的庞涓，这个狡猾的统帅外加这支彪悍的军队，也只有孙膑能够对付他。

孙膑到达齐国后，虽然成为军师，却很少抛头露面，主要精力都放在了训练军队、提升军队战斗力上。这时期的魏国，在东面挫败齐国，西面阻遏强秦后，开始放心大胆地攻打周边的赵国和韩国。特别是对于赵国，他更志在必得，如果占有了位于中原北面的赵国，对中原诸侯，魏国就会形成“坐北朝南”的优势战略地位，当年的晋国就是凭此称霸江北的。

公元前 354 年，魏国大举进攻赵国，赵国无奈之下向齐国求救，在经过了多年对魏国的隐忍后，这次齐威王决定出手还击了，他以田忌为大将军，孙膑为军师，率领 8 万精锐火速驰援。

就是在这一战中，孙膑拿出了他独特的“围魏救赵”战法，不去救援赵国被围困的都城，相反率军直扑魏国都城大梁，以攻其必救的战法牵着魏国鼻子走。魏国果然被牵了鼻子，近 10 万魏军撒丫子玩命赶，在赶到桂陵的时候，被以逸待劳的齐军包了饺子。士气高昂的齐军碰上人困马乏的魏军，自然猛虎下山，战斗没有了悬念，齐国大胜！

桂陵之战是齐国崛起道路上的重要一战，齐国通过此战酣畅淋漓的胜利，不但打破了自身多年的“恐魏症”，更向列国诸侯昭示了自己强大的实力。但魏国的元气并没有因此遭到损耗。然而，就在桂陵之战结束两年后，以为魏国元气大伤的秦国、韩国、赵国、楚国组成联军，赵楚韩三国将魏国主力包围在襄陵，秦国主力大肆攻打魏国西河边城。战斗起初进行得很顺利，多线作战的魏军力不能支，陷入到苦战之中，而秦军在西线的进展也顺利，一路收复沦陷多年的西河失地。但绝境之下的魏军，再次爆发出强大的战斗力，魏国先是在襄陵大破三国联军，接着火速西进，击退秦国的入侵，短短数日奔波南北，将两线的强敌打了个稀里哗啦。齐国魏国之间的争霸，这时还没有分出胜负。

在桂陵之战结束后的十几年间，齐国和魏国都没有发生大规模的战争。公元前 342 年之前，魏国通过连续对外战争的胜利，再次确立了它第一军事强国的地位，而齐国却在韬光养晦，静看魏国嚣张。

公元前 342 年，魏国又发动了对韩国的进攻，齐威王火速出手，再次派遣田忌和孙膑为帅出兵救援，这次孙膑故技重演，再次故意进攻大梁，迫使魏国回军，但庞涓也学乖了，他们并不急于追击，而是慢慢尾随在齐国军队身后，静静地等待着机会到来。

机会终于到来了，庞涓发现，齐国军队每天扎营后用的炉灶一天天减少，早习惯军旅生活的他立刻做出一个自信的判断：齐国人在崩溃，在逃跑。得到判断的庞涓火速行动，企图一举将齐国军队尽歼，他带领轻骑兵追杀到马陵道时，却发现再次上当了，这里埋伏着大批的齐国士兵，用弓弩不断地射杀魏国军队。痛悔无比的庞涓感叹：“没想到，我还是让孙膑这小子扬名于诸侯了。”感叹完毕后，他主动冲向齐军阵营，继而身中数箭，随即壮烈殉国。

经过桂陵、马陵两战，魏国陆续报销了 10 多万魏文侯改革后精心打造的精锐作战部队。而齐国的强大，此后与秦国并称为二帝，一度共享霸权，也是顺理成章。

非议在战后

在齐国本身的崛起过程里，身为“总理”的邹忌居功至伟，但也正在这个过程里，他个人的所作所为遭到了太多非议。邹忌遭到非议最多的，就是他和田忌的交恶问题，按照《战国策》上的说法，这两位同是齐威王励精图治的股肱之臣，多年以来却“不相交”。

史料的说法是邹忌妒忌田忌和孙膑的大功劳，设计陷害。马陵之战后，田忌和孙膑班师凯旋，邹忌故意设套，假借占卜的名义栽赃陷害，诬陷田忌谋反，结果百口莫辩的田忌逃到了楚国，早就预料到邹忌不怀好意的孙膑，在事前劝说田忌无效后，也借故离开归隐了。拜邹忌所赐，齐国失去了一位能征善战的将军，一个算无遗策的军事家。

后来也正是因为这件事，在许多人眼中，邹忌立下的那些功劳，也就不值一提了。但在许多史料里，我们也看到了另一个邹忌，一个胸襟宽广、效忠国君、匡扶社稷的邹忌。在齐国崛起的整个过程里，他其实是齐国各项国策的设计师，才能是毋庸置疑的。而陷害田忌的行为，与他诸多“善举”比起来，看似很矛盾，但其实也很正常。邹忌性格里最主要的特征，就是“阴柔”，凡事讲究兜圈子，正面不行侧面来，放在进谏上，这叫有智慧；放在整人上，这就是狡猾伪善。陷害田忌的行为，就是其中之一。

但比起刚烈的商鞅来，阴柔的邹忌，下场却好得多，他的阴柔，给国君留下了“尊重领导”的好印象，凡事给足了国君面子，又听话又能干活，这样的好干部自然哪个领导都喜欢。所以齐威王、齐宣王两代君主都对他信任有加，又升官又封侯。却也同样因为他的“阴柔”，齐国变法的效果也是阴柔的。和秦国比起来，齐国变法最大的特点就是人治而不是法治，在行政制度建设和司法建设上，比起商鞅变法来都差距甚远。这样的差别，决定了齐国的变法，只能依赖于国君个人的素质，而不是整个制度的制约。就是这个差距，决定了齐国不可能在战国逐鹿中笑到最后。

八　最成功的只能是商鞅

战国时代的变法不少，南北各诸侯国都搞得轰轰烈烈，但是其中公认最成功的，就是商鞅变法。

然而在之后的中国历史上，许多史家也在追问一个问题：商鞅既不是最早主导变法的前辈，而秦国也并非首先开始变法的国家，那么为什么变法最成功的，只能是商鞅变法？甚至为什么只有秦国的变法能够保持恒久的强大，无论对于过去还是将来，这都是一个很有意义的问题。放在当时的背景下，商鞅变法的整个经过，甚至可以被看作是一场童话般的奇迹。

商鞅进入秦国以前，列国的变法运动已经轰轰烈烈地开展了起来，唯独秦国还是一片安静。有能力变法图强，开创大业的青年才俊们，几乎没有一个人愿意跨过函谷关，进入秦国这个神秘的国家。因为在所有人的眼里，在秦国实现变法，几乎是不可能的，秦国经济条件落后贫穷，奴隶制贵族势力强大，民风野蛮彪悍，在中原人眼里，同属华夏族的秦人，在当时却是不开化的野蛮人。

这就好比今天跑到一些蛮荒国家，上马诸如微软这样的高科技产业，听着就像天方夜谭。

但是商鞅却做到了：他勇敢地走了进来，最后虽然客死秦邦，但他的变法成功了，他缔造了强大的秦国，成就了秦国横扫六合、灭亡六国的辉煌，无论在生前还是身后，他的这段人生，都被看作一段不可思议的奇迹。

可是，商鞅为什么能创造这样的奇迹呢？

秦国其实是张无负担的白纸

商鞅变法成功，一个重要的条件，却被长期忽略：秦国，是一个相对容易变法的国家，原因也很简单——它很落后。这就好比一个操场要装修，一开始是沙土地，要改柏油跑道，结果刚要弄好柏油，塑胶跑道又兴起了。好些战国国家的变法，比如齐国、楚国，都好比是先拆了柏油路，再铺塑胶，十分地折腾。但秦国却省了，可以直接在沙土地上铺塑胶，折腾相对少。在一个国家走向变革的关口，不开玩笑说，相对的落后，有时候也是一种财富，因为可以少掉很多的负担。

秦国在当时，就是这样的情况。

这时期的秦国，虽然农耕经济已经成为主要方式，但关中平原地广人稀，有五分之三的土地还没有被开发，秦国的农业生产水平，比起中原六国来差距很大。无论是经济的发展程度，还是文明程度，都远远落后于中原国家。

在封建化程度上，秦国也同样落后得多，鲁国早在公元前 594 年就实行了封建化的税收政策——初亩税，秦国到公元前 408 年，才由彼时在位的秦简公推行了这个政策。比起中原诸国可以自上而下地实行变法改革，秦国的国君在权力上却有限得很，战国早期秦国国君的废立都由旧贵族操纵。这样的局面下，要想实现改革，何其难？

但是也同样是秦国的这些条件，让他具备了改革成功的天然优势。

首先，秦国没有中原诸侯国那样严密的奴隶制国家体系。比起中原各国的旧有奴隶制框架，它都差得很远。在这样的条件下进行改革，虽然不可避免地会遇到阻力，但是比起整个行政体制的阻挠，旧贵族个人的阻挠显然是更容易应付的。而秦国虽然生产组织机构松散，生产落后，但是秦国的经济潜力却是巨大的。关中平原土地富饶，只要能够改革生产方式，提高农民的生产积极性，短时间内就可以实现秦国生产的迅速腾飞，立竿见影的改革效果，会使改革早期的障碍变得一马平川。

秦国变法的另一个有利条件，是他们的文化。

在中原人眼里，秦国人是不开化的“蛮夷”，因为是“蛮夷”，秦国的旧贵族，头脑中条条框框的旧观念要少得多。在这样一个松散的旧体制上，推倒重来建立一个全新的国家体制，显然要比在齐国这样一个有悠久文化与历史传承的国家进行改革容易得多。

比如齐国的改革家邹忌，他之所以采取讽谏的方式推行自己的主张，并且所有的改革内容表面上都不涉及齐国国家行政体制的转变，正是慑于这种根深蒂固的旧体制压力。

秦国改革成功最重要的要素，就是力主改革的秦孝公本人。纵观当时所有诸侯国的国君，几乎找不到一个像秦孝公一样，具有如此坚定改革决心的。他能够给予改革者全力支持和毫无保留的信任，这是任何一个改革者在其他国家，都无法得到的。这种毫无保留的支持，无可复制的信任，来自于秦孝公个人的性格，更来自于他独特的身世。

秦孝公的家世很特殊，他原本不是秦国王室的正统继承人。他的家族是秦国王室宗族中较偏的一支，秦孝公的父亲公子连，早年就因为主张改革，触动了国内旧贵族的利益，被赶出国境。后来公子连不屈不挠，利用秦国发生政变的机会突然回国，在经过苦战后夺取了国君之位。这次政变凶险万状，当时的守旧派已经部署了军队埋伏在边境，准备随时杀掉他，好在军队中支持他的军官临阵倒戈，这才有惊无险夺权成功。

公子连即秦国历史上的秦献公，他在位期间废除了野蛮的殉葬制度，制定了五家一伍的保甲制度，并且开始初步推广郡县制，在全国设立了四个县来试点。可惜他的运气很不好，这时候的秦国，东面面临着魏国的威胁。此时魏国正处于魏文侯改革后最强大的时期，秦国在对魏国的战争里，连战连败，丢失了整个西河地区。

改革时代的参与者们，大多没有长远眼光，对改革的看法一向都是功利的，秦献公对外战争的失败，也成为保守派质疑改革的理由。公元前 362 年，秦献公带着壮志未酬的遗憾，在忧愤中死去，他 21 岁的儿子渠梁即位，就是后来缔造了秦国变法的秦孝公。

秦孝公虽然年轻，但是家族的传承，父亲为改革辛苦奔忙的一生，他早就了然于心，而他也是一个胸有大志的人，改革的成功与否，不仅关系着秦国的强大，更关系着父亲的遗愿。所以，秦孝公在登基后，连续多次发布了求贤告示，希望能招揽到推动改革的人才，他将给这个人才毫无保留的信任，让他帮助自己缔造一个强大的大秦帝国。他很快就等到了这个人才——商鞅。

对于秦国这个有着特殊成功条件的国家来说，商鞅，也是一个不可复制的人物。

商鞅原名公孙鞅，是卫国贵族的后人，在西奔秦国之前，他曾经在魏国相国公叔痤身边做谋士，那时正是魏惠王登基的早期。身为相国的公叔痤，许多重要的谋略，其实都来自作为他高参的商鞅。也正是在这个过程中，商鞅真正接触到了当时战国最强大国家的核心行政机构。他的施政经验和视野，都得益于这段时光。

打个金庸小说里的比方说，商鞅就好比是少林寺烧火的火工头陀，多年来耳濡目染，竟融会贯通了一身绝世武功。

从师承上说，商鞅承袭自李悝的法家学说，对李悝的《法经》非常推崇，并且精心研究，在漫长的思考中，逐渐形成了一套属于自己的施政改革理念。这样一位有深厚理论积淀和丰富施政经验的人物，真是改革者中的最好人选！

然而商鞅来秦国之前，有两个偶然因素，让他差点来不了秦国。一是长期欣赏商鞅才华的公叔痤，临终前将商鞅推荐给了魏惠王，如果魏惠王能够认可公叔痤的推荐，那么恐怕就没有强大的大秦帝国了，但魏惠王却认为公叔痤老糊涂了，对商鞅的才能嗤之以鼻。第二个意外，是老谋深算的公叔痤生怕商鞅不被魏惠王所用，将来势必成为魏国大敌，因此劝说魏惠王，如果你不肯用商鞅，就一定要杀了他。商鞅知道后只是冷笑，他既然不听你的话用我，又怎么会听你的话来杀我。事实也正如商鞅所料，魏惠王根本没拿商鞅当盘菜。不用也不杀，任他自谋生路去了。

这两个偶然，也包含着一些重要的信息：第一，经过在公叔痤身边数年的锤炼，商鞅已经锻造出了深不可测的心机，对于他人心术的揣测，早已做到料事如神，这样一个绝顶聪明的人，才能承担起那场惊天动地的变法。第二，魏惠王并不是一个英明的君主，以他看人的眼光，即使听了公叔痤的话重用商鞅，也不会长期地信任商鞅，这样一个刚愎自用的君王，根本不可能给商鞅以施展才能的平台。所以这时期的商鞅，将希望寄托在秦国身上，也是情理中的事情。

在当时的六国里，赵国和韩国还没有大规模的变法，齐国是宗族当道，商鞅更不具备邹忌那般讽谏的本事，自然是去不得。至于南方雄心勃勃的楚国，吴起的例子也摆着呢。所以，秦国，是胸怀大志的商鞅唯一的出路。商鞅，是志存高远的秦国仅有的选择。

公元前 361 年，商鞅来到了秦国，见到了求贤若渴的秦孝公，经过三天的攀谈，商鞅以其学说打动了秦孝公。公元前 359 年，秦孝公颁布了变法令，任命商鞅为左庶长。这场改变战国历史的变革，从此开始了。

循序渐进的改革

商鞅变法，从一开始就注定荆棘密布。在变法令颁布之前，秦孝公曾召集群臣讨论，结果引来了旧贵族们的集体反对，大臣甘龙等人极力阻挠商鞅变法，而商鞅也不是一个好惹的人，当场与甘龙等人展开了辩论，一番唇枪舌剑将反对派驳得哑口无言。明火执仗的反对，就此变成了暗流，无数的明枪暗箭，在商鞅变法的路途上等着。

但商鞅不惧，他之所以有信心，是因为长年的沉浮，让他明白一个最简单的道理：变法要成功，必须采取最简单直接的办法，抓住事物的核心矛盾下手，快刀斩乱麻。所以商鞅采取的第一个政策，就是要变法，先变人。所谓变人，就是要树立改革者的绝对威望，让他获得大多数人的足够的信任。完成这个目标谈何容易，你商鞅是谁？秦国有几个人认识你？难道还要一个接一个苦口婆心地劝说，或者是上大街上做报告？

商鞅的办法很简单，不用做报告，不用劝说，立一块木头就行了。

这就是历史上著名的“商鞅南门立木”事件。商鞅在乐阳城南门竖起一根 3 丈长的木头，并挂出布告：谁能把木头搬到北门口，就给他 10 两黄金。这事在当时，就好比今天突然接到“恭喜你中奖了”的手机短信一样，很难让人相信。木头不重，路又不远，凭什么奖 10 两黄金？木头立了一上午后，奖金已经翻了好几倍，涨到了 50 两黄金，这时候来了个傻小子，壮着胆吭哧吭哧地把木头扛走了。结果商鞅二话不说，当然兑现奖励。南门立木的典故就这样不胫而走，所有秦国人都知道了一个事实：这个商鞅，说话是算数的。

商鞅的威望就这样树立起来了，然后他趁热打铁，出台了第一阶段的变法内容。事实证明，商鞅不但口号很响，胆子很大，做事更是现实。他第一阶段的变法内容，都是最初级的改革，包括废除传统奴隶制的世袭制度，设立军功授爵制，奖励士兵的作战积极性；实行编户制，建立封建制的基层农村制度，奖励耕作；鼓励小农经济发展，规定家庭里有两个儿子以上的，儿子成年后必须分家另过，这样就增加了自耕农的数量，国家的税源也扩大了。

商鞅的这几项政策，是吴起、李悝等人施行过的，大多没有什么新意，其中的一些，还是对秦献公时期变法内容的补充，比如实行编户制、奖励耕种。但这样做却是很现实的，像秦国这样一个经济落后、生产水平低的国家，首先要解决的就是老百姓的吃饭问题，必须要立竿见影提升经济水平，才能真正收拢人心。

另一个原因是商鞅坚持要变法先变人，变人的第一步，是要树立个人的威权；第二步，就要把国家大多数的老百姓，牢牢地抓在政府的控制之下，这样旧贵族对变法的反对，才能成为空谈。变法就这样推行开来，作用也立竿见影，秦国的经济水平飞速提高。中原先进的生产技术被大量引进，秦国的农业、畜牧业也都迅速地发展起来，小农经济群体的扩大，更造成了大量贵族的破产和财产的萎缩，世袭制度的取消，为国家节约了开支，有更多的钱投入到基础设施建设上来。之所以能立竿见影，另一个原因就是商鞅够狠，他在建立编户制的同时，规定了保甲连坐制度，即一人犯罪，多人受株连，用残暴的国家机器，来打压一切反对变法的力量。这是之前所有的改革家在变法过程中，都未曾使用的方式。一是他们不会得到这样强有力的支持，二是他们本人也不够狠。

商鞅却够狠，比如有一次在渭水河畔，他一次就杀掉了七百多个破坏变法的旧贵族，这其中真正有破坏变法行为的只是少数，大部分人都是被株连的亲族，甚至还有邻居，整个渭水清澈的水面，刹那间被滚滚鲜血染红。连秦孝公的儿子，商鞅也绝不姑息。当时太子的两个老师鼓动太子反对变法，诽谤商鞅，商鞅得知后，做主把两个老师处以酷刑，一个割鼻子，一个脸上刺字，如此一来，整个秦国都吓得打哆嗦了。他连太子的面子都不给，自然谁的面子也不会给了。没办法，老老实实跟着他混吧。

如日中天的商君

商鞅第一阶段的变法持续了 7 年，到了公元前 352 年，变法的成果已经非常显著，秦国上下出现了仓储丰厚的景象，老百姓生产积极性大为提高，甚至出现了披星戴月的劳动情景。

在国家税收方面，大量自耕农的出现，使政府的收入大为增加，国库财大气粗，旧贵族势力遭到了残酷镇压，一时很难对变法形成威胁。变法带来的巨大实惠，也已经在秦国上下深入人心。

内政顺利的时候，秦国军队的力量也得到了大幅度提升。奖励军功制度的出台，使原本彪悍尚武的秦国人，作战的积极性更加高涨，打仗不用动员。从商鞅变法的第三年开始，秦国就陆续地在河西地区发动攻势，多次击败魏军，原先秦国对魏国战争一边倒的惨败局面，这时候开始攻守易行。

原本对秦国采取攻势的魏国，也不得不改变政策，对强大起来的秦国以防守为主，转而把注意力转向东边的中原诸侯国。对于正在上升期的秦国来说，这一事件尤其重要，它使得正在蜕变的秦国，少了一个强大的对手，获得了充足的成长空间，秦国收复河西失地，东进中原，似乎只是时间问题了。

商鞅变法的第二阶段，从这时期开始。公元前 305 年，商鞅再次颁布了变法令，因为变法的卓越成果，此时的商鞅已经成为手握秦国大权的大良造。在秦国国内，这是一人之下万人之上的角色，原本明枪暗箭的反对派们，现在已经无人敢掣肘。

商鞅第二阶段变法的内容，主要包括四个方面：一是废除井田，开阡陌，这就彻底断绝了奴隶主贵族的经济命脉，打破了奴隶主贵族对庄田的垄断，勤力垦荒的自耕农们，只要足够勤劳，就可以把原来奴隶主贵族的土地划到自己名下，国家法律会为他们提供绝对的保护。二是正式确立秦国的地方行政体系，即郡县制度，全国划分成 41 个县，县的长官县令，由中央直接任免，这样对地方的控制权，也牢牢地抓在了国君的手里，原本画地为牢的旧贵族们，从此彻底成了死老虎。三是统一度量衡，整合国民经济，建立国家对商业贸易的绝对管理权。度量衡的统一，使国家有了统一的税收标准，商业税的征收也更加制度化。四是编订《秦律》，这是继《法经》之后，中国又一部封建社会法律，《秦律》参考《法经》制定，内容比《法经》更细致，涉及经济、政治、军事的各个方面，目的是建立一个严格的官员督察体系，六国后来所羡慕的秦国官员之严谨、认真、高效，正是由此而形成的。

在这四项改革内容中，也包含着一个重要的目的，第一阶段的改革，是树立新法的影响力，建立新法的绝对权威；第二阶段，是要把新法的内容制度化，成为秦帝国牢不可动的国体，深深渗透进秦帝国的血液中去。即使商鞅会有粉身碎骨的一天，但是商鞅的变法，也成为秦帝国从此不可分割的一部分。

这时候的秦帝国，还享受着商鞅变法的成果，国民经济效率大大提升，在不增加赋税的情况下，政府扩大了税源，增加了税收，国库储备充裕，足够支持大型的战争。秦国的军事实力也在逐步增强，这时期的秦国，已经迁都咸阳，定下了东进中原的国策，秦国的理想，也比中原诸国更加远大，他们不再谋求建立一个属于自己的霸主地位，他们的理想是把整个天下统一在自己的囊中。这是秦国国君的愿望，他们太盼望君临天下的辉煌了。这也是商鞅的愿望，他期待自己一生的呕心沥血，能成为中国未来的典章制度。

这期间的秦国，东进的脚步已经不可遏制。在秦国迁都之前，秦军已经陆续收复了安邑、元里等河西失地，称霸中原的魏军，被打得节节败退。到了公元前 343 年，秦国已经成为诸侯眼中不能小觑的力量，连挂名的周天子都来向秦孝公朝贺，授予他霸主的身份。公元前 340 年，商鞅亲自率军击败魏国 10 万大军，俘虏魏国公子，魏国无奈之下，只得向秦国归还了所有的河西领土，几十年的国耻，就此一朝得雪。

然而，仅仅是洗雪耻辱，在秦孝公君臣眼里是远远不够的。收复失地不够，获得霸主的身份也不够，最重要的是要平定中原六国，一统天下。商鞅变法第二阶段的 12 年，正是秦国勃兴时期的关键 12 年。在这 12 年里，秦国和齐国两面夹攻，使魏国实力彻底萎靡，秦国打通东进道路的愿望从此彻底实现了。此后，彪悍的秦人第一次跨出了函谷关。雪亮的马刀，直指向富饶的中原大地，关东六国的灾难，中国的统一大业，脚步日益近了。

注定到来的悲情结局

商鞅人生的再次转折，发生在公元前 338 年。

这一年，一直不遗余力支持商鞅的秦孝公去世了。即位的秦国国君，就是当年曾经和商鞅结下梁子的太子驷，这就是秦惠王。秦惠王上台后不久，对商鞅的清算就开始了，大批失去权力的旧贵族四处造谣，诬陷商鞅谋反，秦惠王派出军队，去商鞅的封地缉拿商鞅。商鞅闻讯后立刻逃跑，逃到边境时，却没有客栈主人肯收留他。

因为根据商鞅自己制定的律法，客栈如果收留没有“身份证”的客人，是要遭连坐大罪的。走投无路的商鞅，最终被秦国的追兵逮捕，处以车裂的刑罚。

商鞅之所以结局如此悲惨，原因有很多。

一是因为商鞅变法中的污点。商鞅变法的最大错误，就是矫枉过正，手段过于酷烈，在秦国建立了严刑峻法的统治，在街上吐一口痰都要治罪，至于连坐之罪，多年以来更是株连甚广。后来秦国统一天下后秦始皇的“暴政”，其根由也是商鞅变法开始后秦国日益严苛的法家思想。

但另一个重要原因，却是秦惠王自己的帝王心术，像商鞅这样一个功高震主的人，对王权的威胁是巨大的，不除掉是不可能的。战国历史上秦国的历代权臣，如果不知功成身退的道理，下场都很悲惨。比如李斯，比如吕不韦，能得善终的范雎等人，原因也在于见好就收。而以商鞅的性格，这是不可能的。所以从商鞅走进函谷关的第一天起，他被车裂的命运就已经注定了，他注定要成为这个大变革时代的殉道者。

九　连横合纵，大国博弈

自从公元前 341 年，魏国在著名的马陵之战中，几乎崩溃式地惨败给老对手齐国后，这个昔日战国的霸主国家，就真应了一句话：王小二过年，一年不如一年。

魏国的悲惨情况，用《史记》中魏惠王给孟子诉苦的那句话，就可以完美概括："东败于齐，长子死焉，西丧地于秦七百里，南辱于楚。"也就是墙倒众人推，被几个主要强国轮番吊打。昔日雄霸天下，这下水深火热。

不过为啥会如此水深火热呢？一是败得太惨，元气损伤太厉害。马陵这一战，魏国"覆十万之军"，以当时的人口条件，几乎堪比后来的赵国长平惨剧。更大的损失却是高层指挥人才，魏王长子申被俘虏，名将庞涓战死，魏国最杰出的军事团队，一战几乎一扫而空。当然比这更难以挽回的损失，却是昔日魏国横扫天下的最大本钱：魏武卒。

作为战国时代一支曾经百战百胜的恐怖力量，魏武卒在马陵之战中，遭受的几乎是灭顶之灾。而且这种"武卒"制度，本身就存在着极大的漏洞。以荀子的说法：是以数年而衰而未可夺也，改造则不易周也!

一个士兵即使再英勇善战，也最终难逃时间的磨砺，总有老去的一天。而魏武卒这种制度却决定了：好兵就是终身制，更缺少淘汰机制。老兵占据了位置，战斗力随着时间的流逝衰退，新兵替补不上，日久天长就青黄不接。在马陵之战中，魏武卒最后的精华几乎损失殆尽。这支昔日强大的军队，再难恢复荣光。

如上种种，昔日强悍无比的魏国，宏图霸业，也就彻底成了落花流水。

落毛凤凰不如鸡，放在惨败后的魏国身上，真是一点也不假。马陵之战后的几年里，魏国基本就是被列国组团上门猛打。先是秦国、齐国、赵国三国联合伐魏，然后楚国也来凑热闹。曾经惹不起的魏国，一下成了个香喷喷的蛋糕，被周边邻居来回瓜分。上门瓜分得最狠的，倒还不是齐国，反而是趁火打劫的秦国。先是商鞅主持军事行动，一口气夺取了魏国西部大片领土。

这以后，秦国几乎连年东进，魏国几乎想尽办法，结果打仗打不过，讲和人家也不许，主动献上土地示好，更叫秦国得寸进尺，侵略脚步变本加厉，事实也再清楚不过：秦国要的不是霸主，而是天下，魏国却是一块跳板，所以一定要狠打到底。到公元前 329 年，秦国已经扩张到今天山西河津地区，魏国的生存环境，已经越发险恶。

然而在魏国的东西两边，两个新的巨人也先后崛起：齐国和秦国。这两大帝国东西对峙，文武动作不断，夹在中间的魏国，也就风雨飘摇，连年受夹板气。

就在魏国叫苦连天的时候，一个来自秦国的使者，却送来了意外的橄榄枝：公元前 328 年，得胜的秦国使团访魏，非但没有趁火打劫，反而来了一次慷慨大回馈，主动把秦国攻取魏国的蒲阳，慷慨还给了魏国。一连串意外惊喜，还没让魏国回过神来，又一个春天般的温暖上门——秦国公子繇，竟然也大张旗鼓，送到魏国来当人质。先前还把魏国摁在地上，肆意各种胖揍的秦国，竟然就这样转了性子，和魏国重归于好了？

导致这次转性的，正是这位送温暖的使者，战国杰出外交家张仪！

这场意外事件开启的，不是两个国家的友谊，而是战国一段波澜壮阔的外交史：连横合纵时代。

横空出世的张仪

张仪的名号，熟悉战国历史的朋友，基本都可如数家珍：他出身魏国公族，曾经是鬼谷子弟子，后来周游列国，却长期不得志，还曾在楚国被诬陷偷和氏璧，给打得死去活来，但心态始终特别的好，被楚国人打成一堆烂肉送回家，妻子哇哇哭，他还信心满满：只要我的舌头没烂，就是翻身的本钱。

事实证明，他这个信心，绝非胡乱自信。作为战国顶级的外交家，张仪所拥有的，不只是犀利的口才，更是长远的战略眼光。后来进入秦国，果然得到重用。而接下来对魏国的这一幕，就是其外交才能的生动写照。

秦国和魏国，虽说各种死仇，但以秦国取天下的战略目标来说，再强的秦国，也无法面对同时开战东方六大强国的后果，何况东方的齐国，也正蒸蒸日上，战略条件要比秦国好得多。要想真正步步为营，实现吞并天下的目标，必要的时候，就要吐出已经到嘴的肉，拉到自己的铁杆盟友，第一个对象，就是魏国。

这一次的魏国出使，效果也出乎意料的好，先狠狠地打了魏国一巴掌，然后再好好地揉一揉，果然把魏国揉得感激涕零，死心塌地表示要和秦国结成鲜血凝成的友谊。而且立刻就以行动表了决心：魏国把上郡十五县全数送给了秦国。这个超重大礼，也立刻在秦国国内引来一阵惊呼，本来还遭到颇多反对声的张仪，这下身份扶摇直上，被秦惠文君任命为相邦。

然而更有面子的事，则在公元前 325 年发生了，做了多年国君的秦惠文君，已经不满足“国君”这个称呼，眼看着东方齐楚大国的国君都称了王，自己也十分眼热，打算赶个潮流也称个王。其实以秦国的国家实力，早就有称王的资格，之所以秦孝公到死还是个“公”，秦惠文君威风这么多年还是个“君”，实在是有难言苦衷：不是没实力，而是没朋友。

“称王”这种事，不是自家改个封号这么简单，这是一个重大的身份认定，谁要称王都是一次重大的典礼，但典礼好办，捧场必须要有人，自封的王不算数，必须要有同盟小弟来捧场。这样的称王，才叫高端大气上档次，否则没人捧场，自己自称倒也可以，但放在列国中间，那就是个笑柄。

这时候的秦国，虽然实力强大，但还没有可以抛开一切白眼的能耐，既然要称王，小弟捧场很重要，可是多年以来，中原国家看秦国，一开始还是嫌他落后，等着商鞅变法实现自强后，却更嫌他野蛮，总之长期以来，都把秦国看作是虎狼之国。捧场？打死也不干。

但张仪这样几次慷慨大回馈，称王的问题却一下子解决了：魏国和韩国在秦国的大棒加安抚下，都死心塌地做了小弟。捧场自然不是问题。公元前325年4月，秦惠文君的称王大典霸气上演，魏国和韩国的国君不但亲自前来朝贺，更在众目睽睽之下，做出一个十分惊愕的行为：两位国君当场为秦王驾着有王位标志的马车，在各国来宾中间招摇过市。消息传开，列国一下哗然。

这不但是确立了秦王的国王身份，更是确认了秦国对于韩国、魏国的霸国身份，从此以后，秦国吞并中原，终于有了可靠的小弟打手，它不再是一个人战斗。这时候的秦惠文君，也就更名为我们熟悉的秦惠王了。

这一系列荣光的实现，正来自于张仪的巧妙筹划，他的声望在列国之间，更是如日中天。可作为一个魏国人，身在秦国当官的他，遭受的非议刁难一直也不少，人生事业越发展，身边就越发招来仇恨的目光，其中一位，就是公孙衍。

同样也是魏国人，同样也是在秦国实现了人生腾飞，享受高官厚禄，同样都是著名外交家，但公孙衍对张仪的恨意，真是由来已久。

首先是个竞争问题，两人专业相同，籍贯相似，还都在一个国家奋斗，相互之间真个是针尖对麦芒，无奈老姜不敌新葱，当年作为前辈的公孙衍，自从遇到后辈张仪，人生就急转直下，昔日执掌大权的他，在秦国越发边缘化，终于彻底待不下去了，含恨出走跑去了魏国。

公孙衍去魏国的事，一开始张仪也没介意：秦国你都待不住，魏国你能翻起什么风浪？但万万没想到，正是这一次出走，改变了张仪亲自操盘，原先顺风顺水的连横政策。因为早就在暗地研究张仪的公孙衍，总结自己在秦国失败的教训后，终于做出了一个针尖对麦芒的选择：你连横，我合纵！

既然你的连横，就是到处拉盟友，建立秦国自己的联盟，那我就反其道而行之，在列国之间奔走，呼吁中原国家团结起来，共同抗击秦国的进攻！

当然，这个重要的战略，风险性也极大，初到魏国的公孙衍，虽然也立刻得到了魏国的重用，却也先暗自收起了锋芒，先没有对秦国发难，相反新官上任的第一把火，烧向了赵国。

说起这件事，其实是身为魏国大臣的公孙衍和身为齐国将军的田肦，打算各自红脸白脸，说服自家国君拍板同意，一道出兵攻打赵国。公孙衍对这个大事，信心十足，上来就告诉田肦：回去给你家国王说，出兵5万人，保证把赵国打趴下。田肦惊得差点合不拢嘴："5万人？您当齐国是你家开的呢，说得倒容易？"谁知公孙衍信心十足："就给你家齐王说要5万人，少一个人也不干！"为啥这么坚决，明知难还要狮子大开口？公孙衍解释说，您如果说得太简单了，国君们肯定不信，认定你是在忽悠人，只有把事情说得既充满诱惑力又困难，才能激得这些人下本钱。

事实果然证明，公孙衍对于国王们的心术揣摩，简直到了精准得恐怖的地步。田肦回去一学说，齐王眼皮子都不眨，当场就批了5万大军，浩浩荡荡地杀向赵国，这下齐魏合兵前后夹击，一口气拿下赵国的大片土地，齐国扩充了实力，魏国更补回了被秦国宰割的损失，却叫刚刚登上王位的一代英主赵武灵王，王位屁股还没坐热，就结结实实吃了个瘪。

当然比起国土的收获来，最大的收获却是在战场外：魏国彻底修复了和老对头齐国的关系，在和秦国修好的同时，也傍上了齐国这棵大树。生存环境一下大好。

公孙衍的名号，也一下子在中原大地响亮起来。然而远在秦国的张仪，阴冷的目光也投射过来。

作为这个时代顶级的外交家，张仪最不缺少的，就是嗅觉。公孙衍打赵国的事，放在一般人眼里，基本和秦国八竿子打不着，然而张仪却立刻洞察，这个老对头想干什么。

于是公孙衍刚烧了第一把火，张仪这边就一阵风暴袭来：公元前 324 年，张仪亲自率领秦军，大举进攻魏的领土陕地，消停没多久的秦魏关系，一下又战火重燃，结果魏国一如既往地不禁打，不但国土很快沦陷，而且当地的老百姓，也被张仪驱赶，全都赶到了魏国。一时之间，整个魏国西部边境上，到处都是扎堆难民。

张仪这样做的目的，一是要把陕地经营成军事要塞，作为秦国东进的另一个跳板。而更重要的目标，就是给魏国施加压力。几下子进攻手段轰轰烈烈，正把魏国烧得焦头烂额间，一个暗流也悄悄袭来：约齐楚大臣在江苏沛县相会。

对于正在忙活合纵的公孙衍来说，这个暗招才叫釜底抽薪。公孙衍一直苦心经营的，就是以魏国为纽带，实现中原国家联合抗秦的合纵局面。结果被张仪一下子洞察到了，先朝其中最强的齐国和楚国下手。只要这两个国家不上公孙衍的“贼船”，合纵基本就是废。

在张仪看来，自己这个计划，可以说是天衣无缝，先以痛打魏国亮了肌肉，然后又施以恩惠，拉拢齐楚，高明的手段外加秦国强大的实力做底气，公孙衍你还能蹦跶起来？

谁知接下来的事，却给了得意没多久的张仪当头一棒：公孙衍面对张仪的拆解，竟然见招拆招，放出了一个大招：五国相王。

你秦国当初拉拢魏国，就是为了称王，那我也有样学样，你不过是拉来了韩国、魏国当小弟，我这里来个更大动作：五国相王。

这一招厉害在哪儿？虽然和秦王称王内容一样，可性质不同。秦王称王，要的是韩国、魏国来做人肉背景，但五国相王却不同，大家是互相称王，结成战略同盟，一起对抗秦国的进攻。

可这看上去很厉害的招数，真执行起来却出了问题：参加五国相王的国家，分别是赵国、韩国、魏国、燕国、中山国。前四个国家问题不大，偏偏中山国也掺和进来，立刻招来了不满声。其中最不满的，正是公孙衍一直在努力傍上的齐国。作为东方仅有的能抗衡秦国的力量，齐国眼眶子也高，看到小小的中山国也来称王，立刻深感丢不起人，竟然要联合魏国废掉中山王的王号，却也被魏国拒绝。结果一场本来抗秦主题的“相王”活动，啥事还没干，自己就先掐起来了。

闹剧打得如此厉害，秦国还没来得及掺和，另一个不该掺和的国家却又掺和了：楚国。借口干涉魏国的国君子嗣问题，大举出兵魏国，一口气拿下魏国八座城池。公孙衍苦心筹划的相王活动，这下连连吃瘪。而几轮交手之后，公孙衍和张仪，这对老对手的差距也就暴露无遗。两人在战略眼光和心态拿捏上，都堪称顶级高手，但公孙衍与张仪的最大差距，却是做事的步骤手段，比起张仪步步为营经营来，贵族出身的公孙衍，却常是步子迈得太大。高手过招，丁点的差距，就是谬以千里的后果。

公孙衍的翻盘

公孙衍的合纵，连遭了好几次打击，而身在秦国的张仪，也跟着乘胜追击：公元前 323 年，秦国也连续攻取了魏国的曲沃和平周。这时候的魏国，向西被秦国打，南方又被楚国打，好不容易拉上关系的齐国，也一下关系冰冷了。可谓要多失败，有多失败！

焦头烂额的魏惠王，一怒把丞相惠施撤职。身为魏将的公孙衍，也跟着靠边站。而身为秦国相国的张仪，却把自己当作一颗炸弹，紧接着扔过来：入魏。

这次张仪来魏国，不是出使，也不是恫吓，却是来求职。

说起来，张仪也是一肚子苦水，自己在秦国，多年来风光无限，建功不断。但是结了很多冤家，在秦国官场上，基本就是光杆一条，唯一可以依靠的，就是秦王的支持。但历史的教训告诉张仪，这个依靠，才是最不靠谱的，前面商鞅的例子，就是血淋淋的教训。在秦国地位越高，功劳越大，风险也就越大。而且见好就收都没用，自己一旦退一步，接着就会被各种清算。

所以张仪经过苦思冥想，终于想出一条妙计：与其在秦国过这种刀头舔血的生活，还不如退一步海阔天空，主动辞去相位离开秦国，既让秦国的这群仇人们称快，又能以退为进，继续变换战场，推行自己的连横政策。

他找到的第一个战场，就是魏国。

公元前 323 年，造访魏国的张仪，很快接替惠施，成为魏国的新相国，他就像一块秦国扔出去的胶水，一下就把魏国，牢牢绑在秦国的战车上。挂着魏国的相印，其实却还是秦国人，更深的战略目的，却是“欲令魏先事秦而诸侯效之”，也就是把魏国变成秦国的小弟，给天下国家做一个表率。

照着张仪的这个盘算继续下去，接下来的步骤，就是秦国以魏国作为跳板，进攻自己的主要敌人。这样秦国出兵，魏国提供战场，两家配合默契，必能横扫中原，第一个进攻目标，就是秦国的最大强敌：齐国。

这时候的齐国，还是齐威王在位时期，也是国力蒸蒸日上的时候。对于秦国的这场东进行动，齐威王也并不慌张，因为此时他正拥有一个孙膑之后，堪称东方军界第一人的将星：匡章。

匡章这个名字，今天知名度不高。但是在秦国这次进攻打响前，他的名号却很响亮，倒还不是军事成就，而是他的家庭纠纷。

当年匡章年幼时，其母亲被父亲杀死，这段掌故被齐威王得知后，战前齐威王特意鼓励说只要你打败了秦国，回来就风光厚葬你的母亲，没想到匡章毫不领情，说就算是死，也不能这么干，因为这等于侮辱了我的父亲。

对于匡章这个打脸，齐威王非但不生气，反而非常欣赏。因为先做孝子才能做忠臣，从匡章这番表现里，他看到的正是一个对父母忠孝、铁骨铮铮的汉子。因此齐威王高度信任他，给予他专断之权。

这是横扫东方的齐国军队，与已经声名鹊起，以强悍战斗力名满天下的秦军之间，一次火星撞地球般的碰撞。但没想到对决还没开打，齐国这边的新闻就不断传出，最爆炸的新闻，就是传说匡章已经和秦国勾搭上，连什么时候投降都商量好了，各种消息满天飞，说得有鼻子有眼。

消息传来后，齐威王倒是十分淡定，相反秦国这边十分兴奋，竟真个以为匡章要变节了，于是在毫无防备下，匡章的齐军突然发起进攻，把得意扬扬的秦军杀得大败。这是自商鞅变法之后，一直无敌的秦国军队，第一次悲惨的失败。

得胜的齐国，也确立了他足以抗衡强秦的国家地位。但对张仪来说，最严重的后果却不是这个：本来想得很美满，把魏国好好拉住，然后一举打败齐国，秦国的东出大业，就可以一马平川，没想到上来就吃个瘪，被齐国好好教育了一顿。

教育的后果，更是局面大反转，最感灰头土脸的倒还不是秦国，反正齐国离得远，打不过就撤回本土而已。但魏惠王却不干了：自己的魏国，可在人家齐国眼皮子底下呢！本来指望着狐假虎威，借秦国的力量暴揍一顿齐国，还能捞些好处，这下好处没捞到，秦国军队拍拍屁股走人，齐国的刀尖子却顶到了自己脸上，这可如何是好？

气急败坏的魏惠王转过脸，正看到满脸懊丧的张仪：替罪羊这不是现成的吗？

这下张仪苦日子来了，先被魏惠王罢免了相国职务，罢免的可不只是一个相国，更是张仪多年以来苦心营造的魏国小弟身份。这下张仪被轰回了秦国，一直竭力为联合抗秦奔走的公孙衍，身份更扶摇直上，提拔成了魏国的相国。这也就意味着，张仪之前多年的连横苦心，经过这场秦国远征大败，一下子全部白费。忙活一场，终点又回到起点。公孙衍的合纵，这下又占据了上风。

两大巨头

张仪被轰走的同年，魏惠王也溘然长逝。已经是魏国国相的公孙衍，身份地位更如火箭速度般，一路地蹿升起来。他不但是魏国的重量级首脑，而且名声更传遍列国，得到了中原国家的支持。

志得意满的公孙衍，也决定趁热打铁：既然你张仪做初一，就别怪我公孙衍做十五，你能借道魏国来打齐国，我难道就不能联合中原国家来伐秦。

于是合纵历史上，第一次大规模的联合抗秦行动，终于在公元前318年上演：公孙衍纠结了韩赵魏燕楚五大国，组成联合军队，浩浩荡荡西进，朝着秦国杀来。

但比起张仪那次运气差，公孙衍这次却是雷声大雨点小。所谓“五国抗秦”，燕国只不过是观风景，表示一下道义上的支持，楚国倒是表现很积极，楚怀王还被推举成了纵约长，但等到要真正出兵的时候，楚国却㞞包了，一个兵都没有派。真正拉到战场上的，只有韩赵魏三国。这反映在战场上，效果也可想而知。韩赵魏三国当时并不是强国，虽说勉强凑齐了军队，但战斗力和如日中天的秦国相比，着实不是一个档次，部队拉到函谷关，立刻就被秦国打得稀里哗啦，不但没有报仇雪耻，反而被秦国一路反击，一直打到韩国的修鱼。

秦国对这次联合伐秦的态度很明确：要么不打，要打就往死里打，要各国好好看看跟秦国作对的下场。本着这样的目标，秦国不但疯狂掠夺三国土地，而且出手就是狠招。三国先后被秦国斩杀的士兵总数，保守估计就有82000多人，如此重大惨烈的伤亡，堪称战国开始以来所未见。秦国的残暴和其作战的凶悍，一下震惊天下。当然和后来长平之战比起来，这样的伤亡只能是小儿科。

但在当时，秦国这一通强硬，一下就把一盘散沙的合纵给吓坏了。五个国家纷纷撇清自己，退兵的退兵，示好的示好。眼看着轰轰烈烈的第一次合纵，就要以完败而告终时，公孙衍一招看似不经意的杀招，却一下给中原国家找回了场子：“义渠。”

义渠，就是游牧在秦国西北的古老游牧部落，这个战斗力出名强悍的民族，常年是秦国北方的大患，公孙衍在进行这次合纵时，自然也没忘了这个恐怖杀星，主动派人联合。结果当秦国的军队在韩赵魏国土上大杀四方的时候，义渠的铁骑却在秦国的后方开始捣鬼了：义渠主动出击，在李帛地区大败秦军。

为啥这个凶悍的民族，这么听公孙衍的话呢？这实在还是公孙衍拿捏对手心术的本事太强。一开始和义渠谈判的时候，一句话就卡住了义渠的死穴：如果秦国不和中原国家开战，他们的下一个目标就是消灭你，你自己看着办！

等到合纵开打的时候，秦国也不是没考虑到义渠的威胁，开打之前主动找到义渠，送上丝绸做礼物，本以为可以像以前一样把这帮蛮族稳住，没想到经过公孙衍教育，义渠已经不那么容易糊弄，秦国的礼物照收，该打却还是往死里打，背后一场突然袭击，让秦国结结实实挨了闷棍。

如此一来，这场失败的合纵，虽然没能收复国土，却也拜义渠的表现所赐，给合纵大业好好地找回了场子。而公孙衍的名声，也就一下子起来了。他和张仪这番连番斗智，更引得天下人侧目，以当时的名士景清的说法：公孙衍和张仪，就是当时的大丈夫，他们如果生气，天下人都害怕；他们如果消停，天下人都高兴。

其实真正让天下人高兴的，不是他们两个人的人格魅力，而是他们所代表的两大外交博弈：连横对合纵。

张仪的最大挑战

公孙衍的合纵失败后，张仪又精神了。

精神抖擞的张仪，给秦惠王献上了一个堪称胆大包天的出击计划：趁热打铁进军韩国，然后搂草打兔子，把周王室给灭了，周天子也抓到咸阳来，从此把周天子捏在手里，号令天下谁敢不听。

东汉末年曹操挟天子以令诸侯的妙笔，他要提前上演?

但如此大胆的计划，得到的却是秦惠王冰冷的回答：不行!

作为一个敢把商鞅送上法场的铁腕帝王，秦惠王在历史上的形象，一直比较负面。但是这次的选择却证明：在战略眼光的取舍上，他甚至比父亲秦孝公还要强。因为公孙衍的合纵，留给秦国的最血淋淋的教训，就是后院决不能起火。要想吞并中原，最重要的就是要有稳定的大后方，每次进军中原，都要这么提心吊胆，不是怕粮食不够吃，就是怕义渠打闷棍，不被打死也要被烦死。

为了不再吃这个亏，秦惠王决定，放弃进军中原的大好机会，扩张的矛头，却要指向一片新国土：巴蜀!

为什么要吞巴蜀？一是巴蜀拿下，关中平原就少了侧面的威胁。更重要的是，巴蜀地区地广人稀，却是物产丰富、土地肥沃，如果好好开发，就会成为秦国的粮仓，可以源源不断地支援前线战事。

于是，公元前316年，秦惠王以司马错挂帅，发动了对巴蜀地区的大规模进攻，当地的巴国和蜀国两个政权相继投降，包括今天四川盆地在内的大片领土，基本都成了秦国的囊中之物。随后代代秦王，都致力于巴蜀地区的开发，大批的秦国农民移居巴蜀，终于把这个蛮荒之地，变成了秦国重要的产粮区，支撑起了秦国浩大的战争。但秦国选择这个战略，风险也是极大。如果中原国家借这个机会东进，秦国的局面可就困难了。

但对这个问题，秦国一点也不担心，因为中原国家并非铁板一块。特别是五国合纵失败后，中原国家的彼此关系，也出现了微妙的变化。

魏国这边，贵为魏国相国的公孙衍，正逐渐失去魏国的信任，而且公孙衍致力于合纵，反而合在了自己身上，魏王信任齐国人田需，反而把公孙衍放在了一边。好在这位眼光敏锐的外交家，及时自救成功，拉来了齐国国相田婴支持，自己也转而担任了韩国相国。这样一来坏事变好事，齐国、韩国、魏国，被公孙衍巧妙经营成了一个联盟。

而此时秦国的相国，正是官复原职的张仪，对公孙衍这番动作，他又岂能坐视？而比起上一次来，张仪这次的应对，却是简单粗暴：公孙衍跑到哪里去，我就打哪里，就是这样认人不认国家。

如此一闹，韩国又倒霉了。秦国大军长驱直入，而公孙衍则把投奔对象选在了楚国，没想到楚怀王虚张声势，答应派救兵却一直看风景。结果在岸门大战上，孤军奋战的韩国被秦国打得大败，而最丢人的是，一直主持合纵的公孙衍，关键时刻非但没冲在前面，反而撒丫子跑掉，把忠心耿耿的士兵们扔给秦国虐杀。这样一番痛打，韩国可吃了大亏，除了丢人外，更丢掉了大片国土。公元前 314 年，韩国再次向秦国俯首称臣，而且比起上次还屈辱，亲秦国的韩国公子政，被立为了韩国太子，也就是不但这一代要做秦国小弟，下一代更要做。

秦国这次军事行动，不但打服了韩国，捎带也掠夺了魏国和赵国的大片国土。更以韩国为跳板，把赵国也跟着痛打了一番。这样一来，韩国和魏国重新倒向了秦国，张仪经过辛苦努力，再次建立起了与魏国、韩国之间的联盟。而且更叫中原国家震撼的是，秦国在这次用兵里，占据了一个重要战略要地：武关以东的商於之地。也就是今天的河南淅川地区，这个地方就好似一个矛头，直接插入到了楚国边境，这也就意味着，秦国不但向东有了攻打齐国的跳板，向东南也有了攻打楚国的基地。原来还看上去很远的秦国，这下血淋淋摆在齐国和楚国面前。

而张仪和他的连横，最大的挑战也就要到来了。

长期以来，公孙衍的合纵之所以失败，最主要的原因是，对他合纵最热心的，主要是韩赵魏这几个长期受秦国威胁的国家。而几个主要的大国，齐国、楚国，对这个事情的热心程度并不大。可是以韩赵魏三国的实力，就是捆绑在一起，当时也难做秦国的对手。

但是到了公元前 313 年，韩国和魏国先后臣服秦国后，楚国却坐不住了：秦国的威胁眼看上门，于是齐国和楚国，也就走到了一起。在齐国的支持下，楚国大举出兵商於之地，先拿下了曲沃，然而又兵临于中。就在这关键时刻，张仪再次出招了，他主动出使楚国，许下了最美好的心愿：只要楚国和齐国绝交，秦国就和楚国修好，而且把 600 里商於之地，全数奉送给楚国。

只要看看当时的形势，就知道天下没有白吃的午餐。秦国如果拱手相送商於之地，就等于把刀把子送到楚国手里来。这样的傻事谁能干？可偏偏楚怀王就这么傻傻地相信了。结果楚国一不做，二不休，和齐国当场断交，然后大摇大摆去接收商於之地，却被秦国给轰了回来。这才知道上当了。

楚怀王虽然在外交上单纯，却绝不是好脾气，知道真相后立刻大怒，公元前 312 年，楚国大军呼啸而来，而且先前吃亏的楚国，这次出兵却十分科学，一路由景翠率领，攻打已经倒向秦国的韩国；一路则由屈匄带兵，直扑商於之地。你不给我，我就自己来拿！

这是战国时期长期处于国土最大、人口最多的楚国，与战国时期新兴霸主秦国之间，一次重量级的交锋。上次在齐国面前吃了大亏的秦国，这次还会重蹈覆辙吗？

相比上次秦国的拙劣表现来，这次秦国从部署到用兵，都已经沉稳成熟了很多。楚国既然两路打，那我就三路来，除了针锋相对两路迎战外，最关键的却是第三路：特别是中路军，由张仪慧眼选拔的名将魏章统率，在商於之地反击楚军，另外还有名将甘茂的一路大军，直接进入楚国汉水流域，把战火烧到楚国国土上去了。

结果魏章出手就震撼天下，在丹阳一战就斩杀楚国 8 万大军。号称兵源最多的楚国，在战斗力上距离秦国的差距，一下子尽显无疑。不但军队受到毁灭性打击，将领抓俘虏就抓了 70 多人。更和甘茂部队会合，联手横扫楚国境内几百里，还给秦国多打了一个郡县：汉中郡。

更震撼的场面，却发生在中原。救援韩国的秦将樗里疾，不但把楚军打退，更是乘胜追击，在韩国和魏国境内纵横呼啸，一下打穿韩魏两国，直打到魏国的东北面。这场战国时期一次堪称“世界大战”的秦楚交锋，就这样展现了秦国强悍的战斗力。在之后的几年里，确立优势的秦国军队，一面稳住东边和楚国绝交的齐国，一面摁住楚国猛打，到公元前 311 年，秦国已经拿下了楚国的昭陵，这样一来，秦国的巴蜀、汉中这几个地方，就已经完全连成一片。仅以国土和人口来说，秦国已经完全超越了楚国，成为战国时代的第一大国。

在这段战争过程中，挨揍比较多的是楚国，但看热闹比较多的，却是齐国。齐国基本就是看风景，逮着机会就捡便宜。但没有想到的是，齐威王时代还和秦国旗鼓相当的齐国，已经正是在这时期与秦国拉开差距。虽然齐国国力也在上升，公认东方六国中的第一强国，却也失去了单独面对秦国的能力。

一个全身而退，一个功劳被占

如果照着张仪这时候的谋划进行下去，秦国一统天下的步伐，也许会更加提速。但是就在一切形势大好的时候，秦国自己却出了大问题：公元前 310 年，秦惠王去世。这位一代英主的过世，却也害苦了他一直信任的张仪。

就如商鞅当年的遭遇一样，张仪也在新国王秦武王登基后，遭到了秦国举国的清算讨伐。但好在做人方面，张仪比商鞅拉的仇恨要少。而且局势比人强，一旦张仪死在秦国，真正受影响的却是秦国大业。于是权衡利弊下，张仪和心腹魏章，只是被解除了职务，离开了秦国。

张仪随后到了魏国，这位战国知名的外交家，再次担任了魏国的国相，而齐湣王得知情况后，一度也想出兵攻打魏国，借机会要张仪的命。但张仪却不慌张，反而派人告诉齐湣王：您要是真攻打魏国，那么等于替秦国分担了压力，秦国会趁机攻打韩国，直接就把周天子给端了，你就是给秦国做好事呀。果然说中了齐湣王要害，取消了这次军事行动。躲过一劫的张仪，在做了一年魏国国相后，病故于魏国。

相比之下，公孙衍的结局，却是相对悲情：他在韩国受到排挤后，也回到了魏国，以《韩非子》的说法，又因为卷入了大臣田需和张寿的争权事件，被魏王杀掉，合纵的倡导者，落得如此下场。而拜《史记》里的错误记录所赐，这个堪与连横媲美的外交妙笔，功劳竟记在了小字辈的苏秦身上。

但经过这场博弈之后，秦武王登基后的秦国，扩张也在继续。可是没有了张仪的谋划，仅仅经过三年时间，秦武王就在与大力士孟说比试举鼎时力竭而死。而遭受重创的楚国，却在楚怀王南吞百越之地后再度强大起来。而秦国的传统对手齐国，也经过齐宣王的休养生息，力量再度强大。这几个主要对手与秦国的较量，依然也在继续。

十　楚国为啥会衰落

在战国列强变法图强的热潮中，另一个曾经雄视天下的势力，就是南方的传统豪强楚国。

作为春秋时代灭国最多的国家，楚国一直到战国中期，都是无可争议的超级大国，特别是在吞并了越国之后，其国土面积更达到了极盛，在与秦国的大规模战争之前，楚国的人口和土地，都是战国列强中最大的，其支持战争潜力的能力，更雄厚到恐怖的地步。

楚悼王十二年，也就是公元前390年开始，本就国土辽阔潜力雄厚的楚国，在吴起变法的催动下，开始了破茧成蝶一般的蜕变。这也是吴起人生的最后一段辉煌——吴起变法时代。通过对魏国李悝变法的原样整体移植，吴起在楚国所掀起的，也堪称一场狂飙突进一般的变革。

吴起的变法，其内容和李悝变法有很多相似之处，但同时也有自己的独创之处：比起李悝单纯的政治家身份，吴起更兼有政治家和军事家的双重角色，因此他带给楚国的，也是更加偏向军事化的强大变革：大批被废除了爵位的旧贵族，强制迁移到地广人稀的南方大地上，华夏文明向南的传播，因此进入到了加速度的阶段。军事实力也全面升级，甚至在与战国当时第一强军魏武卒的较量中，都屡战屡胜。

但吴起的变法，终于随着楚悼王的过世，而遭到残酷的清算，吴起自己被奴隶主贵族们杀害，并且引发了楚国高层一次大规模的贵族屠戮行动。但是和秦国不一样的是，秦国杀害了商鞅，却依然延续了商鞅的变法，吴起死后的楚国，变法的进程却也原地踏步。旧贵族继续在楚国把持着大权。这个强大帝国也终于没有像秦国那样，完成最关键一步的蜕变。

可即使如此，楚国依然凭借着这一场及时跟进的变法运动，赶上了战国历史演进的潮流，更因其强大的战争支撑能力，成为整个战国时代里，都不可忽视的强大力量。甚至在相当长的一段时间里，都是秦国东进的主要对手。特别是在魏国衰落以后，楚国也多次趁火打劫，欺负魏国很多次，频繁地向中原地区进行扩张。这时候的楚国，在秦国东进的大背景下，已经成为少数可以抗衡的力量。而且比起秦国獠牙毕露的状态，楚国虽然在变法的彻底性上，比起秦国来有很多差距。但楚国毕竟与中原国家打交道久，而且在中原的人脉，更非秦国所能比。在齐秦两国进入到双雄对峙的阶段，综合国力堪称当时第三的楚国，本来有充足的机会，实现自己的霸业。为什么最后的结果，却是被秦国反复虐打呢？

这个，就要说说楚国的盛衰历史了。

楚国要休息

吴起殉难后的楚国，政治上掀起一场血雨腥风，但其综合国力，依然蒸蒸日上。

继楚悼王位的楚肃王，一面大肆清算旧贵族，灭掉了七十多家；一面大力整军精武，虽然没有继续深化变法，但总算也没开历史的倒车。吴起变法打下的好家底，这时候更是开花结果，楚国的经济和军事实力，都在高速上涨。但楚肃王本人，却尝到了没有吴起的苦果。楚国的北面，当时是如日中天的魏国，没有了吴起这位超级军神，楚军也在与魏国的战争中，一度被打回到原形。从楚肃王六年起，魏国多次出兵讨伐楚国，一路拿下楚国在北方的重镇，楚魏之间的边界，五年来一直朝着楚国这边猛缩。闹得楚肃王只能硬着头皮，除了修筑方城抵抗外，基本毫无办法，好不容易在吴起变法时代牛气了几年，这下又要走老路？

然而楚国的运气，确实不坏。而且其地广人多决定了楚国的战争潜力极大，哪怕遭受巨大的战争伤亡，可是却有着非常好的作战纵深，广阔的长江流域就是楚国的大后方，除非是一鼓作气将楚国灭掉，否则如果拼相持战，没有哪个国家在当时能是楚国的对手。

楚国和魏国的战争，情况就是这样，在魏国雄霸天下的年月里，对楚国的战争基本胜多负少。但是在楚国强大的战争潜力支持下，魏国终于还是没能突破楚国的防线。到了楚宣王时代，魏国两边崛起了齐国和秦国两大强国，楚国人也就惊喜地发现，一直似石头一样压在自己脑袋顶上的魏国，突然就被人搬开了。

这时候的魏国，与楚国的战争打得少，和齐国的战争却是白热化。正好也是齐国一代英主齐威王在位。新兴崛起的齐国和老牌霸主魏国，从此在中原进行了二十多年的鏖战。终于齐国在公元前 341 年的马陵之战中，彻底击败魏国主力，昔日雄霸天下的魏国，从此彻底一蹶不振。

在这场逐鹿中，身在南方的楚国，基本都是奉行韬光养晦的政策，特别是继楚肃王后登基的楚宣王在位时期，除了卖力求发展，就是忙里偷闲地跟着齐国打一下魏国，也趁机收复了不少失地。特别是齐国和魏国著名的桂陵之战中，楚国也同样趁火打劫，借着援助赵国的名义，夺取了睢水地区的不少土地，实力大大加强。

这段时间楚国的国策，被称为“休楚”，也就是尽可能地休养生息，静观中原地区的变化。三十年里严格执行这个政策的楚宣王，才是之后楚国纵横战国舞台，一度呼风唤雨的最重要功臣。

这个休楚的政策有多好，史料可以佐证：地方五千里，带甲百万。也就是说，这时候的楚国，已经有了百万大军和五千里国土。从这两样数字来看，都已经是整个战国时代最为凶悍的力量。

然而积累了强大力量的楚国，更面临着极好的发展机会。随着马陵之战的结束，魏国已经彻底没有了东山再起的可能，反而成了一块案板上的弱肉，任凭两边的齐国和秦国宰割。楚国的机会，也就随之而来了。

休息好了就开打

楚威王在位时期，楚国开始结束“休楚”政策，大规模地介入中原纷争。

当时的魏国，已经被齐国打得遍体鳞伤，既然无力争霸，也就低头认输。最有名的事件，就是“徐州相王”。公元前334年，魏惠王和其盟友们，在徐州朝拜齐威王，与齐威王互相承认了王位，这个著名事件，也宣告了当时齐国，几乎凌驾于东方各国之上的霸主地位。

当然这个浩大典礼，背后也是魏国另一个精明的打算：引楚国入局。

魏国知道，自己夹在齐国和秦国两大强国之间，国力又严重衰弱，随时都会成为人家宰割的鱼肉，一个秦国已经让自己焦头烂额，再加上一个齐国，更是疲于奔命。那么唯一解决问题的办法，就是再引入一个超级强国进来，和齐国乱斗，魏国才能从中获利，顺利保下自家的政权。而楚国，则是当时关东大地上，唯一一支能和齐国争雄的力量。

而是否要和齐国争雄，这个问题，楚威王同时也纠结了好几年。

以楚国开疆拓土的能力，这么多年引而不发，坚持不介入中原的纷争，绝不是爱和平，而是楚国深知这几个强大对手的实力。自己和魏国互相乱斗了那么多年，基本都是被魏国压着打，而今又出来一个刚把魏国打趴下的齐国，楚国现在的实力如何，到底能否在与齐国的争斗中占据上风。当时的楚威王心里真是没有底。

但是徐州相王事件，却让楚威王下定了决心：不能再等了。

齐国已经迫使魏国臣服，秦国又离他们很远，那么他们下一个扩张的对象，自然就是楚国了。如果楚国不能先发制人，那么就很可能像魏国一样，沦落到任人宰割的境地上。而且楚威王这个人的个性，也是非常强烈。按照史料的说法，就是“王之为人者，好用兵而甚务名”，也就是十分好战，而且在乎名分。特别是齐威王这个时候，正在徐州享受被列国尊奉的荣耀，在楚威王眼里，那更是羡慕嫉妒恨：你凭什么！

于是在齐国毫无防备的情况下，楚国的进攻猛然打响，精锐的楚国大军突然杀到了徐州地区，在泗水大战中把齐国打得大败，而齐国还没有回过神来，赵国、燕国这些国家也纷纷趁火打劫，把齐国一顿乱打，刚刚赢得马陵之战的齐国，就这样受了个挫折。这就是著名的徐州之战。

从损失上来说，徐州之战齐国的损失并不大，但是面子的损失却叫一个大。楚国反而得寸进尺，甚至趁着胜利的威风，威逼齐国撤掉自己的宰相田婴。虽说在齐国的巧妙劝说下作罢，但楚国的一鸣惊人，却是天下皆知。

以《战国策》的说法，就是："郢（楚国）为强，临天下诸侯。"

春秋以后沉浸了很久的楚国，就这样以一场横挑齐国的胜利宣告：强大的楚国，王者归来。而在打败了齐国之后，楚国的扩张，也变得一发不可收拾。而且楚威王虽然好战，却也务实，知道现在齐国也是巅峰时期，可以让齐国知道厉害，但远没有到彻底撕破脸的时候。所以其征战的对象，反而对准了另外一个邻居：越国。

说起楚国和越国之战，归根结底，还是楚国徐州之战的后遗症。

吃了楚国的大亏后，齐国是又气又急，想和楚国全面开战，但旁边还有个魏国，魏国西边还有秦国，真不是修理楚国的时候。于是就想出了另一个毒招：派使者劝说楚国的邻居越国，说如果你不打败楚国，你怎么能确立自己的霸主地位？只要你能打楚国，齐国愿意全力帮助。

本来按照齐国的打算，只要越国和楚国开战，不管最后谁赢，肯定两败俱伤。只要打起来，占便宜的就是齐国。

没想到开战后的情况，却叫齐国吃了一惊：传说中十分强大的越国，碰上新崛起的楚国，却是十分不禁打。公元前 333 年，楚国和越国开战，越国一触即溃，遇到精锐的楚军，几乎被打得败绩连连，先前嚣张的越王无疆更是一战毙命。一场齐国精心策划挑起的战争，反而给楚国送了大礼：楚国长驱直入，一口气吞并了大部分越国故地，实力大为膨胀。

楚国当时的版图，按照史料的说法：西有黔中、巫郡，东有夏州、海阳，南有洞庭、苍梧……带甲百万，车千乘，骑万匹，粟支十年。

也就是说，这时候的楚国，版图甚至已经扩张到了今天的广西、贵州地区，可以说深入到西南腹地，而其军事经济实力，更是样样强大，不但是百万大军和精良战甲，粮食也可以支用十年。比起同时期的齐秦两大国，此时的楚国，确实是一支不容忽视的力量。这段齐秦争霸的早期阶段，其实可以说是齐秦楚三强鼎立。

巅峰楚怀王

楚国的争霸事业，在楚威王过世、楚怀王登基后，一度接近了顶峰。

楚怀王登基后，首先下手的目标，就是曾经长期欺负楚国的魏国。公元前 323 年，楚国大举讨伐魏国，在其令尹昭阳的率领下，一口气拿下魏国八个城池，势头十分强盛。而且眼看着魏国被打得缩手缩脚，昭阳竟然连打下去的兴趣都没有了，干脆掉转矛头，打算去攻打齐国。这下可把齐怀王吓得不轻，幸亏使者陈轸劝说，才让楚国打消了这个念头。

这是楚国在整个战国历史上，最为风光嚣张的一刻：齐国和魏国两个中原传统强国，一个被楚国吓得十分紧张，一个被楚国打得满地找牙。登基才六年的楚怀王，俨然有了雄霸天下的模样。

这个强大的楚国，自然也吸引了秦国的注意。

就在楚国耀武扬威、打得魏国焦头烂额的这一年，秦国的国相张仪，也第一次悄然造访，在沛县约见了齐国和楚国的大臣。这也是这位后来和楚国渊源极深的外交家，和楚国打的第一次交道。

然而更加意识到楚国价值的，正是合纵的倡导者公孙衍。当合纵如火如荼开始后，公孙衍也就把楚国当作了重点拉拢对象。而当时另一个能与秦国抗衡的强国齐国，在齐宣王时代，对抗秦国的热情也不高。因此很长时间以来，楚怀王就成了合纵的实际主角。

而楚怀王人生里最风光的时刻，则是发生在公元前 318 年，也就是公孙衍操纵的第一次合纵攻秦时，韩赵魏燕楚五大国家结成盟约，相约组成联军讨伐秦国，楚怀王更是从中一枝独秀，成为五国合纵的纵约长。

但对这莫大的荣誉，楚怀王本人却兴趣不大。一开始的时候，楚国热情很高，但是经过张仪的外交斡旋，外加这时候的楚国，重点还在于在南方扩张领土，因此认为和秦国冲突的时机并不成熟。于是众所周知，这一次的合纵，还是以韩赵魏三国为主力，作为领导人的楚怀王，却是半途而废，连部队都没有派，只是眼看着韩赵魏三国和秦国厮杀。而实力已经严重衰弱的韩赵魏，又怎是强秦的对手，结果被打得大败。然而随着韩赵魏等国家，遭到秦国的反复虐打，楚国也越发明白这个悲催的现实：与秦国之间，早晚会有一场较量。

在楚怀王在位的第十二年，也就是公元前 317 年的时候，秦国的扩张，已经取得了突破性进展：秦国打到了巴蜀地区，已经有了雄厚的大后方，向东南取得了商於之地，正好可以和楚国接壤。战争的威胁，已经打到楚国面前。而在楚国的北面，老邻居齐国的实力，也是蒸蒸日上，齐国主动和楚国修好，两家共同进退，发起对中原的扩张。楚国也借机扩大了不少地盘。

但现实对于楚国来说，也是十分清楚：齐国和秦国之间，楚国必须有所选择。

愚蠢拉仇恨

正如在连横合纵中所说的那样，由于对商於之地的垂涎，以及张仪的花言巧语，楚怀王错误地相信了秦国，抛弃了和齐国之间的联盟。

这次贪财的后果，也是十分严重，从此好几年间，在战场上被秦国暴打。

虽然也是强国，但单枪匹马的楚国，以军事实力论，根本不具备单挑秦国的实力。因此几年下来，商於之地没有拿到，相反自家的河南和汉中地区，领土大面积丢失，和秦国之间的差距，也是越拉越大。而等到秦惠王过世前夕，楚国已经完全被秦国压制，张仪的权威，更是如日中天，就连他大摇大摆来到楚国，楚怀王都气得要杀掉这个两面三刀的人物，但权衡双方的实力对比，最后还是恨恨地作罢了。

但就在这个关口，秦惠王的过世，成了楚国和秦国关系的转折点，同样也可以说，是楚国重新求生的一次机会。

秦惠王过世后，秦武王继位，秦国也重复了当年商鞅变法时候的闹剧：一朝天子一朝臣。早在做太子时，秦武王就和张仪不和，这下反攻倒算，张仪虽然不至于像当年的商鞅一样被车裂，但在秦国也是待不下去了，仓皇逃到了魏国，做了魏国的相国，一年以后过世。而张仪当年一大政绩：压制楚国，也被秦武王彻底否定掉。秦武王在位时间虽然短，但是秦国和楚国的关系，却是大大改善。甚至秦武王即位的时候，楚国还专门派官员前来朝贺。

关系之所以要改善，因为双方都有苦衷，楚国方面，战场上吃了多次败仗，知道了自己的斤两，哪怕要找秦国报仇雪耻，却也是需要时间。这不是短期就可以实现的。关键是秦国方面，秦武王的决策，和之前的秦惠王决然不同。秦武王反而要实现长驱直入中原，甚至灭掉周天子的战略构想。因此秦国的打击重点，重新又转到了中原地区，楚国的战争压力相对减少。而且为了确保自己的战略目标，楚国又成了必需的拉拢对象。

但是秦国消停了，齐国又闹起来了。

随着秦武王的登基，一度被秦国压制的齐国，这时候也活跃了起来。眼看着楚国倒向了秦国，齐国自然知道严重后果，于是齐王亲自写信，苦口婆心地劝说楚怀王想清楚：秦国是你的仇人，而且一直在觊觎你的土地，只有和齐国联合，楚国才有胜利的可能。

在当时的楚国国内，联合齐国抗击秦国的呼声，也是十分高涨。最有名的人物，就是我们十分熟悉的屈原。齐国的来信，就好比催化剂一样，引得楚国国内热烈回应。楚怀王在经过抉择之后，终于做出选择：联合齐国。

从几次的反复中可以看出，作为一代国王，楚怀王不缺乏勇气和追求，但他最为缺乏的，就是坚持的精神，遇到事情优柔寡断，反复权衡。甚至为了眼前的一点儿小利益，就会改变既定的国策。正是他这样的左右摇摆，才在之前一次次和秦国的交锋中，被人牵着鼻子走，一次次葬送了楚国大好的战略机会。

就在楚怀王再次接受了齐国邀约，实现联合的时候，考验接着就来了：公元前 307 年，宜阳大战，秦国大举进攻韩国的宜阳，韩国猛打死磕，竟然让秦国吃了大亏。但楚怀王却做出了最丑陋的表现：先答应救援宜阳，谁知却一直看热闹，直到秦国付出巨大代价，攻克了宜阳之后，才大模大样地摆样子追过来。这样一番丑陋表演，以楚怀王自己的打算，就是既不得罪秦国，也不得罪齐国，但造成的后果，却是全都得罪。而且秦国获得宜阳的后果，对于整个中原国家来说，都是灾难的：秦国又拿到了一个东进的跳板，再次出兵的时候，其战略选择也就更加灵活。间接造成这个结果的楚怀王，也就拉足了仇恨。

但对这严重后果，楚怀王非但浑然不觉，相反还惊喜于另一个外交胜利：公元前 304 年，楚怀王与秦国新国王秦昭王在黄棘会面，史称黄棘之会。这是楚国与秦国的外交交锋里，难得大获全胜的一次：秦国归还了楚国的上庸。秦国和楚国的关系，再次进入到蜜月期。

秦国之所以如此示好，一个原因是秦国此时的掌权人宣太后，也就是著名的芈月，正是楚国人。更重要的原因是，这时候的秦国，主要的敌人还是齐国，正需要楚国的支持。有楚国在东面分散齐国的注意力，才有利于秦国下一步的行动。至于上庸，早晚还是秦国的。

结果就在这次会面第二年，楚国就招了打。齐国大举进攻楚国，由此拉开了另一场大战序幕：垂沙之战。

齐国之所以要打这一战，目标也很明确，决不允许在自己的眼皮底下，出来一个亲秦国的楚国。而且对楚怀王这样的人，亲笔信都写过了，还是换不来他的诚信，那么只有用刀兵来教育了。可是真交上手，才知道不好教育。虽然楚国屡次败北于秦国，但对付齐国，还是有一定的心理优势的。而且比起当年的骄横来，这时候的楚国很识趣，战场在垂沙地区，也就是今天的河南襄城。楚国知道齐国战斗力强，干脆就严防死守，依托方城拼命抵抗，齐国一下子前进不得。这样的场面，当年齐桓公讨伐楚国时出现过，后来魏国进攻楚国时也出现过，基本都是无功而返。

但这次齐国领兵的，却是打败过秦国的名将匡章，对这个客观困难，匡章十分淡定，在经过了数次虚虚实实的引诱后，终于发动了深夜突袭，导演了中国古代战争史上一次规模极大的野战渡河突袭战，一举突破楚国防线，横扫了楚国的垂沙地区，楚国主帅唐昧也兵败身死。至此，昔日强大的楚国，先被秦国痛打，再被齐国痛打，在这场争霸战争里，已经越发地衰落下去。

当了替罪羊

垂沙之战失败后，楚国万万没想到的是，趁火打劫的竟然是秦国。眼看到齐国的崛起和强大实力后，秦国的新国王秦昭王，确立了先与齐国修好的方针。刚过了几天蜜月期的楚国，也就不幸又成了替罪羊。

以秦国的风格，就是不和齐国打，那么就和楚国打，于是和齐国修好没多久。公元前 299 年，秦国的攻击又来了：连续攻克了八个城池，正当楚国举国震惊时，秦国却又送来了橄榄枝：秦昭王主动邀请楚怀王访问秦国。

值得一说的是，秦国这封书信，写得相当感人，里面除了追忆友谊，更叙说革命家史，说起了两家之间的亲戚关系。而一直被暴打的楚怀王，这次也被感动了，不顾大臣们的反对，他慨然拍板：去！

楚怀王之所以要去，也是因为有历史经验，当年和秦昭王的会面，气氛非常热情友好，而且还得到了上庸。这次又是楚国最困难的时候，秦国也有向东的打算，可能真的想稳住楚国。不去的话，就给秦国口实，去的话，也许还有胜利的机会。

许多后人嘲笑楚怀王这个决定时，其实忽视的正是这一点：这时候的楚国，国力严重衰弱，已经没有和秦国谈条件的资格了。除了应约而去，还能如何？

结果正如好些大臣所预料的，楚怀王进了秦国境内后，接着就在章台被扣留。继而秦国以楚怀王做人质，向楚国勒索土地。然而在这个问题上，楚国早就做好了应对：楚国太子横从齐国回来继位，也就是历史上的楚顷襄王，秦国欲挟持楚怀王勒索的目的落空了。

计划落空的秦国，再次发动了对楚国的进攻：公元前 298 年的武关之战上，楚国再次战败，数万将士被斩。十六座城池沦陷。而身在秦国的楚怀王，更在逃跑失败后，遭到秦国的囚禁，三年后客死秦国。

楚怀王的不幸遭遇，也使得秦国和楚国之间，成了真正的死仇。楚怀王本人，也得到了楚人的同情。楚汉农民战争时代，那位被拥立抗秦的楚王，也被命名为楚怀王，就是表达的对这位老楚怀王的怀念。但随着这场风波的尘埃落定，楚国叱咤风云的时代，也终于告一段落了。尽管楚国成了战国时期给予秦国重大打击的国家，但是从楚怀王被囚开始算起，他们也就没有了和秦国争锋的能力。

十一　华夏骑兵宗师

在战国时期各国的变法运动中，大部分的变法运动，侧重点都在于经济制度和军事管理制度，即通过大张旗鼓的改革，以提高国家的税收，提升军事的战斗力。唯独有一个国家，将变法的重点，放在了军事作战思想的改革上。

这场改革的意义同样是划时代的，甚至比其他各国改革拥有更强的生命力。当中原的战国时代成为历史，甚至秦王朝都昙花一现之后，这场纯粹的军事改革，却依然深远地影响着冷兵器时代的中原民族，使中原民族的军事理念出现了划时代的飞跃——这就是赵武灵王的胡服骑射改革。

骑马的决心不好下

作为“三晋”之一的赵国，其政治、经济体制的改革，在战国初期就开始了。

赵国的封建化过程，大约是和魏国同步的，但发展的水准却远远不如魏国。因为赵国的地理位置实在太过特殊，它位于山西北部地区，北方面临游牧民族的骚扰，不只是中山、楼烦这些游牧部落，强大的匈奴民族已经染指中原汉区，而地处北方要冲的赵国、燕国受害最深。北方的农业生产，每年都要遭到很大的破坏。所以，有样学样的经济政治变法，根本不能解决赵国的致命问题。在国土面积狭小、生存环境恶劣、人口稀少的情况下，赵国的改革重点必须有的放矢，要把大部分的精力，放在打造一支强大的军队上来。

这支军队的人数也许无法成为六国里最多的，但是作战素质和军事理念，必须成为六国里最强的。在当时，中原汉地的主要作战方式，还是战车配合步兵。战车的作用虽然日益缩小，却仍有相当重要的意义，但是在迅猛的骑兵面前，传统的战车加步兵的作战方式，很容易成为敌人射杀的活靶子。

赵国从三家分晋开始，就长期陷入两面作战中。对南方，要抵御中原诸国的军事打击；对北方，要抵御游牧民族的侵扰。在两线作战下，拥有一支强大先进的军队格外重要，最先进的军队，自然就是当时新兴起的骑兵，所以学习游牧民族的作战方式，建立一支“胡服骑射”的精锐骑兵，就成了赵国的必然选择。

“胡服骑射”的倡导者，是公元前325年起在位的赵武灵王，他是赵国的第六任国王。在即位最初的20年里，他曾三次率军与北方游牧民族作战，屡屡遭到惨败。北方游牧民族迅烈的作战方式，给他留下了惨痛的记忆。

经过数年精心的研究后，身为军事家的赵武灵王，果断抛出了“胡服骑射”的主张。公元前302年，胡服骑射行动正式推行，主要内容就是赵武灵王带头穿胡服，全国上下的老百姓都穿胡服，然后引进战马，建立一支高素质的骑兵部队。

此举在当时引起轩然大波，皇叔公子成等人竭力反对，许多大臣也想不开，好好的华夏族，却要穿蛮夷的衣服，这成何体统？但赵武灵王的决心异常坚定。他自己穿胡服，大臣、百姓都要跟着穿，不穿的，先辩论，后来辩论也没用，就直接治罪。

在这样强硬的政策下，胡服骑射在全国推广开来了。到了第二年，赵国就拥有了一支强大的骑兵部队，随后赵国发动北征，击败了长期骚扰赵国边境的中山、楼烦、林胡等部落，把包括今天山西北部以及内蒙古中部的大片国土收到了赵国的囊中。这片国土的获得，对赵国最重要的意义就是得到了宝贵的战马产地，从那以后一直到中国明朝时期，从属于“幽云十六州”的山西北部地区，一直是中原王朝重要的产马地带。

当时的赵国得到了打造一支强大铁骑的基础，之后骑兵力量迅速发展起来。虽然赵武灵王本人晚节不保，被他的儿子赵惠文王软禁在沙丘宫，最后活活饿死了，但赵国的黄金时期已经到来。赵惠文王在位的时期，是赵国铁骑啸傲中原、摧枯拉朽的 26 年，中原大地自己的杰出骑兵战将，也在这时期横空出世，成为横扫天下的强秦的最强对手，其中最杰出的，就是赵国的名将赵奢。

硬骨头的税务官

说到赵奢，在今天的知名度可能不算高，但说到他的宝贝儿子，知名度却相当的高——赵括。

赵括这个倒霉孩子，多年以来一直在做“纸上谈兵”的反面教材，但他的父亲赵奢，却是整个战国时代足够排进前五的名将。在中国冷兵器时代骑兵战术理念的发展中，赵奢是一个为历代兵家所敬仰的“正面教材”。

说到赵奢和骑兵的缘分，那是非常早的。早在赵武灵王于公元前 302 年推行胡服骑射的时候，他就是这支骑兵部队中的一员。

按《战国策》上的记录，他应该参加过赵国骑兵部队早期的各类战斗，而在赵武灵王饿死沙丘宫后，赵武灵王的近臣们大都被定了“叛逆”罪，赵奢也因此流亡燕国。当时的燕国也饱受游牧民族侵扰，且实力弱小，对这种擅长骑兵作战的稀缺人才，自然是举双手欢迎。之后的赵奢在燕国带兵，做过燕国北方的重镇上谷的守将，和游牧民族骑兵交手多次。但他思念故国，后来风声松了，就回到了赵国生活。

回到祖国的赵奢，一开始并没有得到太多重用，只是被委派了一个收税小吏的差事。但赵奢是个认真的人，再不起眼的工作，也要干出个样子来。

赵奢一认真，结果捅出娄子来了。

赵国权臣平原君仰仗权势，拖欠国家赋税，别人都不敢管，赵奢知道后二话不说，当场杀了平原君身边九个亲信。这可捅了马蜂窝了，平原君可不是一般人，他是赫赫有名的战国四君子之一，手下三千门客，更是赵国权臣，杀一个收税的就和捏死一只蚂蚁一样简单。

恼怒的平原君开始确实想“捏”赵奢，但赵奢不惧，反而微笑着辩解说：“你地位这么高贵，却带头犯法，难道想被天下人鄙视吗？”就这一句话，平原君当场就没词了。

平原君虽然经常犯法，但还是讲道理的，对赵奢不畏权贵的表现，反而大加赞赏。平原君一赞赏，赵奢的苦日子就熬出头了。在平原君的推荐下，赵奢先被提拔为全国税赋总管，成了赵国的账房先生。

到了公元前 280 年，赵奢重新和骑兵结缘了。这一年赵国出兵攻打齐国，赵奢被任命为将军。开战之后，赵奢率领属下部队一路狂飙，他身边的战士，都是他在很短时间里培养出来的，而且个个身手不凡，对他极为佩服，乐意为他殊死效力。经过一番拼杀，还没等赵国主力部队赶到，赵奢已经把齐国人打得稀里哗啦，顺利拿下了齐国的边城商河。商河是赵惠文王做梦都想得到的城市，之前曾经几次派人攻打，却劳而无功，不料却被赵奢狂飙突进的骑兵一举拿下。战斗结束后，赵惠文王在国都摆酒，庆贺这场大捷，赵奢沙场的第一场大战，出手就干得漂亮。

横挑强秦，一战成名

这时候的赵国，正是其胡服骑射后的黄金期，彼时在位的赵惠文王，正充分享受着老爹留给他的遗产。杰出的人才团队，强大的军队，蒸蒸日上的国势。这时期的赵国，向东击败了齐国，向西数次挫败秦国东进的企图。

在魏国势衰、齐国霸业昙花一现、楚国屡遭重创的局面下，赵国，已然成为整个中原唯一能对抗秦国的力量，俨然是此时战国七雄里的“老二”。赵国本国也是人才荟萃，文臣方面，不辱使命的蔺相如早已千古流芳，数次挫败秦国入侵的廉颇，是赵国此时的第一名将。初涉军旅的赵奢，虽然此时的岁数已经不小，却还是一个新兵蛋子。在商河之战十年后，这个“新兵蛋子”再次一鸣惊人，让横扫六国的强秦，见识到了他的厉害。

公元前 270 年，秦国举兵进入中原，围困赵国的西北重镇阏与。这是赵国抵抗秦国的重要屏障，一旦丢掉，赵国西北方就无险可守。可这个重镇也有问题，离赵国的大本营太远，很容易遭到围困，一旦救援，赵国劳师袭远，很容易被秦国以逸待劳。不救，会丧失战略要地，后果很严重；救，很可能全军覆没，把老本都赔上。赵国没秦国这么多的人口，军队精兵金贵，损失掉一个都心疼。

在这种局面下，赵国的大臣大都“两害相较取其轻”。赵惠文王先问久负盛名的抗秦名将廉颇，得到的答案是“路太远，不能救”。又问另一个名将乐乘，答案是“打赢的胜算不大，不如不救”。两个名将的话都是有道理的。最后又问当时还不太出名的赵奢，赵奢的回答很干脆：“救！这就像两个人在洞里打架，狭路相逢勇者胜！”铮铮慨言，掷地有声！

见赵奢决心这么大，赵惠文王的胆子也大了，你都勇敢，那咱就勇敢一回！出兵以后的赵奢，一路却胆小得很，全在磨洋工上，慢吞吞地走了 28 天，连阏与的影子都还见不着。赵奢的行动让秦国人纳闷了，要说救援，你磨洋工，要说不救，你来干吗？为了试探赵奢，秦军故意派间谍进来，却被赵奢好言好语地打发走了。虚虚实实下，秦国人最终做出了判断：这小子是个窝囊废，他就是来摆摆样子的。

这下秦国人放心了，但赵奢却牛气了，秦国间谍前脚刚走，赵奢立刻传令，命令全军火速集结，深夜向阏与开拔。第二天秦国人刚睁开眼，就发现连夜急行军的赵奢，已经出现在秦国人眼皮子底下了。之前所有的示弱，全都为了这一刻，赵国人精骑林立，马刀雪亮，逼人的军势告诉秦国人：傻瓜，你们上当了。

上当就上当吧，我们秦国人可不是吓大的，我们是打仗打大的，不就是打仗吗？什么兵法虚实，无非就是时间仓促点，地方偏点，有啥？照样打！在短暂的惊愕里清醒过来的秦国人，火速集结部队，准备迎战，一场大战就要打响。秦国人这时候还是很有自信的，你赵奢来得快不假，可你自己也玩大了，你们脱离辎重部队快速奔袭，粮草后勤全跟不上，如果不能在短时间里打败我们，全军覆没的可就是你了。

秦国人知道，赵奢更知道。战斗开始后，秦国人的对策很简单，全军结成重甲军阵，用长戈兵和弩兵护卫，以弓弩阻击赵国的骑兵，只要能顶住赵国的骑兵，拖个三五天，你赵奢就死定了。但开打之后，秦国人却又被“闪”了一把，没有什么骑兵冲锋，也没有马刀砍杀，一群赵兵只在对面摇旗呐喊，摆出全面进攻的架势，却连箭都不放一支。秦军晕了，要打你就打，不打你就滚，在这里耍什么二百五？

赵奢当然不是为了耍二百五，就在秦军一头雾水的时候，突然一个噩耗传来：北山让赵奢抢占了。

秦军这才明白：“又上当了！”

这一战秦军本来的战术，就是围点打援，却被赵奢算计了一把，忽悠了一下，无非是丢点脸。但脸可以丢，这个北山不能丢。北山是此战的绝对制高点，得到了北山，也就得到了整个战争的主动权。秦国是步兵多，赵国是骑兵多，几万骑兵从高山上凭速度横冲下来，那阵仗，就跟今天轰炸机高空轰炸一般！

结果，秦国人被“炸”惨了，偷袭北山成功后，赵奢随即发动了总攻。精锐骑兵从高山上直冲秦军，迅烈的速度和精准的射杀，一下子就把秦国的弩箭重步兵军阵冲得稀烂，天下无敌的秦军，第一次体会到全线崩溃的滋味。赵国的战马在冲锋，赵国人的马刀在拼命砍杀，战无不胜的秦国人，却在崩溃，逃命……

阏与之战，是商鞅变法以来，天下无敌的秦国军队遭到的最惨重失败。

在战局不利的局面下，临危受命的赵奢，以他精密的算计，虚虚实实的表演，一往无前的气概，坚决果敢的勇气，一步一步，将秦国人算计进了死地，然后聚而围歼。这一战秦国的伤亡数字，各类历史书上的记录都很模糊，有说几万，有说五万，但毫无疑问，这是秦国人遭受的最大伤亡。此战的另一个影响，就是原本目中无人的秦军，以后好像患上了“恐赵症”，多年以来一直不敢再度东进。

不打无准备之仗

作为一名杰出的军事家，赵奢也有自己的军事理念，他的军事理念归纳起来就是七个字：不打无准备之仗。

阏与之战，展现了赵奢比廉颇、乐胜等当时名将更果断的一面，但实际上，他却是一个极其谨慎的人。

他的原则是，没有必胜把握的战斗，坚决不打；所带的军队如果没有对敌人的绝对优势，也不能打。打仗的时候，要千方百计地消耗掉敌人的锐气，磨灭敌人的士气，把敌人拖得七荤八素之后，在有百分之百的把握之后，以最小的代价，收到最大重创敌人的效果。

阏与之战，就是一场把赵奢的智慧、勇气发挥到水乳交融的战斗。在当时的赵国名将中，如果说廉颇是一个最出色的防御者，那么赵奢就是一个最出色的进攻者。此战对于秦国的另一大影响是：被赵国骑兵砍得七零八落的秦国人，从此也开始高度重视骑兵建设，他们利用关中平原得天独厚的地理条件，以及秦国人在畜牧方面的丰厚储备，很快拥有了一支足够和赵国争锋的骑兵部队。骑兵，这个战国时代中原军队的“舶来品”，从此在中原各路军队中更广泛地推广开来。

然而，在阏与之战之后，因其卓越战功，赵奢被赐封为马服君，成为与廉颇、乐胜等人齐名的赵国顶级战将。在此战结束之后，秦国因为伤亡惨重，一时不敢东进，赵国的边境也就消停了。没仗打的赵奢，人生中最后的时光，主要就是教育孩子，他的宝贝儿子，就是后来被称作纸上谈兵的赵括。

但这人到底是不是真废，却要说说著名的长平之战！

十二　谁能拯救长平

如果要评选“老子英雄儿狗熊”的典型组合，那么在中国历史上，赵奢与赵括父子，必然榜上有名。

强大英雄的父亲赵奢，上面已经说完了，但公认狗熊的儿子赵括，是不是真有传说中那么菜呢?

这个被看作赵国罪人的将军，在之后的两千年里，一直被各种嘲笑。如果按照现有的一些说法，他“罪人”的身份，似乎是板上钉钉。梳理一下公认的长平之战的线索，似乎最大责任人就是他：本来前线的仗打得好好的，换他上场，张牙舞爪地一冲，把 40 万军队全冲到了敌人的陷阱里，最后落得活活被秦国坑杀的结局。更严重的战争后果是：赵国遭到了这样的惨重损失后，从此一蹶不振，原来的“老二”一落千丈，再也不是强秦的东进威胁，被秦国平灭甚至宰割的命运，似乎已经无可避免。许多人甚至说，他是一个毁了赵国前途命运的罪人。连赵括老爸，那位战国时期最杰出骑兵名将赵奢的话，都被人拿来佐证：“赵括这孩子，读书很好，头头是道，但都是纸上谈兵，将来却不堪大用。”所以许多人就有理了，人家赵奢都这么说了，可见赵括打仗多么愚蠢，犯的错误多么严重。

赵括犯错误的地方，就是山西长平，他犯错误的那场战役，就是公元前 262 年至公元前 260 年的长平之战。

赵国打得起长平这一仗吗？

毫不夸张地说，长平之战，是一场决定秦国统一天下命运的战役。秦国击败了中原唯一能与它抗衡的赵国。通过歼灭赵国 40 万精锐的方式，让强盛一时的赵国从此奄奄一息，再也无力和秦国争雄。从此之后，长江以北的中原大地，秦国再无对手。

长平之战，后人关注颇多，因为这场战役的结局让人扼腕。40 万精锐的赵国军队，为什么在坚持了整整两年后，以被敌人诱入险地的方式，轻易地终结了自己的命运？主流的说法是，因为赵括纸上谈兵，轻敌冒进，导致大败亏输。难道，事情真的就这么简单？

要解读长平之战的败因，或许还要从当时的战国大势说起。

公元前 262 年左右的战国形势，已经形成了秦国一家独大，楚国遭到严重削弱，唯独赵国可勉强抗衡的局面。赵国经过赵武灵王和赵惠文王两代君王的励精图治之后，实力同样蒸蒸日上，特别是赵国的骑兵，这时期独步天下，是六国军队中唯一可以在战斗力上与秦国抗衡，并且重创秦国的力量。

在阏与之战中，赵国的名将赵奢采取示弱于敌、骑兵高速突袭的方式，一举击破秦国精锐铁甲步兵，导致秦军损失上万。赵国骑兵的马刀，给秦国人留下的是噩梦一般的记忆。

到了阏与之战结束八年后的公元前 262 年，当年缔造过阏与之战辉煌的赵奢已经作古，励精图治的赵惠文王也已经过世，这时期赵国的国君，是他们的第八代国君赵孝成王。

此人的才略远不及之前的赵武灵王和赵惠文王，但是廉颇、蔺相如等名臣依然还在，他本人又是个性格宽厚的守成之君，他刚刚上台，秦国人就给了他一个下马威。公元前 266 年，秦国人卷土重来发兵攻赵，连夺了赵国三座城池。赵国不得不用送王子给齐国做人质的办法，换来齐国的援军，这才平息了战祸。

这次赵国之所以如此狼狈，一是赵奢不在了，廉颇又是一个防御型将领，守卫国土还可以，主动出击却不能；二是此时赵国的北边，正发生大规模的胡虏入侵，赵国的精锐骑兵大都开赴边地守备，对东边的秦国实在是鞭长莫及。

赵孝成王虽然宽厚，却也是有血性的人，对于秦国人送来的这份“上台大礼包”，他自然不能忍受。

秦国人在再次攻赵失败后，转换了思路，不再去碰赵国的硬钉子，开始猛揍赵国边上弱小的韩国。公元前 262 年，秦国人的攻击又开始了，这次他们的攻击点，选择在了韩国的北方重镇上党。上党是连接韩赵两国的门户，对于韩国来说，是抵抗秦国入侵的桥头堡，对于赵国来说，也是阻遏秦军入侵的缓冲地带，战略位置极其重要。

秦国这次下了狠心，不惜血本要拿下上党。秦国大兵压境，断绝了上党与韩国本土的联系，大有不打下上党不撤兵的气势。事到如今，韩国国君也歇菜了。韩国君臣经过商议，准备把上党送给秦国，以求暂时苟安。但镇守上党的郡守冯亭够硬，尽管如此还是死战不降，弹尽粮绝之下，冯亭总算折中了一下：“要投降，也不能投降你们秦国，我要投降赵国。”

冯亭的如意算盘打得很好，赵国的军事力量，是六国里少有的能抗衡秦国的。以上党做厚礼献给赵国，可以使赵国前来援救上党，这样本来韩国和秦国的战争，就变成了赵国和秦国的战争，秦国这股入侵的“祸水”，就可以引到赵国的身上，不管两家谁胜谁败，韩国到底是安全了。

这样一来，赵国又面临了一个和当年阏与之战前类似的问题：当年是救还是不救，现在是要还是不要？

表面看，上党这个重镇战略地位重要，现在韩国人白送过来，等于是一个免费的大礼包，自然不要白不要。但消息传来，反对声还是有的，比如当年主张不救阏与的廉颇，这次也主张不救上党，因为秦国人不是傻瓜，老子辛辛苦苦打了半天仗，怎么能让你赵国过来吃现成呢？

大臣蔺相如也持相同意见，认为接受上党，就会引火烧身。但年少气盛的赵孝成王不这么想，怕人家来打，就不敢要地盘啦？传出去我赵国的脸面何在？要！秦国敢来抢，就让他试试。

其实对于当时的赵国来说，要上党还是不要上党，都是有理由的。不要上党，可以暂时避免战祸，至少得到休养生息的机会。如果接受上党，就必须提前做好和秦国开战的准备。

赵孝成王偏偏走了一个“半路子”，接受了上党，却没有派遣重兵防御，只是派了一个小股部队来此交接。这不是分明无视秦军吗？秦军当然不干，立刻由王龁率军一通猛打，在秦国的猛烈攻势下，赵军迅速崩溃，上党活生生地丢了，赵国的残兵部队，败退到了长平一带。

事情到这里差不多就结束了，但秦军显然不罢休，敢抢我的口中食，活腻歪啦？打！还没等赵军喘过气来，秦国就大军压境了，秦国够怒，赵孝成王的反应也够快。秦国这次是要玩真格的了，那咱也就陪着打真格的。

随后，赵孝成王急命廉颇率领 20 万大军赶赴长平。廉颇到达之后，前锋部队和秦国接触，很快就溃败下来。

关键时刻，廉颇转攻为守，沿着长平一带的丹河布防，抵挡秦国的进攻。这个决定是明智的，廉颇带来的，大多是此时赵国国内用于城池防御的步兵，很少有最精锐的北边骑兵军团。秦国这边，一次性动用的军队不下 20 万，而且都是有丰富野战经验的老兵。这样的情景，要是敞开了玩对攻，赵国是没戏的。所以廉颇的打算很简单：就地组织阵地，严防死守，和他慢慢磨，把秦国人磨走了拉倒。

应该说这是廉颇的一个传统战术，他最大的特点就是防守，在阵地构筑和梯次配置上都颇有心得，是一个擅长打防御战的名将。以前就靠这种“磨”的战法，曾多次把秦国人磨走，这次他以为也一样，秦国人无非是想给赵国点颜色看看，现在颜色也给过了，也该拍屁股走人了。

但这次却真的不一样，廉颇够有耐心，秦国人更有耐心，你廉颇磨，我秦国人也陪着你磨。结果，从公元前 262 年夏天开始，双方沿着长平的丹阳河，开始了漫长的“静坐”战争，每天就是你吆喝两声，我回骂几句，对方的祖宗十八代全骂了个遍，可就是不动手开练。恐怕廉颇自己，乃至赵孝成王都绝对想不到，这一磨，就磨了整整三年。

在这三年里，围绕着长平这个小小的地方，秦赵双方大打消耗战，战略物资源源不断运输到前线。

秦国动用的兵力，此时的说法各异，但以廉颇 20 万大军的数量，以及处于守势的地位，秦国投入进攻的兵力，应该不会少于 30 万，秦赵双方 50 多万大军，就这样天天在长平干耗着，50 万人天天大眼瞪小眼地摆阵势，看着壮观，但吃喝拉撒消耗的全是钱。

这三年里，秦国除了不断增援长平外，还不断地派使者出使中原各诸侯国，警告各路诸侯国不要管闲事，同时驻扎在韩国边境，监视韩国军队的一举一动。但是在作为主战场的长平，秦国人始终无法前进一步。

拖不起的赵括

漫长的消耗战维持了整整三年，长平依然在赵国手里，20 万赵国军队沿着战壕与丹阳河，天天和秦国人干耗。似乎廉颇的战术是成功的，他当然有自己的理由，这个理由老生常谈：秦国强，赵国弱，所以速决战对赵国是不利的，持久战对赵国是有利的，这理由一开始大家都以为很正确，但是随着时间的流逝，越来越多的人认定这是不正确的。

到了三年后的公元前 260 年，连主持赵国大政的赵孝成王也认为这理由不正确。不正确的原因，按照《史记》的说法是秦国人使了反间计，散布说秦国人只怕赵括，只要赵括出马，一个顶俩，能把秦国人打得稀里哗啦。然后傻乎乎的赵孝成王就听了，接着任命赵括挂帅，行前赵括的母亲拼命反对，说马服君赵奢临终前有遗言，赵括这小子只会纸上谈兵，不能委以重任。可惜赵孝成王不听，赵括就这样顺理成章地挂帅了，一起随他出征的，还有早已养精蓄锐多日，从北方边地调回来的精锐部队，一共20万人，赵国最精锐的骑兵军团，都在这支部队里了。

公元前260年，赵括抵达了长平前线，和廉颇完成了交接，闻听赵括到来后，秦国火速做出了决定，宣布国家进入总动员，命令国内16岁以上的青壮年全部从军，准备参加决战。同时将此时秦国最杰出的将领白起调了过去。以这样的动员规模，以及秦国足够募集百万大军的战争动员潜力，这时候身在长平前线的秦国军队，总数已经不下60万，双方都动了血本了。

赵括到任后，按照《史记》记载，就是他变更了原本廉颇定下的稳固防守战略，引起赵国将士的不满。而他玩脑袋也玩不过白起，白起到任后，对赵括采取了诱敌之计，故意在第一条阵线上，布置了大批老弱残兵，给赵括以秦国人力不支的假象，终于让赵括下了决战的决心。之后赵军出击，赵括带来的20万北方精锐打头阵，一路势如破竹冲杀秦军，果然杀得秦军丢盔卸甲，赵括大喜之下，命令全军全线出击，企图一举扫平秦军。而陷阱就在这时候布下了，赵括一路追杀，没想到越打秦军越强，越杀秦军越多。等到他明白过来的时候，才发现自己身陷重围了，怎么办？突围！

这40万赵军以决死一战的勇气发动突围，和秦军打得难解难分，可回头一望，赵国的阵营，也早被秦军派遣的两万精锐骑兵占领了，就这样，秦军端了赵括的老窝，卡断了赵括的后路，40万大军，就这样被秦国人包了饺子。

眼见败局已定，赵括却不屈不挠。之后40万赵军一直被秦军围困了46天，在断水断粮的情况下，士兵们甚至要靠着吃同伴的尸体来维持生命。

后来，赵括又先后组织了四支突围部队，企图从秦军的包围圈里冲开一条口子，但是秦军也极其顽强，死战不退。这时候秦军的武器优势——弩，开始发挥出了威力，在四面的包围圈里，布满了秦军的弩箭阵，雨点般的弩箭，轻而易举地封锁了赵军的突围企图。

数次突围失败后，赵括最终拿出了他父亲“狭路相逢勇者胜”的气概，率领饥寒交迫的赵军，向秦国人发动了最后一次决死的冲锋，然而奇迹并没有发生，秦国人的弩箭轻松地射穿了赵括的重甲，这位惯于“纸上谈兵”的将军就这么阵亡了。

就这样 40 万赵国压箱底的精锐部队，最终沦为了秦国的俘虏，之后为彻底削弱赵国，这支军队被秦国人全部杀死。一度足与秦国人争雄的赵国军团，就这样全军覆没了。

赵国到底错在哪儿

长平之战结束了，但对于长平之战的争论，后人们却众说纷纭。主流史书上无不说赵括纸上谈兵，志大才疏，最后误国误君，甚至到今天，他依然是“纸上谈兵”的反面典型。但仔细看整个长平战争的全过程，我们不得不负责地说，长平战败，赵括至少是不用负全部责任的。

在上党太守冯亭决定进献上党的时候，危机就已经向赵国人笼罩来了。赵国国内无论是国君还是大臣，尽管对是否接受上党意见不一，但几乎没有人看到这样的事实：秦国人，上来就是为了玩命的。

秦国这次对赵国的军事行动，绝不简单地是为了一个上党，更不是为了一个长平，他们的最终目的，是要组织一场歼灭战，彻底消灭赵国的有生力量，使之不能成为秦国进兵中原的障碍。从一开始秦国重兵压境，到后来陪着廉颇慢慢磨，磨了整整三年，再到最后征募全国 16 岁以上的青壮年从军，组成规模巨大的增援部队驰援，以及最后赵国 40 万战俘被杀害的事实，所有的一切，都是秦国人苦心筹谋的一个过程。从一开始，他们就要和赵国打到底。

如果是这样的目的，那么早先廉颇采取的稳守战略，其实就成了一种“慢性死法”。因为廉颇的消磨战术，不仅仅在磨秦国，更在磨赵国，五六十万大军在前线对峙三年，物资军费的损耗是个瞠目结舌的天文数字。别说是春秋时代的小诸侯国，就是后来大一统的汉唐宋明等中原王朝，承担这样的军费开支也极其吃力。换句话说，如果秦国人决心倾家荡产，不惜一切代价和赵国磨到底，最先坚持不下去的，毫无疑问是赵国。

在这一点上，不但廉颇没有意识，就连赵国君臣上下也没有这个意识。如果有这个意识，赵孝成王就不会轻易地做出接受上党的许诺，这样不给秦国战争口实，这场大战至少还会晚一些发生；如果有这个意识，廉颇也不会采取这种磨洋工的方法；如果有这个意识，赵国在战争不可避免的情况下，也许会先选择速决战解决问题。在人类战争史上，小国对大国的战争，采取这种相持战的手段，在人口、财富、国家战争潜力都远远不及的情况下，是注定要失败的。

正因为如此，赵孝成王最后换上赵括，就不难理解了。此时赵国的将领里，廉颇等老将都是以“持重”著称的。最擅长打速决战、歼灭战的，当属赵括的父亲马服君赵奢，但赵奢此时已经作古了，子承父业的赵括，也就成了此时赵国军队中最需要的速决战类型将领。换赵括，很可能全军覆没，不换赵括，最后的结果也是被秦国拖死，很可能是整个国家筋疲力尽后的全军覆没。所以，在当时改变战术，主动出击，发动对秦国的决死进攻，就成了赵国此时唯一可以做出的选择。

除此以外，赵国就没有其他办法了吗？

其实赵国此战的真正悲剧，就是以一个小国的力量，去独自对付强大的秦国。赵国的国民经济储备，固然经受不住这样的消耗，但赵国可以与其他国家联盟，比如，向富庶的齐国等国借粮草，求救兵。但从当时的列国局面看，做到这一点，似乎比战胜秦国更难，这时期的秦国，在对外政策上做出了调整，采取了范雎的“远交近攻”之计，对远离秦国的齐国等国，采取暂时通好的政策，但对邻近秦国的韩赵魏，则摁住了猛揍，即使不能灭掉它们，也要最大限度地削弱它们。

然而，在对赵国的这场决战开始之前，秦国已经把所有可能出现的因素都考虑在内，其使臣反复穿梭于中原六国，向中原各国游说，威胁各国不要插手。除了赵国外，几乎所有的国家都被秦国吓怕了，完全抱着看客的心态，来欣赏这一场其实关乎整个六国命运的战争。

在这场惨烈的大战中，秦国的损失也同样惨重。用《史记》里秦国主将白起自己的话说，参战的秦国军队，士兵死伤过半，经济消耗也同样巨大。《吕氏春秋》里说，秦国多年来的物资粮食储备，在这场战争中被消耗一空，整个秦国，都因为这场战争被拖得“士民倦”。在这场战争期间，除了赵国之外，如果能有一个国家有胆气一点，在秦赵这个相持不下的天平上轻推一把，整个战争的结局，在历史上恐怕就是另一种写法了。

所以这正是赵括的悲剧，他在一个悲剧的时间，被推到一个悲剧的位置，完成一次悲剧的冲锋，哪怕挂帅的不是他，恐怕在那样的局面下都会做出同样的选择。

如果说赵括一点责任没有，那也是不恰当的。整个战役的过程证明，虽然他是一个攻击型将领，但是在临阵指挥、兵团作战、战略预判上，他比他父亲确实差得远，更和对面的白起不是一个档次。

赵国虽然实力弱于秦国，但并非没有自己的优势，赵国最大的优势，就是骑兵的高速冲击，虽然在经济实力和总兵力上弱于秦军，但是中国历史上不乏发挥骑兵优势以弱胜强的战役，赵括的父亲赵奢所导演的阏与之战，就是这样的妙笔。如果赵括可以在临战时冷静一下，有他父亲一般的睿智，能够在扑朔迷离的局面下找到对手的弱点，打开胜利的突破口，反败为胜的机会不是没有。可惜他没有。

十三　东西对峙，齐秦争霸

公元前342年，应该是整个战国时代的一个分水岭。

在这一年里，齐国通过围魏救赵的战术，成功牵着强敌魏国的鼻子走，以减灶之计诱导魏国追击，最后在马陵之战中成功将魏军全歼，魏国元帅庞涓阵亡。

这一战的结果，标志着战国早期的中原最强国——魏国的彻底衰落。魏国在此战中失去了他们最精锐的“武卒”军队，最杰出的统帅庞涓，再也没有逐鹿中原的本钱了。

但令人啼笑皆非的是，这场战争最大的受益者，并不是取得大捷的齐国，相反，却是在函谷关远远观望的秦国。

魏国的彻底衰落，使秦国少了东出函谷关的最大障碍，之后的两年里，秦国连续对魏国占有的西河地带用兵，成功收复西河，迫使魏国向秦国屈服。从那以后，秦国东出函谷关，逐鹿中原的通道，就彻底打通了。这是自春秋时代秦穆公以来秦人的梦想，之后的战国风云里，齐国并没有因为战胜魏国，而取得在诸侯中的独大地位，相反实力迅速膨胀起来的却是渔翁得利的秦国。

但在马陵之战的早期，齐国依然保持着他们的强势地位和扩张势头。从公元前342年开始，到公元前284年的这58年里，齐国相继在位的君王，是齐威王、齐宣王、齐湣王。这58年是齐国在战国时代里最风光的58年，他们打败了魏国，之后又击败了楚国，压服了韩国、赵国，俨然成为当时中原最强大的诸侯国，也一度是秦国东出的最大劲敌。而与之相对应的秦国，在位的国君，分别是秦孝公、秦惠王、秦武王、秦昭王。这58年里，齐秦两国先后击败他们共同的对手——魏国。然后同时开始了扩张之路，一度成为诸侯中两大最强力量。那么，面对这个继魏国而起的最强对手，秦国又是怎样战而胜之的呢？

观念落后的齐国

在公元前 342 年马陵之战结束后的早期，观齐秦两国的对外政策，几乎都是各忙各的，很少有交集存在。

秦国方面，在马陵之战结束后的两年，秦国发动了对西河的进攻，生擒了魏太子，歼灭了魏国 10 万大军。魏国最后一股有生力量就这样消耗殆尽，此后也无力继续逐鹿中原。

这时期的齐威王，也在中原风光了起来，公元前 334 年，齐威王与魏惠王共同会盟于徐州，魏惠王主动承认了齐威王的国王身份，齐威王也投桃报李，承认了魏惠王的国王身份，这件事情就是历史上著名的“徐州相王”。在徐州相王的过程里，先前强大一时的魏惠王，对齐威王极其恭敬，此后魏王、韩王、赵王三王又在东阿拜见齐威王，对齐威王“北面事之”，这时候的齐威王，俨然已经成为中原诸侯里的最强者。

这时期齐国和秦国唯一的一次冲撞，发生在齐威王在位的晚期。当时的秦国东出函谷关，借道韩地，发动了对齐国的进攻，结果却被齐国边军打败，事情最后以秦国遣使者谢罪而告终。但强秦的巨大威胁，已经隐隐地呈现在同样野心勃勃的齐威王面前。

与齐威王同时期在位的秦孝公，病逝于公元前 338 年，其子秦惠王即位。这位秦惠王上台后先搞反攻倒算，杀害了商鞅。现代人津津乐道秦惠王杀商鞅其人，用商鞅其法的冷静。其实在清算完商鞅的初期，秦惠王也曾想过逐渐取缔商鞅之法，不得施行的原因一是因为商鞅变法在秦国百姓心中威望甚高，轻易搞推倒重来，势必引发变乱；二是军队方面，对商鞅的新法非常拥护，奖励耕战以及军功授爵的制度，给诸多军将以实惠，枪杆子里出政权的现实，让秦惠王也不得不默认了既定事实。

但在在位的早期，秦惠王对商鞅新法的继承是很消极的，甚至因为怨恨商鞅，驱逐了各国来到秦国的人才。但在短暂的倒退之后，秦国的国力上涨之势，依然不可遏制。秦惠王在位的早期，打击的对象，主要是临近秦国的韩赵魏三国。

这时候的韩赵魏，实力已经日益削弱，在东面被齐国控制，西面又遭到强秦的威胁，实力日益削弱。秦惠王这时期的另一个大动作，就是南下巴蜀地区，经过多年浴血奋战，秦国平定了巴蜀，灭掉了当时的巴蜀政权，取得了以后进军中原的一个后方基地。这一举动使秦国真正获得了战国争霸中的战略纵深优势，物产丰富的巴蜀地区，成为日后秦国天然的大后方。

秦惠王在对商鞅进行了短暂清算后，很快又开始了锐意进取。在他即位的早期，曾经驱逐中原各国滞留在秦国的宾客，但他很快便意识到了错误，开始大量招揽六国里面的人才。

比起秦孝公只用了一个商鞅，这时期的秦惠王，身边是人才荟萃，外交家张仪、公孙衍；名将魏章、司马错、甘茂，都在这时期大放光彩。秦国在马陵之战后，趁着魏国衰弱的机会，也得以继续东进，夺取了魏国的上郡，上郡的夺取，使从关中平原进入中原的黄金通道，从此牢牢地抓在了秦国的手中。

比起这时期的秦惠王，晚年的齐威王要逊色了很多。齐威王虽然战胜了魏国，但是齐国的君臣似乎更满足于列国对齐国的尊奉，至于开疆拓土，获得战略要地这些事情，齐国人的兴趣不大。齐国君臣的观念，依然还停留在春秋时期的“争霸时代”上，认为只要获得大家表面上尊重的霸主地位，就恢复祖先的荣光了。这种滞后的观念，成为齐国没有趁马陵之战的胜利，趁势崛起的一大关键要素。

从个人品德上说，开创齐国霸业的齐威王，与此时的两代秦国君主秦孝公、秦惠王有一个共同点，就是信用人才。齐威王在位的时候，大量选拔贤才，利用稷下学宫招募英杰。

但是秦国的用人，却更是不拘一格降人才，秦国与齐国最大的区别，就是秦国是一个新兴国家，没有道德上的观念束缚，更没有旧制度的束缚，所以在用人上，秦国可以不拘一格，广招人才。齐国在这一点上就差得远了，齐国毕竟是一个从旧奴隶制国家内部脱胎而出的封建制国家，这样的国家性质，导致他们在转型的时候，不可避免地带有旧时代的种种痕迹，齐国人的宗族观念、门第观念，比起秦国人来是更重的。

如此种种，使得齐威王晚年享受霸主身份的荣耀期，成了齐秦两大国国力迅速拉大的重要时期。

公元前 319 年，齐威王病故，其子辟疆即位，就是历史上的齐宣王。就是在这个时候，齐国与秦国之间国力上的差距，已经显而易见了。而联合各诸侯国实力的合纵运动也已经兴起，齐宣王在位的第一年，六国就发起了合纵运动，推举楚怀王为纵约长，西进攻打秦国。但楚国和齐国对此都持观望态度。结果只有韩赵魏三家兵临函谷关，战斗的结果，是韩赵魏三国被杀得大败，仅遭斩首的就有 82000 多人，秦国强大的实力，让本来还沉迷在霸主身份中的齐宣王猛醒了，他必须要做出应对。

力图一战的齐国

在秦惠王第一次击败六国合纵之后，齐宣王终于开始意识到强秦的威胁。此时的秦国，不再是在齐威王晚年被打得落荒而逃、不得不遣使谢罪的秦国，他们实力膨胀速度之快，是超出齐国人理解的。

然而，此时齐国也有自己的优势，齐国的优势是它“中原诸侯”的身份。对于中原诸侯来说，齐国要的不过是霸主的荣耀，秦国要的，却是你的国土和政权，这一点的差别，使当时大部分的诸侯国，在感情上都还是倒向齐国这一边的。齐宣王登基初期，还是延续了其父“会盟诸侯”的政策，经常和韩国、魏国、赵国举行会盟，接受它们的朝拜，其间和楚国以及魏国都发生过战争。但是秦国的强大，使齐宣王在公元前 313 年做出了联合楚国的重要决定。

这时期的楚国，在版图上也处于一个极盛时期，楚国此时已经完全占有了江东地区，吞并了越国故地，此时楚国地广人多，可以募集百万大军，而此时的齐国，又拥有富庶的经济条件，两家一个有人、一个有钱，自然一拍即合。

公元前 313 年，齐宣王和楚怀王举行会盟，结成同盟共同对付秦国。但这个如意算盘，却很快被秦惠王给打散了，秦惠王只派来了一个张仪，凭借巧舌如簧，以六百里土地做诱饵，就让楚怀王轻易背盟，撕毁了和齐国的盟约。恼怒之下的齐宣王，反而做出了一个错误的抉择，他主动联络秦国，提出结盟共同对付楚国，这个愿望在第二年就实现了。

楚国在撕毁了和齐国的协议后，才知道被秦国忽悠了，秦国许诺的所谓六百里土地，完全就是哄人玩的。盛怒之下的楚怀王发兵八万攻打秦国，在丹阳与秦国名将魏章部鏖战。然而意想不到的事情发生了，原先的盟友齐国竟然也出现在秦国阵营里，和秦国一道将楚国杀得大败。

这下齐宣王出了气，但出气的后果却是严重的，齐国和楚国之间的联盟就此破裂，而两家谁都没有力量单独抗衡秦国，齐宣王和秦国联合大败楚国的结果，就是秦国趁机夺取了楚国在蓝田境内的土地，齐宣王忙活一场，两手空空。

通过和秦国的接触，齐宣王真正意识到了秦国的强大，让他感慨万分的，就是六国的人才怎么都跑到秦国去了。为了能够招揽人才，齐宣王加大了对稷下学宫的投入，使得诸子百家的英杰在此荟萃，包括墨家、道家、法家的各路代表，都曾在稷下学宫游学过，其中最著名的，就是儒家杰出的思想家孟子。

孟子初到齐国时，曾经非常兴奋，他对外宣告说："管仲只让齐国成为霸主，我要让齐国统一天下。"对于孟子所坚持的儒家思想，齐宣王却不感兴趣，战国时代刀兵无情，儒家那一套是不吃香的。孟子在游学齐国几年后，最后黯然离开了。比起秦惠王招纳的实用型人才，齐宣王身边的英杰们，学者居多，文化人士居多，他自己也喜欢诗文唱和，但安邦定国的人才，却凤毛麟角。

齐宣王在位的初期，秦惠王完成了他人生中对外扩张的重要一步，于公元前 312 年彻底击败了匈奴义渠部落。义渠部落是匈奴的一支，在战国早期经常侵扰中原。在这一年，秦惠王决定解决义渠侵扰问题，消除东进中原的后顾之忧，秦国采取焦土政策，用层层推进的办法，最终重创义渠部落。

也正是在这一年，秦惠王和齐宣王还发生了两次"对话"，都以齐宣王的失败而告终。一次是秦国联合曾经尊奉齐国的韩国和魏国一道讨伐楚国，在击败了楚国，夺取了楚国江汉平原的大片国土之后，突然改弦易辙，向齐国发起了进攻，结果齐国在苏北地区的大片国土丢失，遭到了挫败。

另一次对话，是齐宣王自己挑起来的。趁燕国内乱的机会，齐宣王对燕国发动了闪电战，仅用了 50 天就打下了燕国国都。可是燕国此时易王后，是秦惠王的女儿，这正好给了秦惠王出兵的口实。结果秦国两路大军，一路攻伐燕国本土，一路攻伐齐国，皆获得了胜利。齐军在短暂占领燕国后，不但被赶了出来，本国也遭到了秦国的侵扰。在这时期的齐秦争霸中，齐宣王是处于下风的。

对外他连年用兵，正是如火如荼，秦惠王本人于公元前 311 年英年早逝，年仅 46 岁。之后即位的秦武王，是一个赳赳武夫，天生神力，是个霸王角色。在做国君上，他粗中有细，暂时停止了对齐国的大规模用兵，转而开始对六国的分化瓦解政策。对魏王，他主动修好，拉拢魏国倒向秦国；对楚国，他扶植楚国治下的越国部落，掣肘楚国。

这时期的齐宣王，在经过了两次对秦国战争的失败后，开始把主要精力放在发展内政上，他在位的最后五年，对内发展生产，倡导文教，训练士卒，对外对魏国、韩国、赵国，采取或打或拉的政策，将其尽可能地拉在齐国一边。在齐宣王的晚年，秦武王英年早逝，秦昭襄王即位，他即位的早期，大权掌握在太后以及穰侯魏冉的手中。在齐宣王临终前两年，即公元前 302 年，在魏冉的奔走下，齐秦之间结成了联盟。这时候的齐秦两国，暂时实现了“和谐”。

齐湣王的绝唱

公元前 301 年，齐宣王过世，其子齐湣王即位，这位齐王在位的 17 年，既是齐国霸业的最后绝唱，也是齐国衰落的开始。

经过齐宣王晚年的休养生息，早期的齐湣王拥有强大的实力。这时候“连横”“合纵”两大团队奔走于列国，要么联合抗秦，要么依附于秦，成为大多数诸侯必须做出选择的“二选一”难题，此时楚国屡败北于秦国，无力北上，魏国早已衰弱，“合纵”的大旗，也就被齐湣王扛了起来。

齐湣王即位初期，遇到了和秦昭襄王类似的形势，这时候齐国的大权，已经被战国四君子之一的孟尝君所掌握，锐意进取的孟尝君，开始频繁地发动对外战争，积极介入到各国的内部事务之中。

公元前 301 年，齐湣王先是介入到韩国的内部争位斗争中，凭借着齐国的军事力量，扶持韩国太子咎登基，使韩国成为听命于齐国的傀儡政权。之后又动兵楚国，以楚国与秦国结盟，违反合纵协议为由，在垂沙与楚国交锋，双方沿着楚国的方城对峙六个月，最后齐国趁着江水退潮的机会，从浅滩处发动猛攻，一举击溃楚军，此战消灭楚军 2 万多人，杀楚将唐昧，一时之间，楚国很难再对齐国构成威胁。

齐国的一系列军事行动，都是为了大举进攻秦国做准备。经过在中原地区的扩张，齐国终于建立起了以自己为核心的反秦同盟。

公元前 298 年，齐国会同韩魏联军猛攻函谷关，秦国依托有利地形拼命抵抗，双方鏖战长达三年。结果，齐国主将匡章选派敢死队进行偷袭，终于在公元前 296 年占领函谷关。秦国的关中平原，已然在齐国面前一马平川。但在这关键时刻，齐国却再次见好就收，满足于秦国的谢罪，随即拔营东撤了。合纵联盟成立以来击败秦国的最好机会，就这样被齐国自己放弃了。

齐湣王显然不这么想，相反，他认为自己已经为父亲齐宣王雪耻。齐湣王主动放弃的另一个原因，就是这些战争主要是由此时主持齐国国政的孟尝君田文发动的，对于齐湣王来说，他不愿意看到田文通过这些战争来扩展势力，两人的矛盾也日益公开化。为了对付田文，齐湣王重用从燕国投奔来的苏秦。

苏秦是合纵运动里的重要人物，最擅长舌辩，而且他在齐国没有根基，在齐湣王眼里是好控制的。但齐湣王不知道，苏秦来齐国，是为燕国做卧底的，燕国在齐宣王时代差点遭齐国灭国，这时期的燕国，是燕昭王在位的时候，他一直在锐意复仇，苏秦，就是其中最重要的一环。通过苏秦，齐国的内部矛盾、军事情况，源源不断地被燕国得知了。而且燕国同时和秦国也有姻亲，所以当齐湣王对秦国不断采取攻势的时候，不知道，自己的头上已经悬挂着一把凶器。

公元前 294 年，正锐意扩张的齐国发生了内讧。因为贵族田甲发动劫持齐湣王的事件，齐湣王趁机对齐国的田氏贵族进行打压，孟尝君田文的相国职务也被剥夺了。接替孟尝君职务的，就是苏秦。

和孟尝君拉拢东方六国，全力对付秦国的国策不同，苏秦为了完成燕昭王交付的卧底使命，反而反其道而行之，竭力劝说齐湣王四处扩张，尤其是拿着自己的盟友下手。这时期也是赵武灵王胡服骑射，赵国崛起的时期，之后的几年，苏秦竭力挑拨齐国和赵国的关系，让这两个铁杆盟友逐渐交恶，同时积极劝说齐湣王攻打韩国、宋国等国家。齐湣王一连串的军事征战的胜利，使秦国不得不对齐国侧目。

这时期是秦国处于守势，齐国咄咄逼人的时期，为了笼络齐国，秦昭襄王主动要求和齐国并称为帝，秦昭襄王称西帝，齐湣王称东帝，这几乎就是春秋末年晋国楚国平分霸权的翻版。对平分霸权的要求，齐湣王很高兴，但苏秦知道，如果此举成功，齐国和秦国联手，其实力将更加强大。因此在苏秦的劝说下，齐湣王主动取消了帝号，把秦昭襄王结结实实地“闪”了一把，示好不成的秦国，与齐国的交恶也就成必然了。

公元前 287 年至 286 年，是齐湣王自我感觉非常良好的时期。这期间，他通过对赵国和韩国的战争，把胡服骑射后军力日益强大的赵国打得落花流水，又进一步削弱了韩国，这其实是帮了秦国的忙。

公元前 286 年，齐湣王又灭掉了宋国，灭宋一事激起秦国大怒，宋国是秦国当时在中原的重要盟友，宋国被灭等于拔掉了秦国安插在中原的钉子。这时期齐湣王身边的邻居们，无论是北边的燕国、赵国，还是西边的魏国、秦国，没有未被他打过的，盟友都得罪光了的齐湣王，很快招来了报应。

公元前 286 年，齐国刚刚灭掉宋国，秦国就在西线发动了进攻，借韩国的道路突袭齐国，将齐国打得大败，之后秦国、燕国、赵国、魏国、韩国五国联合伐齐，在济水边与齐国决战，经过连年征战，已经强弩之末的齐国大溃。之后齐湣王被楚将杀死，齐国 70 多个城市沦陷，虽然后来田单用火牛阵击退联军，拥戴齐襄王复国，但遭到这一轮灭顶之灾的齐国，也就彻底失去了争霸的资本。秦国，在与齐国经过 58 年的“两极格局”之后，终于借中原诸侯之手，搬掉了他们东进中原的最大障碍。

十四　燕国改革，一场昙花一现改变战国历史

战国七雄，不管最后的结局如何，但它们几乎都有过风光的时候。就连这其中，从春秋到战国时代，绝大多数时候都是配角的燕国，也毫不例外。

燕国这个国家，从齐桓公春秋首霸起，就露脸极多，但绝大多数时间，都是给其他的风光国家当背景，至于争霸之类的大事，长期与它无缘。而在进入战国时代以后，燕国的配角地位，也基本没有什么改变。特别是当各国都开始轰轰烈烈的变法时，燕国这边却依然是死气沉沉的模样。以《战国策》里的说法，就是“凡天下战国七，燕处弱焉”。战国七雄里，就数他家没进步。

为啥没进步？原因也很多，但比较公认的一条是：这个国家的危机感比较差。

燕国的地理位置，位于整个战国七雄里最靠北。虽说常年同蛮族打交道，故受到的中原国家的威胁，相对也就比较少，要打燕国的主意，就要考虑爬冰窝雪的风险，战争的艰苦程度极大。由于成本很高，所以对这个国家，大家也是能不打主意，尽量就不打。所以从春秋年间起，燕国掺和的事情不少，国力也不算强，但是挨打的次数，相对也确实不多。

但是在进入战国年间的白热化阶段后，情况却不同了。

比起极讲究礼数的春秋时期，战国时期的战争，已经完全是你死我活。而且科技手段不断进步，列国的战争水平越发上升，尤其上升的是战争的动员能力和支撑能力，山遥路远的燕国，也就难逃挨打的命运。

于是从燕国易王在位起，燕国的苦日子终于来了，南方的老邻居齐国，

实力已经如滚雪球一般崛起，正是四处吞并疆土的时候，血淋淋的大口，也就第一时间咬向了燕国。一口气连吞了燕国十座城池，逼着燕易王忍气吞声求和，才算免了进一步痛打。

而这场冲突对于燕国来说，最大的刺激还不是惨烈的失败，而是几乎毫无悬念的失败过程，经历过变法图强的齐国，战斗力已经高速演进，遇到还坚持春秋传统打法的燕国，几乎就是轻松虐打，怎么打怎么赢，森严的城池更成了豆腐渣，被齐国几下子就轻松攻破。落后就要挨打的滋味，燕国这下结结实实尝到了。

所谓燕赵之地，多慷慨悲歌之士，极有血性的燕国，又怎么能忍得了这样耻辱的结果。公元前 320 年，燕易王含恨而死，其子燕王哙继位，这位胸怀大志的年轻国王，也决定顺应举国的呼声，实现一个姗姗来迟的壮举：变法图强！

燕国的变法开始了，但万万没有想到，就是这从燕王哙到燕昭王两代人，先南辕北辙自取其辱，后又短暂自强的变法历程，却结结实实改变了战国历史的版图，说燕国的这一段动荡，是整个战国历史的分水岭，恐怕也毫不为过。

燕王有理想

初登基的燕王哙，是个很有理想的人。

他的变法，口号喊得很低，但事情做得极多，特别是在考核官员等事务上，大胆学习秦国等国家的经验，包括军功授爵等制度，样样有样学样，燕国上下的变法，都十分地热闹。

然而和其他国家一样，这样的大刀阔斧，不可能不招来反对。但幸运的是，燕王哙信用的相国子之，是一位非常干练的人物，做事说一不二，手段强硬简洁，轻松镇压了好几场旧贵族的反抗行动，里里外外的关系，都让他打理得特别好，就连燕王哙也深有体会：有困难，找子之。

从表面来看，燕王哙和子之的关系，十分类似秦孝公和商鞅那样，属于君臣鱼水情深的典范。但事实上，两者却截然不同：商鞅哪怕再嚣张，也绝不会动秦孝公的权柄。子之却恰恰相反，他的人生理想，绝不是做个名垂青史的改革家，相反打算像田氏齐国那样，借壳上市取得燕国的江山。

在燕王哙改革紧锣密鼓的时代，燕国的大国地位和国家实力，也在蒸蒸日上。虽说依然不能和齐国、秦国、楚国这类大国相比，却也成就不小，在他登基的第三年，还参加了列国一起对秦国的讨伐，虽说无功而返，但燕国的大国地位，毕竟是上去了。

可毕竟没有打来胜仗，燕王哙忙活一顿后，心思也逐渐冷下来。而子之取而代之的劲头，却是越发地热。

话虽如此，但燕国毕竟是一个有着悠久历史传承的国家。哪怕是当年田氏代齐，也是数代苦心经营，一代代杰出人物运筹帷幄，最后平安夺权。像子之这样的人物，虽说贵为高官，可论起工作才能，比商鞅、邹忌这类同时期的顶级人物，差距还是好远。要啥都没啥，哪有这么容易？

但万万没想到的是，这个看似不可能的事情，子之竟然用一种匪夷所思的方式办到了。

当时燕国大臣苏代，也就是战国纵横家苏秦的族弟，出使齐国归来。正在渴望富国强兵的燕王哙，立刻叫来苏代询问，主要想问问齐国到底有多强，未曾想到这位苏代，同样也是子之的同党，正好借这个机会，把齐国从头到尾一顿贬，说齐宣王绝对没有明天，因为他不信用自己的大臣，大王您如果要振兴燕国，可不能学齐国啊。言下之意，就是必须重用子之。

这一顿香风一吹，立刻把燕王哙吹得茅塞顿开，他本身就是一个性格非常软弱的人，虽说拥有伟大理想，但确实缺少扛事的能力，自从苏代这一顿宣传后，燕王哙对待子之，更是各种信任有加，内政外交各类大事，都放手让子之去办。

要是说子之真没什么业绩，却也不尽然。从某种意义上说，他还开创了战国时期的一大军事改革：骑兵改革。在赵武灵王胡服骑射之前，子之就开始尝试组建新型的骑兵部队，另外燕国自身的封建化进程，也是在他当政的时候越发加快，比如废井田制、开阡陌、发展农业生产等国策，样样都全力推动，仅以工作成绩论，确实劳苦功高。

当然，其间办得最高明的，却还是子之个人实力的培养。在燕国这样一个弱国，比起齐、秦这样的传统强国来，权臣确实更容易取得成功。几番强力改革后，燕国从中央到地方，子之的亲信遍布，大小臣子们只知道有子之，不知道有燕王的情景，更是变得司空见惯。

这种情况发展没两年，子之几乎就成了燕国的实际统治者，外加燕王哙本人也发现，自己对于学术问题，比治国的热情更高涨，最喜欢关起门来研究学问，至于治理国家这类的琐事，干脆交给子之做？而在子之的热心鼓噪下，燕国上下形成一股全新热潮，集体强烈呼吁，让子之正式接替燕王哙的王位，做燕国的新国王。这种事要是放在齐、秦、楚这类国家，子之恐怕早就死上十次八次了，但放在燕王哙这里，这位国王却是毫不动怒：让就让！

为啥这么痛快，首先是燕王哙实在不是一个治理国家的料，当了五年国王，每天各种焦头烂额，实在是干不动了。更重要的原因是，就是在这五年时光里，燕国的内外大权，早就让子之牢牢把控住了，说句寒碜话，有没有燕王哙，其实都一个样，还不如名正言顺一点。

当然在这个问题上，子之绝不是一个人在战斗，他背后所代表的，正是燕国正在崛起的新贵族们，这些人借着燕国改革的东风，权力扶摇直上，传统的燕国奴隶制老贵族们，要么被牢牢踩在脚下，要么就是乖乖靠边站，几年的改革，燕国国内权力版图的改变，动作要比燕国自家国力的上涨大得多，改革改了五年，终于到了革燕国国王命的地步。

于是，燕国的这一场热闹场面，很快从宫廷蔓延到了民间，从基层的百姓到各地的官员，几乎都在反复宣传，燕国要强大，必须子之当国王。所谓

“举国意属子之”，结果也就顺水推舟，燕王哙主动放权，学着古代禅让这一套，痛快把王位让给了子之。战国历史上一场匪夷所思的权力交接，竟然就这样轻松完成。

但谁都没有想到，这场过程十分荒唐的高层变故，却是燕国一场大乱的开始。

个人能力差点事

按照今天一些学者的观点，子之的篡权，不但是他个人实现狼子野心，其实也是燕国新贵族们逼着奴隶主交权的一次行动，就其性质说，和田氏代齐差不多，但就结果说，却是差远了。

其中最大的一个差距，就是个人能力。

子之这个人，手腕非常强硬，做事非常高效，但是就政治家水平来说，和同时期的诸多改革家相比，却远远不在一个档次上，在燕国做个国相，还算能勉强合格，但要说身为国王，统领一个大国，却是严重不合格。

因为国相需要的是权谋，而国王更需要的，却是气度和胸襟。

子之最不合格的，也就是这条，自从当上国王后，就开始翻脸不认人，大肆地排斥异己，甚至在燕国屡次兴起牢狱，大力抓捕所有的反对者们，昔日好些一党的心腹，也都纷纷和他翻脸。在位仅仅三年，结果就是“国大乱，百姓恫恐”，几乎到了民不聊生的地步。而一场夺权斗争，更把这风雨飘摇的燕国，闹到了“山雨欲来风满楼”的地步：燕王哙的儿子太子平，本身就对子之恨之入骨，这样的好机会哪里肯放过，他立刻联系了将军市被，一起合谋夺取王位。而这个秘密谋划，也很快被燕国的老邻居：齐宣王知晓。

虽说齐宣王家族，也是通过田氏代齐上来的，但对燕国这类似情况，齐宣王却十分仗义：子之这么做是不合法的，他窃取燕国王位的过程是卑鄙无耻的，他害得燕国民不聊生，罪行更是严重卑劣的。太子平你不用担心，齐国一定会要人给人，要兵给兵，全力帮你夺王位。

齐国的这番好意，对太子平来说，就好比是干旱中的春雨，双方立刻一拍即合。于是，在齐国的全力输血下，公元前314年，长满力量的太子平，终于向得意扬扬的子之砸出了重拳。先由市被包围王宫，没想到子之却早有准备，计划内的突袭一下子碰了钉子，连市被本人都叛变投降了子之。原先的篡位奇袭，这下变成了拉锯战，太子平和子之各自拉起队伍，在燕国大打出手，几万人的军队自相残杀，好几个月分不出胜负。所谓“死者万余，百姓恫恐”，参考下燕国的人口就知道，这是真正的人间地狱。

但燕国最大的灾难，这却才到来。

早就在一旁冷眼观看的齐国，突然在燕国自相残杀到最惨烈的时候，派遣大军悍然越过边境，大规模地向燕国杀来。正如儒家与孔子齐名的圣人，此时正是稷下学宫学士的孟子所谋划的那样：现在攻打燕国，这是类似周武王伐纣一样的黄金机会，绝对不可以错过。

于是，齐国的大军汹涌而来，而燕国的抵抗，却变得绵软无力，早就挣扎在内战旋涡里的燕国军民，已经毫无血性斗志，更烦透了战争，对于齐国的进攻，清一色地采取了不抵抗政策，而且齐国的宣传攻势也做得好，一路打出的旗号，就是讨伐万恶的叛贼子之，这个口号一宣传出去，就是最好的作战动员，齐国大军所过之处，城池纷纷投降，热情的燕国百姓们载歌载舞，欢天喜地迎接齐国大军，就像见了亲人一样。

就在这样的热闹气氛里，“士卒不战，城门不闭”，齐国大军高歌猛进，比旅游还轻松地长驱直入，一下拿下燕国都城蓟。但令满怀期望的燕国官民万万想不到的是，在攻破燕国都城的那一刻，齐国血淋淋的屠刀，却也高高举了起来。

首先死在齐国刀下的，就是燕王哙，但万没想到的是，齐国拍胸脯保证支持的太子平，却同样也被抓来处死。而仓皇逃跑的子之，随后也落入了齐国手中，被齐国军队剁成了肉酱，整个燕国的最高层，在这场动乱闹剧中，几乎全被齐国人一窝端。

但让燕国百姓最为凉水浇头的是，齐国不但杀掉了燕国的国君王孙，更不拿燕国百姓当外人，想杀就杀想抓就抓，齐国军队在燕国土地上耀武扬威，更下定决心扎根不走，就准备吞并你了。

如果说之前的燕国，已经形同人间地狱的话，那么接下来齐国就让燕国人知道，什么叫真正的地狱：无数的城池被毁，好些村庄被屠戮劫掠一空，燕国的仓库粮食，成批地往齐国拉，大批的燕国官员贵族，成日被拉出来处决。战乱中呻吟的燕国人，这下好好尝到了做亡国奴的滋味。打着拯救燕国名义而来的齐国，才是一条真正的饿狼。

然而齐国“饿狼”这顿闹，却把血腥味到处传，周边的好些国家，这下都跑到燕国来趁火打劫。就连一直被赵国、魏国欺负够了的蕞尔小国中山国，这下竟然也跑来分一杯羹。一口气夺取了燕国数百里的土地，好好地令这个死里逃生的小国捡了便宜，而亡国的阴云，也正笼罩在这个传统大国的上空。

但幸运的是，燕国确实气数未尽。

虽说被齐国占了大便宜，但不幸中万幸的是，燕国先前基本都是不抵抗，虽然被齐国端了都城，但其军队的实力依然犹存，在认清楚了齐国的真面目后，燕国上下积攒的怒火，也终于如火山一样汹涌爆发了，老百姓有钱出钱有力出力，团结起来痛打齐军，闹得占据燕国的齐军，今天被打个闷棍，明天被打个埋伏，很快就焦头烂额了。

当然更幸运的是，燕国的王室并未绝嗣，燕公子一直在赵国做人质，而这个年头，也正好是经过胡服骑射的赵国强势崛起，开始挑战齐国东方霸主地位的年头，如此大好机会，刚刚成功胡服骑射的赵武灵王又怎会错过？立刻大摇大摆，派精锐骑兵护送燕公子回国。而一直在函谷关冷眼观望的秦国也掺和进来，表示绝不接受齐国灭燕的结果。事实也明摆在眼前：如果一意孤行吞并燕国，齐国就要承担独自与秦国、赵国两大强敌开战的后果，齐宣王权衡利弊后，终于吐出了到嘴的肉：撤退！

在狠狠地将燕国大地蹂躏一顿后，齐国大军撤了，留下的是在一片废墟中登上王位的燕昭王和一个饱受战火的燕国。

在齐宣王看来，这次燕国行动，虽然没能吞灭燕国，但已经最大限度地削弱了这个老邻居，而且还得到了大量的粮食财富，可以说赚个盆满钵满。但是其中一个后果，他却至死没有想到。

齐国这次蹂躏，重创了燕国也拉足了仇恨。受到耍弄和肆虐的燕国人，看齐国的眼睛，更充满着复仇的怒火。而幸运登基的燕昭王，更下定了一个奋斗终生的理想：要以正确的变法自强，更要让齐国血债血偿。

一代英主燕昭王

作为一位风雨飘摇中登位的国王，燕昭王的履历，却是极不简单。

他之前人生的大半岁月，都是在赵国度过的，赶上的又是赵武灵王胡服骑射，实现变法自强的年头 。赵国的成功经验，别人都是道听途说，他却是每天耳濡目染。论理想与见识，之前的燕王哙至多是个书呆子，他却是远远高得多。

由于见得多想得多，因此真正主持起变法来，他的手段上来就专业：首先就大力求贤，不惜血本招揽人才，而且还用了一个与商鞅南门立木异曲同工的妙招：专门找来一个叫郭隗的名士，特意为他修造了豪华的住宅，更以隆重的礼节，专门拜他为老师，享受崇高的待遇。这就等于给了全天下一个模板：连郭隗这样的人，都能在燕国受到重用，你们还等什么?

这样的广告一打出去，收获立刻爆满：各国的顶级人才们成群结队，全都朝燕国跑来。而且好些还都是抢老对头齐国的生意，比如说邹衍，这是当时战国最杰出的科学家，同时也是在稷下学宫非常受尊重的人才。这位老先生在稷下学宫里，不但享受高官厚禄，而且地位非常的尊贵，他到魏国访问时，魏惠王专门跑到郊外去迎接，跑到赵国时，赵国位高权重的平原君，侧着身子恭恭敬敬地过来迎接他。如此杰出的人物，燕国如果不拿出一些特殊手段，想要留住他是很难的。

但对燕昭王来说，这个却真不是难题，他只用了一招，竟然就让受惯了尊重的邹衍老先生感动不已：他亲自用衣袖裹着扫把，在前面为邹衍老先生带路，一边走一边把一路上的垃圾全扫掉，等于是手把手为邹衍老先生做清洁工。而且等到邹衍上课时，他更做出一个瞠目结舌的举动来，主动跑到学生位置上就座，以弟子的礼节聆听邹衍的教诲。这几个事迹传开，整个列国都哗然，人才们自然组团往燕国跑。

虽说尊重人才，但燕昭王的目的性，也同样非常强。燕国并不是什么样的人才都收，除了富国强兵的人才，最需要的，则是能够帮他一雪前耻，打败齐国的人才。尤其是军事方面的人才，更是最为欢迎。在经过了长时期的筛选后，他终于物色到了一位堪比孙膑的杰出军事家：乐毅。

这位顶级军事人才，就是他攻破齐国，一雪前耻的利器。

乐毅的出身，可以说极其高贵，他是魏国人，祖先就是当年曾经为魏文侯血洗中山国，大拓领土的名将乐羊，乐羊子妻的典故，20 世纪 80 年代，也曾是中小学历史教科书里的熟脸。

有这样强大的祖先，乐毅自幼的家学传承，也就相当地好，但生不逢时的是，他的祖国魏国，在他青少年的时候，就已经沦落成为战国年代里的酱油角色，再也不复昔日的勇猛。就连乐毅的故乡灵寿，这时也成了赵国的国土。于是，年轻时代的乐毅，也就改弦更张，去了正热火朝天实行变法图强的赵国。

在赵国的土地上，兵法才能出众的乐毅，很快就崭露了头角，他的军事才华甚至引起了平原君等权贵们的注意，一路被各种举荐，身份地位扶摇直上。如果正常发展下去，应该很快就会在赵军中独当一面，为赵国的事业开拓疆土。

但人生的意外，有时候就是这么突然。赵武灵王一生勇猛，没想到临了却抓了瞎，闹出了被儿子困死沙丘宫的事件，偏偏身为普通官吏的乐毅，也被卷入其中，眼看就要被清算，于是乐毅当机立断：跑！先是逃到了祖先曾建功立业的魏国，凭着一身本领，也算发展得不错，甚至还作为使节，到处出国访问。但看看魏国的局面，乐毅的心里就瓦凉：这个传说中的战国首霸，非但没了昔日的荣光，相反还越活越窝囊，胸怀大志的乐毅，难道就要在这个国家窝囊一辈子吗？

就在这样的人生迷茫里，乐毅知道了燕昭王的求贤令，作为使者出使燕国，更亲眼看到了这位燕国新国王的气度与理想，一下就为之深深折服，出使任务还没有完成，就立刻做出了决定：留下来。然而对乐毅这个决定，正锐意图强的燕昭王，高兴得就像捡了宝，如果说以前优待郭隗，礼敬邹衍，都还有好些作秀的成分，那么这次对乐毅，却是实打实地托付：立刻任命他为亚卿，也就是执掌燕国军政大权的高官，仿佛一个毫不畏惧的硬汉，扛起了燕国的改革大业。

比起当年燕王哙重用子之来，燕昭王对乐毅的信任，可谓有过之而无不及。但比起善于耍权谋的子之，乐毅却是个干实在事的人。临危受命之后，他立刻出手抓住了燕国改革的要害：首先是明奉法，审官断。也就是确立法律，有法必依，比起子之当年完全靠手腕来镇压群臣，乐毅却让燕国的管理法制化。然后是“查能而授官”，也就是设立官员考核制度，真正依照官员的才能和政绩来选派官职，杜绝一切亲贵当道的景象。最重要就是“施及阴隶”，也就是从中下层老百姓甚至奴隶当中选拔人才，特别是一切为军队大业服务，只要是战斗力强有战功的人才，都可以从军，都可以用军功来换取自己的自由身，只要打仗不怕死有功劳，人生改变绝不是梦。

乐毅的这三条变法，堪称深得商鞅变法的精髓，而且更奇特的是，虽然也遭到了阻力，但比起商鞅变法的惨烈来，乐毅遭到的阻力，却是小得多，相反举国上下一致拥护，变法很快就红红火火起来。

为啥这么顺利，首先是得到燕昭王的全力支持，当然更重要的原因是，经过了燕王哙改革和子之之乱的燕国，虽说战争创痛厉害，但是以太子平为代表，反对变法图强的旧贵族，却也同样被一扫而空，整个变法基本就没有了阻力，所谓不破不立，正是这个道理。

也正是在这样的好条件下，燕国经过了二十八年的强大变法，国力蒸蒸日上，很快成为一方大国。而进步最大的，正是军队战斗力，在乐毅的苦心经营下，本就英勇善战的燕国士兵们，战斗力直线上涨，更满怀着一颗雪耻之心，就盼望着假以时日，报复齐国。

虽然形势一片大好，但以燕国和齐国的力量对比看，所谓报复齐国，依然是一个看似天方夜谭的事情。因为此时的齐国，力量正如日中天。

断送齐国霸业

燕国正卖力发展的时候，也正是齐国实力膨胀到顶峰时期。

此时的齐国，正是齐湣王在位时期，比起齐宣王时期雄霸中原的大国地位，这时的齐国却更进一步。齐湣王时代的齐国，向南打败了楚国，向西则一度攻克了函谷关，逼得素来骄横的秦国，也咬牙忍辱求和，在齐国的颐指气使下，退还了大批原先侵占韩赵魏等国家的国土，齐国的国家威望，一下子空前暴涨。

当时的情况，以《史记》的说法是："诸侯皆欲背秦而服齐"，也就是把齐国，当作霸主国家一样臣服。而更叫燕国看起来绝望的是，一直和齐国你死我活互掐的秦国，这下也似乎认输了，秦昭襄王主动给齐湣王示好，提出两家互相称帝，齐湣王称东帝，秦昭襄王称西帝，也就是两家联手，一起瓜分天下。

这段时期，也是战国历史上的重要一段：齐国和秦国相互争霸时代，意图雄霸东方的齐国，成了旨在统一天下的秦国，东出函谷关的最大障碍。对这个障碍，多年来秦国挖空心思想办法，文的武的都用了，结果战场上互有胜负，战场下更针锋相对，几乎谁都占不到谁便宜。而且让秦国更加抓狂的是，也就是在这一时期，中原大地上合纵大潮蜂起，中原六国连续组织了多次联合讨伐秦国的军事行动，虽说绝大多数都失败了，但让秦国惊恐的是，齐国已经开始借助这股力量和秦国为敌，特别是齐国曾经组织了三国联军，三年苦战攻克了函谷关，让秦国丢了一把大脸。照这样的场面持续下去，秦国一统天下，恐怕只能是梦了。

然而就是这样的不利局面下，燕昭王却终于找到了战胜齐国的钥匙：既然可以合纵攻打秦国，难道就不能合纵攻打齐国？因为对于中原国家来说，秦国虽然是虎狼之国，但毕竟距离遥远，对于眼前来说，实打实的真威胁，却是齐国。经过几代苦心经营，综合国力已经达到顶点的齐国，此时虽然具有雄视天下的实力，却不幸赶上了一位极其缺乏战略眼光的国王：齐湣王。

这位国王一辈子好勇斗狠，对待周边的邻居，基本就是不服就打，直到打服为止。而且还耳根子软，最爱偏听偏信。

眼光敏锐的燕昭王，一下抓住了这难得的机会，立刻紧锣密鼓行动，以乐毅的谋划就是“莫如与赵及楚魏”，也就是许诺分给楚国、魏国和赵国好处，让他们与燕国联合，一道讨伐无道的齐国。由于多年以来，齐国在中原拉够了仇恨，结果几大强国一拍即合：韩赵魏楚燕五国组成了联军，战国历史上最大规模的一场合纵战争就此爆发，对象却不是秦国，而是齐国。

公元前 284 年，著名的济水大战爆发，亲自坐镇指挥的齐湣王，被乐毅灵活的用兵打得溃败，齐军一败涂地，五国联军长驱直入。但出于对齐国的恐惧和彼此之间的不信任，其他几个国家的军队，在占了便宜拿到几个城池以后，也就见好就收了，然而真正咬住不放的还是乐毅，亲自率领燕国主力，一路长驱直入，接连拿下齐国七十多座城池，这下的齐国，闹得比当年燕国还惨，齐湣王在混乱中被杀，整个齐国就剩下了即墨和莒两个小城，在燕国浩荡的兵威面前，几乎就剩下一口气了。

对这既得利益，燕国也十分珍惜，而且比起当年齐宣王的残暴来，燕国这次却采取了更加务实的办法：严格规定纪律，废除齐国的残暴法令，所过之处收买人心，一心一意要把已经拿下的齐国城池，消化成燕国自己的土地。同时一口气册封了二十多个燕国宗室，用以巩固在齐国的统治。在燕昭王的谋划下，只要争取了齐国民心，稳定了上层基础，依托两个小城苟延残喘的齐国，覆灭只是时间问题。

如果照着这个局面发展下去，那么战国的历史，必然会出现一个令人惊讶的走向：昔日强大的齐国一夜尽灭，领土财富被燕国打包全收，完成对齐国吞并消化的燕国，必然会一夜拔地而起，成为继齐国之后，又一个抗衡秦国东进的强大力量，甚至短期之内，中原国家也必然会拜服在燕国的脚下。如果历史照此发展下去，恐怕又是一派不一样的风光。

就在燕国吞并齐国的过程里，燕国的其他版图，也是滚雪球一般地疯涨，东北的辽东地区，已经尽数成为燕国国土。但就是在这黄金时代，燕昭王却突然病故了，新继位的燕惠王，却恰恰是乐毅的死对头。于是忠心耿耿的乐毅，很快就被燕惠王清算，交出前线指挥权后，仓皇逃到了赵国。这位书写了战国时代一场空前战争奇迹的名将，在赵国得到了英雄般的礼遇，被封于观津。

燕惠王得意地以为，他继承了父亲的遗产，又搬掉了最大绊脚石，一切十分顺利，没有想到正是他这荒唐的行为，给老对手齐国续了命，一直坚持在即墨抗战的齐国名将田单，使出了著名的火牛阵，打败了接替乐毅的骑劫，竟然一路乘胜追击，终于光复了齐国国土，把燕国军队赶出了齐国的土地。齐国最大的一次灭顶之灾，就这样幸运躲过。

然而最后的事实证明，这场争斗没有胜利者。败掉大好局面的燕惠王，也失去了燕国雄霸天下的机会，可笑的是，他还把责任归罪给跑去赵国的乐毅，气得乐毅写下了名篇《报燕惠王书》，既向天下人表白了自己的忠诚，更叫燕惠王这个败家子，成了列国的笑柄。

然而真正的胜利者，却是函谷关外一直旁观的秦国，在秦国一统六国的大业里，燕国和齐国的这场争斗，却好像是一张天降的馅儿饼。燕国打败了齐国，却没有巩固胜利果实，随着齐国的反扑，基本被打回了原形。而躲过灭顶之灾的齐国，也从此一蹶不振，再也不复当年称霸东方的风采，秦国一直没办法的最强敌齐国，就这样以一种匪夷所思的方式倒下了。燕国的这次昙花一现，却成了改变战国走向的最大意外事件。

十五　最后的君子：信陵君

君子是些什么人

到了战国中期以后，随着各国变法的完成，封建制度的确立，在许多国家里，出现了这样一群奇特的人。

这些人住着高大的宅院，家里财产丰厚，特权也多得很，国君们对他们客客气气，他们家里养的人也多，一些奇怪的人平时白吃白喝。但他们都不是一般人，不是精通武艺，就是擅长辩论，甚至还有人精通科学，都是怀有才能的人。这些住在他们家里的人，最多有好几千，叫作“门客”，但真遇到事情，却要卖命效力。

这些位高权重的人，当时被人叫作“公子”，而在后世，他们则被称为“君子”——各国享有特权，位高权重的新贵族们。

“君子”又是怎样产生的呢？

原来，战国时期的主要国家，在经历过变法之后，那些新贵族们有了政治特权，财富迅速壮大。他们中有崇高名望和卓越能力的新贵族，就被称为“君子”，意思是仅次于国君的人。

而新贵族要想成为君子，只有地位势力财富门客，却还不够。另外重要的就是名望。整个战国时代，出过四个这样的君子，史称“战国四君子”——魏国信陵君、赵国平原君、楚国春申君、齐国孟尝君。

这四个人的共同特点是他们都很有钱，也都很有权，都养了很多门客，也都有好名声。身份也很特殊：魏国信陵君魏无忌，是魏昭王的小儿子，魏安釐王的亲弟弟；赵国平原君赵胜，是赵武灵王的儿子，赵惠文王的弟弟；孟尝君田文，则是齐宣王的侄儿，齐湣王的堂兄弟；春申君黄歇，家里是楚国世代公室大臣。他们都是各国国君的自家人。

在战国，有他们这样身世背景的人很多，但只有他们四个被称为君子，一是因为他们有神通广大的门客，二是他们的人格魅力。

这四位君子，都有很多神通广大的门客，比如魏王宠爱的妃子如姬，父亲被人杀害，魏王想尽办法，也没找到凶手，信陵君知道后下令门客帮忙，没多久就把凶手杀掉了。孟尝君的门客也很厉害，有次他被邀请到秦国，结果秦王图谋杀害他。孟尝君的一个门客学狗叫混入秦国仓库，偷来了孟尝君先前送给秦王的狐皮锦袍，贿赂秦王爱妃，在秦王爱妃的帮助下得以脱逃，在逃出关卡的时候，又碰上关卡以天黑为由拒绝放行，另一个门客学鸡打鸣，引得守关士兵误以为天亮了，果然开关放人，这才逃出险地。成语“鸡鸣狗盗”就是这么来的。

想要招来这些神通广大的门客，光靠钱是不够的，更要靠人格魅力。孟尝君对门客非常有礼，一次有门客嫌自己吃得差，结果孟尝君把自己碗里的饭给门客看，原来两人吃的都一样。门客羞惭无比，立刻自杀谢罪。平原君在赵国享有免税特权，一次有个新来的收税官上门收税，平原君不但不生气，还向赵王推荐这个税官，这个人，则是后来战国时期第一骑兵名将赵奢。他们能够招揽门客，除了财富地位外，就是靠辨别人才的眼光，包容人才的胸襟气度。

但要论起在国家大事的贡献，特别是危难时期承担责任的勇气和中流砥柱的价值，这四位君子中，最为杰出的，则当属魏国信陵君。

信陵君，名无忌，是魏昭王最小的儿子，兄长正是魏国国君魏安釐王。由于他以信陵为封地，因此才被叫作信陵君。而作为四君子中十分著名的一位，信陵君一样十分出名的成就，就是养士。

会养士的信陵君

战国年代的这些君子们，养士是个十分流行的风气。

就如前面所说，几位与信陵君齐名的人物，麾下基本都是人才荟萃，知名度特别高的，比如孟尝君，被强制请到秦国谈工作，眼看谈不好就要被扣留，却在几名门客的巧妙掩护下成功脱身，留下了“鸡鸣狗盗”的典故。又比如赵国的平原君，麾下一个不显山露水的毛遂，在后来的邯郸保卫战中，硬是似黑马一样闪耀了一把，凭借犀利的辩才，办到了他主人办不到的事：说动楚王发救兵。这段毛遂自荐的典故，也不知激励了多少奋斗中的年轻人。

但是就这件事的质量来说，这几位在后世，也没少了被吐槽。最有名的一个批评，来自北宋政治家王安石，在王安石的眼里，所谓养士三千的孟尝君，麾下基本就是混混儿，除了学鸡叫就是偷东西，干的全是上不了台面的事情。也正是因为这些人在，所以才闹得正经的人才没有了出路。

可要是以这样的标准，来看待信陵君，就不得不叫一声佩服，论养士的效果，信陵君毫无疑问是最强的。

首先最强的一条，就是成本。养士这件事，一般拼的就是钱。战国这个年代，士人的地位十分独特，精神地位独立且极有尊严，想要笼络住一个有才的士人，没钱通常是万万不能的。在这一条上，几位君子都是各自比着拼。比如平原君，除了给钱给东西，还额外发福利，上等门客的佩剑上都装饰有珠宝。春申君的门客，穿着的鞋子都是用珠宝做成。至于孟尝君，养士花钱更是如流水，以至于家中开销常常捉襟见肘。

而比起这几位的拼来，信陵君却是用了另一种办法：尊重。

其实在战国年代，士人的人格都是出名独特的，很多真正有才能的人物，他们看中的并非钱财，相反却是尊严。对于这个道理，信陵君十分了解。

了解这个的信陵君，就在养士问题上，采用了非常独特的方式：礼贤下士，只要是自己看中的人，他就放下面子，主动登门拜访，言谈举止恭恭敬敬，倾心结交。而且这人也有极高的情商，属于那种见面就给人如沐春风之感的人物，十分有亲和力。

而与其他几位更为不同的是，信陵君真正接触密切的士，基本都是社会下层人物扎堆。这条虽然孟尝君也类似，但是孟尝君所收拢的，基本都是有特殊才能的社会下层人物，而换到信陵君这边，却是更加普通，他的很多民间友人，基本都是不显山露水的一类，日常基本看不出啥特殊才能。

最有影响力的事情，就是信陵君结交了大梁城的守门人侯嬴，对这位传说中的贤人，旁观者眼中身份卑贱的草民，信陵君却是大动阵仗，专门以非常隆重的礼节，亲自邀请这位人物去自己家赴宴，而且还亲自驾车邀请，并为他牵马驾车，一路恭恭敬敬，把大家都看呆了。

而且对信陵君的这番好意，侯嬴也表示毫无压力。不但大摇大摆地接受，更干出了一件让旁观者们抓狂的事情：路上遇到了好朋友屠户朱亥，侯嬴竟然就不管不顾，拉着朱屠户聊起了家常，两人一聊就是半天，却把一旁的信陵君晒在了那里，堪称嚣张到极点。对于这种十分没礼貌的行为，信陵君从始至终，都是十分的淡定，一直微笑并保持微笑，对侯嬴的行为十分的容忍。大庭广众之下，给足了侯嬴面子。

这次遭遇在信陵君礼贤下士的故事中，属于十分普通的一个，按照司马迁的说法，在战国四君子中，真正能够“以富贵下贫贱”的，唯独一个信陵君。这也就意味着，虽然同为四君子，但在眼光和襟怀上，信陵君的水准，已经远远超过了其他三位。

但他最超过其他几位的，却是境界。

战国的这几位君子，理论上说，都是非常爱国的，但到底爱的程度如何，那就两说。比如孟尝君，一生都在和国王争权，也因此几起几落；平原君相对比较慨然，但也干过偷税漏税的事情。而其中最无私的，当属信陵君。

这其中最重要的一个区别，就在于养士的态度，比起其他几位各种扩充自己势力的目的，信陵君的态度却很单纯：为国效力。

在这个问题上，其他人和他区别有多大，还是看看孟尝君就知道了。号称门下门客最多的孟尝君，门下门客的最主要工作，就是给他经营封地。而在后来自己与齐王闹翻，不得已远走他国后，翻过手来对齐国反手一击，更是毫无负担。他门下那些门客们，昔日跟着他怎样保卫齐国，后来又跟着他怎样反攻齐国。

而比起这样的行为，信陵君却堪称一个真正意义的爱国者。以明朝人王世贞的评语，就是“信陵君之好士也，以有魏也”。也就是说，没有信陵君以及他所招揽的人才们，魏国的命运，恐怕早就搭上了。

王世贞能够给他这样高的评价，正是因为信陵君人生里最灿烂的一笔：窃符救赵。

差点给历史改道

说起“窃符救赵”这件事，后人感慨最多的，就是信陵君在危难时刻的挺身而出。而事实上，在这段壮烈时刻之前，他就已经为国家忧愁很久了。

作为魏安釐王最小的弟弟，信陵君在魏国的身份地位，也是十分的尊贵。通常类似他这样背景的人物，要么借助权势经营下自己的产业，要么争个权力夺个位，总之只要够自私，不是能活得风光，就是能过得滋润。

但信陵君，却偏偏选择了最难的一条路：为魏国的家国大业，抛头颅洒热血。

作为一个极有责任感的人，信陵君年轻时代就立下了志向，要以自己毕生的热血与努力，阻止虎狼秦国东进的脚步。因此多年以来不遗余力招揽门客，正是为了此事。

早在长平之战爆发前，信陵君的努力，就曾收到恐怖的效果：他部署的门客眼线，让他轻易获得了长平大战前后秦国的许多重要情报，其得悉情报的速度，要比赵国前线主帅们快得多。战局的走向，基本了然于心。而对他这个能耐，了解得最清楚的人，莫过于他的兄长魏安釐王。有一次魏安釐王正与信陵君下棋，正好有急报说边境有警，赵王正带着大队人马杀来，当场把魏安釐王的脸给吓白，没想到信陵君却不慌不忙，告诉哥哥一定要淡定，赵王只是来打猎，绝没有入侵的意思，事实证明，他真对了。

为啥能对？因为信陵君的情报网，甚至已经部署到了赵王的深宫里，照着文言文里的说法，就是“有能深得赵王阴事者”。

他的神通广大程度，让兄长魏安釐王汗颜，也不止这一次，甚至连魏安釐王办不到的事情，他居然都能办到：魏安釐王宠爱的如姬父亲被害，魏安釐王下定决心，三年来捉拿凶手，却连个汗毛都没抓到，还是信陵君出手解决问题，短短几天，就给嫂子报了仇。

但信陵君之所以做这类事，却绝非为了个人的威权，因为他心中最为念念不忘的，就是强秦的威胁。

所谓怕什么来什么。对信陵君的这个觉悟，不但魏国当时理解的人少，就连兄长魏安釐王，也是十分的无感。这位得过且过的魏国国王，早已经没有了先祖曾经反复虐打秦国的霸气，相反怕秦国怕得要命，几乎到了秦国打个喷嚏，他都要紧张一天的地步。平日就知道奢靡享乐，遇到秦国挑衅，就忙不迭地割地换太平。

这样无能的哥哥，也终于把信陵君彻底逼成了一个反对派，多年以来，他在朝堂上经常和哥哥争论，尤其为了该对秦国采取什么样态度的问题，更是反复争吵。以信陵君的说法，秦国“非尽亡海内天下，必不休”，也就是秦国的狼子野心，绝不是魏国割让土地就能满足的，这个国家的真实目的，是吞并一切可吞并的土地。

信陵君不但看到了秦国的野心，更为魏国的未来计，勾画了一幅最好的蓝图，那就是联合韩国和楚国以及赵国，直接组成一道抗击秦国的屏障，只要这四个国家互相呼应，就一定可以把秦国阻挡在函谷关内。如果这个战略构想成功的话，那么秦国就算最终统一六国，时间恐怕也要迟得多。

但是在当时这个大家集体被秦国吓破了胆的年月里，信陵君的这个勾画，其实也很难实现。就连他的兄长魏安釐王，也多次感慨信陵君不切实际。但在接下来的窃符救赵事件中，信陵君将以他独特的表现，回击这样的轻视。

窃符救赵，发生于公元前 257 年，当时的赵国，在经过了长平之战的惨败后，立刻被秦国乘胜追击，都城邯郸也被团团围住，这个战国曾经仅次于秦国的强国，此时已经到了生死一线间。而赵国唯一的救命机会，就变成了向老邻居魏国求援，从任何理由看，魏国都是必须援助赵国的，可是魏安釐王早已经被秦国吓破了胆，外加秦国的恐吓也来了，放话谁要敢救赵国，那么秦国料理了赵国后，下一个修理对象就是他！

这狠话一放出去，整个关东六国都㞞了，比如著名的毛遂自荐典故，赵国平原君带领的使团，苦口婆心地游说楚国，尽管有毛遂横空出世一顿痛骂，说得楚考烈王派来了援兵，但是楚国这支援军，绝大多数时候，还是在一旁观风景，直到最后局势逆转，才像模像样地杀了一把，十分指望不上。

这都指望不上，魏国自然更是难指望。魏安釐王拒绝发兵，可另一个人却勇敢站了出来：信陵君。

在求援无望的情况下，信陵君起初在绝望之中，做出了最悲壮的抉择：先是集合了自己所有的门客，大张旗鼓地杀向赵国，决心哪怕没有兵，就凭着这些门客，也要和赵国军民一起赴死。关键时刻，却还是昔日信陵君曾经礼遇的侯嬴和朱亥拦住了他，在侯嬴的巧妙筹谋下，信陵君借助如姬的帮助，偷来了魏安釐王用来调兵的虎符，然后在前线，又在魏军主帅晋鄙拒绝执行命令的情况下，由朱亥将其打杀，成功获得了这支军队的指挥权。

而后的信陵君，就展示出了他磨炼已久的军事才能，面对战国时期堪称最强大的秦国精锐军团，信陵君毫不犹豫，先以一场昂扬的战前动员，激发了全军高涨的士气，然后又以巧妙的指挥，成功从秦军最薄弱的环节突破，一下打开了秦军的防线。在这场你死我活的厮杀中，一直战无不胜的秦军，再次难得地吃到了悲惨的败仗。窃符救赵的光辉一笔，成了秦军战史上十分惨痛的一段记忆。

然而信陵君随后也以自己出色的表现证明，他打败秦国，靠的不是运气而是实力，就在十年以后，信陵君又再次率领五国联军大战秦国，硬是打出秦国自长平之战后最悲惨的一幕，吓得秦军败退进入函谷关，竟不敢出关一战。自从齐湣王时代三国联军攻打函谷关后，一直被秦国欺压的关东六国，还没有这样扬眉吐气过。

信陵君，就这样成了秦国挥之不去的噩梦。

但立下大功的信陵君，心头也有一个挥之不去的阴影：尽管救了赵国，却辜负了自己的祖国魏国，特别是老将军晋鄙的死，更是自己的责任。因此在窃符救赵之后，赵王本来要封赏给信陵君五座城池，信陵君却只是一个劲地劝酒，到最后硬没给赵王开口的机会。他在赵国整整待了十年，直到秦国大举进攻魏国，他在门下几位门客的劝说下，终于捐弃前嫌，回到了故国，并带领联军大破秦军。

然而对于秦国一统天下的大业来说，信陵君回到魏国，却是一个比战场失败更大的危机。在经过了窃符救赵的壮举后，信陵君的威名已经传遍了列国。这个时候他已经完全有条件，放手去执行四国屏障计划。一旦这个计划实现，恐怕秦国统一天下的步伐都要大大延长。

但是万万没想到，在这个历史关键时刻，帮了秦国一把的，竟然还是信陵君的兄长魏安釐王，这位嫉贤妒能的国王，对于信陵君的猜忌也始终未停，特别是当信陵君归来后大破秦军，魏国暂时解围后，他更是立刻剥夺了信陵君的兵权。

聪明的信陵君，自然知道了兄长的意思，他也就顺坡下驴，一直沉迷于酒色享乐里，直到四年后英年早逝。他的过世，也就意味着秦国东出的另一个障碍，已经不复存在了。

十六　最后一次合纵

信陵君的去世，对于志在一统天下的秦国来说，毫无疑问是个大好事！

按照一些人对战国历史的理解，自从信陵君死后，秦国就过上了一马平川的日子，从此肆虐中原各国，秋风扫落叶一般吞疆并土，终于将六国全数扫平！

但只要参考一下年头就知道，这时候距离秦国彻底一统天下，还有22年时间，在秦国进入加速度模式之前，它必须要煎熬过最后一个考验：合纵！

合纵这件事，算是秦国自从商鞅变法后，长期打交道的老对手了，阵仗经常很大，人拉得经常很多，队伍拉得经常很壮，也不是没有险过剃头的时候，连函谷关都被齐国合纵拿下过，但绝大多数时候，都是雷声大雨点小，阵仗拉得威风，一大就露馅儿，碰上白起这样的秦国战神，还常是一打就出惨案，比中国足球还不靠谱！

这种状况，还是由合纵的难度决定，虽说秦国是大家的对手，但列强还是一人一家一个心眼，又都知道秦国打仗狠，为了眼前利益，基本是能不招惹就不招惹，实在要去合纵，那也基本是摆个样子，见风向不对立刻跑。那就真没有成功的合纵？不是不能成功，就是难度太大，必须得是有名望的人统帅，而且还要正确筹谋，带领大家走上胜利的道路。这样的人物好似旗帜，实在太过少见。公元前243年信陵君去世，等于一杆大旗也倒了。合纵这事，似乎更没人干了！

然而，就是在合纵的旗帜人物信陵君去世两年后，一场突如其来的合纵风暴，却再度向秦国汹涌扑来，原本看似一团散沙的赵楚燕魏，竟然组成了强悍的联军，杀气腾腾地扑向秦国，而且绝不是大多数合纵里那种出工不出力的摆样子，相反各路联军十分团结，打起仗来配合得井井有条，士气更高涨得爆棚，冲锋陷阵都不用动员，长期百战百胜的秦军与之交上手，一不留神竟真吃了亏，眼看就是杀气腾腾，朝着咸阳就真扑过来了！合纵，这次是真的。

怎么这次就这么真了？因为在合纵的旗帜人物信陵君去世后，另一个看似名不见经传的赵国人却默默站了过来，扛起了合纵这面大旗，并亲手导演了这一场剧烈的合纵风暴，成为秦国在高歌东进之前，最为剧烈的一场生死考验。

这个人，就是赵国名将庞煖。

在风云际会的战国年代里，庞煖看上去是个标准的小人物，虽说他官做得不低，家族也很显赫，战功也不少，但是在史料里的记录，却是少得可怜，基本是个熟脸，却从来不是主角，好些个重大历史事件，都会出来说点话办点事，但是想被大书特书一笔，确实很难！

但事实证明，如果要给秦国的敌人列一个排行榜，那么这位庞煖，绝对有资格排进前几名，就凭他在公元前 241 年，给秦国带来的这次沉重一击！

当然在这以前，他就活跃很久了，虽然是像黑马一样杀出来，但是在战国的舞台上，这时候的他，是绝对的老资格。虽然身世和出生年月都没有明确记录，但是庞煖在战国历史上的出场，却是相当早。早到什么时候？赵武灵王胡服骑射的时候！

确切说来，距离这最后一次合纵 60 年前，也就是公元前 299 年左右，那时的庞煖，就已经是颇有名气的兵家，有名气到可以和赵武灵王来论兵，正是那一次和赵武灵王的论兵里，庞煖留下了一句名垂青史的经典名言："百战而胜，非善之善者也，不战而胜，善之善者也！"

只要稍微脑补一下中国战争史就知道，庞煖这句话，在后来两千年的中国古代战争史上，被引用的频率有多高。好多次的重大战争或者重大的谈判场合，甚至很多名臣的奏折里，都反复引用过这段话。能说出这段话的庞煖，理论上应该很红才对，起码在当时，能给赵武灵王说出这番话，还不是要飞黄腾达？事实是，真没有，因为和他说话的，是即将饿死在沙丘宫的赵武灵王。

随着赵国发生国变，一代雄主赵武灵王悲催饿死在沙丘宫，留下这闪光豪言的庞煖，命运也立刻发生转变。确切地说，是立刻就消失了。最普遍的说法，就是他跟着他的老师，一道出去隐居了。他的老师是谁？又是个很低调的名字：鹖冠子。

鹖冠子，其实是一个别号，并不是确切的人名，这又是一个战国时期的神秘牛人，可惜真实姓名已经不为人知。仅有可知的史料是，他常戴着羽毛装饰的帽子，因此也被称为鹖冠子。但别看他行动古怪又神秘，这个人却是有真本事，他是战国道家的重要学者，思想更格外别致，认定世界上一切事物，都是发展变化的，人必须要学习这样的变化，才能不断地进步。他和他的门徒们，还编订有文集《鹖冠子》，内中的文字笔力雄浑，堪称先秦散文的经典代表，如此文采思想荟萃的牛人，教出来的徒弟，自然也不会差，庞煖就是其中一个！

在赵国国变之后，以最普遍的看法，就是庞煖跟着鹖冠子离开了赵国，来到了鹖冠子的祖国楚国，师徒找了一座深山隐居起来，然后就一道做学问，度过了漫长的时光，这段时日里，师徒二人除了钻研学问，还写了很多重要的文章，不单有军事思想，更包括战国时代许多闪光的自然科学思想，历史价值十分重大！

这样的时光，几乎占去了他人生里的大半，直到四十多年后，以相关史料的对比看，那时的庞煖，已经近 80 岁了，但是赵国，却突然又想起他来了！

其实所谓突然又想起来，只是个客气说法，真实说法应该是：赵国，不得不想起他来。因为这时赵国，已经到了人才严重凋零，军事压力大到家，国家命运惨到家的地步！

具体有多惨？除了我们熟悉的长平之战，败北到了惨，还有个最大损失就是人口，40万精壮人口一下全丧，可以说最厚实的老底都给赔了进去。屋漏偏逢连阴雨，西边的秦国不停地进攻，北边的燕国也不停地捣蛋，就看准了赵国好欺负，隔三岔五地就来大举进攻！如此焦头烂额下，新登基的赵悼襄王急得直抓狂，就是这时候，有人给他推荐了这位隐藏的牛人：庞煖！

这个时候，距离当年庞煖离开赵国，真的已经是时过境迁，而今活跃在战国经济政治舞台上的，几乎都是庞煖孙子辈的人，可接到赵悼襄王邀请后，庞煖没有半分犹豫，依然兴冲冲地赶到了赵国，而且别看他80多岁了，脑袋却依然清楚，说话条理清晰，很快就叫赵悼襄王折服。这位半生隐居的强人，就这样开始了自己的传奇人生。

这人生第一步，就是遇到了一位半世纪前的老朋友：燕国大臣剧辛。

话说这剧辛，也是个强人一枚，年岁和庞煖差不了几岁，名号却比庞煖大得多。早年的时候，他也是赵国的大臣，和庞煖一起共事过，后来沙丘之乱，他同样离开了赵国，不过没有像庞煖一样选择隐居，而是果断地改换了门庭，来到了燕国。那时的燕国，正是燕昭王求贤若渴的年月，广招天下贤人。剧辛，这位法家的名流人物，很快就脱颖而出！

当时的燕国，正是人才汇集的时候，名流人物十分多，比如有令后世的诸葛亮十分仰慕的军事家乐毅，也有战国不世出的天才科学家邹衍，但即使在这帮人当中，剧辛也是非常出众的一位。只说两件事，就能证明这人的能力有多强：一是燕国和齐国开打前，正是剧辛走遍列国，一顿巧舌如簧的游说，才令诸多国家结成联盟，对齐国形成了包围态势！二是在乐毅一口气横扫齐国七十多座城池的时候，突然大喊不要打的，依然还是剧辛，他义正词严地教育乐毅，齐国不是这么容易灭的，燕国最佳的选择，就是逼迫齐国服软，先交割部分城池，把现有的利益稳固住，参考这条说法，如果当时燕国真听了，最后田单火牛阵翻盘的机会，可以说是非常低的。

因为这强大的能力，到了庞煖重新出山的时候，剧辛已经是燕国国内重量级的人物，而这位强人，也迅速给燕国物色到下一个战略目标：攻打赵国！

燕国打赵国，这事也是有年头了，一直就想着趁赵国元气大伤的机会捞一票，上一次大张旗鼓出兵，结果被廉颇痛打，这时候听说赵国请来了庞煖，当时的燕王喜，也就动了心思，而剧辛更十分兴奋，他和庞煖早就认识，但就因为认识，他反而认为庞煖好对付，因此请战十分积极，果然被燕王任命为统帅，浩浩荡荡地杀奔赵国！

这场老朋友之间的对话，是80多岁的庞煖，第一次独立带兵，但出手就是大动作，打了一辈子仗的剧辛，碰上了修炼半辈子的庞煖，居然根本不是一个重量级！结果一场交手，剧辛率领的燕军全军覆没，列国更是震惊一下了：赵国，怎么又多了这么一匹老黑马！

凭着迅速上涨的巨大影响力，庞煖趁热打铁，真的继续了合纵事业，而且与其说是他的威望影响，不如说这个时候，列国都感受到，这正是找秦国算账的大好机会。此时的秦国，刚好是一代枭雄吕不韦专权，当时的秦王嬴政，后来的秦始皇正在做毛孩子的时候，好似一只魔兽正在打盹儿，正是痛打一场的时候。

大好机会加庞煖的名号，列国之间难得出现了一拍即合的景象，浩浩荡荡的联军很快组织起来了，除了刚被揍的燕国和已经胆小怕事的昔日强国齐国没有参加，这次联军汇集了韩、赵、魏、楚四个大国，庞煖更是被任命为统帅，出手就是电光石火，一战就先拿下了秦国边境门户寿陵。正当秦国急忙部署防御的时候，叫秦国人大跌眼镜的事情发生了：庞煖根本没有像秦国人预料的那样，继续正面挺进函谷关，相反来了个大迂回妙笔，直接绕道山西永济，打算从背面袭击函谷关！

这个思路，体现了庞煖高超的战略思维，联军以战斗力论，比秦国还差得远，函谷关又是易守难攻的地方，也只有这个办法，才可以真正找到攻克函谷关的机会。这个办法确实也把秦国惊到了，但遗憾的是，秦国这个时候也是有能人的：吕不韦！

身为一代枭雄，吕不韦的才能自然强，这次的合纵风暴，他更亲自上来抵挡，亲自率军在陕西临潼北和庞煖相遇，这个时候从战局说，吕不韦已经处于非常不利的状况：秦军地利优势不明显，兵力更是有限，而且一旦有失，咸阳必然不保。

可是吕不韦，毕竟是吕不韦，面对这天才战略，他一个办法就破解：不和庞煖正面交锋，就抓住兵力最多的楚国军队下手，因为楚国军队看着多，其实是路途最远赶来，这个时候也最累，果然一场奇袭，楚国立刻崩溃，只这一下，就把合纵的大毛病打了出来：各国联军纷纷主张撤退，无奈之下，独木难支的庞煖只能咬牙点头，恨恨离开。战国历史上最后一次大规模合纵，就这样无奈地收场！

庞煖后来的遭际，已经不见于正式的史料，传说倒是留下了一箩筐。他的几个经典名篇，同样收入了《汉书》里，为历代军事家所推崇，可是战国此时的大势已经明了，天才的战略，也无法扭转！

十七　最后一个公子也走了

在庞煖合纵失败后，是不是六国里面，就真的没有哪个名流，可以威胁到秦国了？

理论上说，还是有一个的。

这个人，在庞煖的合纵事业上，就起了关键作用，列国能够再次聚起来，表面看是靠庞煖的战功，其实却是他的感召。而以知名度论，他和去世的信陵君，也是公认同等重量级，放在今天的好些古装剧里，更是标准的熟脸：不但能威胁到秦国，还能和秦国的太后，上演一段轰轰烈烈的爱情。

这个正史野史都出名的重量级人物，就是战国四公子，至最后一次合纵时仅剩的一位：楚国的春申君黄歇。

从某种程度上说，春申君黄歇的“公子”称号，应该是最名不副实的，这倒不是说他能力不够，关键是身份不够。想要被称为公子，放在那个年代里，不是有钱有权就可以的，拼的更不是谁家的门客数量多，关键就是一条：生得好。必须得具有王室的血统，也能有公子的身份，就是这条，春申君黄歇不太够格！

看看其他三位就知道，孟尝君是齐国的王室，平原君是赵国的王室，信陵君是魏国的王室，唯独这春申君特殊，属于典型的庶民身份起家的。照着元朝人许衡的赞叹说：“战国之四君，其可称者，唯一春申耳。”也就是说春申君，是凭着真才实学获得这个地位的，至于其他三位？基本是拼爹！

虽然许衡这个说法，对其他三位不太公平，距离事实也比较夸大，但其中不夸大的，就是春申君的能力。可以说，他崭露头角的时候，正是楚国开始悲惨的时候，连旧日的国都都被秦国端了，昔日雄视天下的霸主地位，也遭到了极大的打击，而春申君能在这个年代脱颖而出，靠的就是过人的才干！

他首先崭露头角的一件事，发生在公元前 273 年。当时的情况是，楚国已经狼狈迁了都，在河南淮阳重建了政府，但秦国却还不罢休，仍然不断用兵，非要生吞了楚国不可，也知道楚国太大，它一个国家吞不动，干脆又拉上了韩国和魏国，大家一起动手瓜分！

这时候的楚国，精锐军队几乎赔光，哪里还有力量来抵抗，楚顷襄王急得跳脚，这个时候的春申君，恰恰开始以口才闻名，于是担当了使命，慷慨来到秦国，执行一个看似不可能完成的任务：说服秦昭王改主意。这就好比给一个面对肥肉流口水的猛兽，说你别吃肉改吃素。这看上去根本不可能。

可就这个艰难的任务，春申君只用了一个很简单的办法，竟然就完美做到了。

他给秦昭王上了一篇文章，文章里毫无低声下气求和的意思，反而就是摆开了讲：你秦国实力强不假，可我楚国也差不了太多，咱俩就好比两只老虎在互掐，不管谁输了，赢的一方也是惨胜，利益最大的是谁？看热闹的，也就是你拉来的韩国和魏国！

这个话抓得很犀利，但能不能让秦昭王听进去，春申君轻松就抓住一个论据：你还记得当年吴越争霸的事情吧，当年的吴王夫差多牛，眼看就要把齐国灭了，结果呢，齐国没灭掉，却被越王勾践抄后路，您一个劲地想灭齐国，是不是也是想要韩国和魏国抄您的后路？

这话说出来，才叫秦昭王惊出一身汗，可秦昭王不是吓唬大的，秦国的实力有多强他更知道，韩国和魏国抄秦国的后路？以这两个国家当时的实力说，这个玩笑有些大！

但这一条，春申君也早就想到了，对付这如狼似虎的秦昭王，吓唬可是震惊他，但不可能彻底说服他，不过一番吓唬，预热已经做好了，接下来就该关键的了，春申君热情洋溢地说，您只要不打我们楚国了，管保你有好处——楚国和您修好了，就可以帮您逼韩国，韩国必然会臣服，魏国也会跟着，它俩臣服了，那么齐国赵国也要跟风，这样北方就都是你的了！

这话一说，才真是一个清醒剂，就算是春申君没这么好心，但这段时局分析，却是相当到位，秦国真想要一统天下，最先不该翻脸的，恰恰是楚国，必须要循序渐进才行，于是一场眼看要降临在楚国军民头上的灭顶之灾，就这样被春申君巧妙地化为无形！

这场精彩表现后，春申君果然在楚国火了。如果说这件事，是他给楚国国家立的大功劳，那么几年后另一个大事，功劳更是后来居上：营救被软禁在秦国的楚国太子！

当时的楚顷襄王，生命已经到了弥留之际，但是最大的难题还没解决：太子在哪儿？太子一直被当作人质扣押在咸阳，想要政权平稳过渡，就先要把人要回来！

这个困难度，严格说比叫秦昭王撤军还大，没得到的楚国土地，是秦昭王眼前的肉，狠狠心还可以吐出来，但是此时身在咸阳的楚国太子熊完，却是秦昭王已经吞到嘴里的肉，哪里有这么容易吐？可是春申君还是有办法！

他先找到秦国此时位高权重的丞相范雎，为什么找他？因为他很明白范雎的国策，此君一向坚持的就是远交近攻策略，对眼前能拿利益的，拼了命地打，对有长远利益的，更是先拉住，楚国此时的情况就是后一类，以范雎的观点，这时候的秦国，恰恰应该和楚国保持好关系，才能真正执行一统天下的战略！

而在见到范雎后，春申君更用一个办法，就叫范雎真的拍案而起，过去游说秦王放人：我们楚国可不止太子一个人，现在楚王病重，您不放也就罢了，留着太子在这里吃喝玩乐，我们在国内再找一个太子不就完啦？但到那个时候，我们以前答应给秦国的好处，那就不管用喽！

这个意思表达到位，范雎果然急了，当场连和楚国太子肝胆相照这类狠话都说出来，更是立刻行动，谁知这一次，铁了心的秦昭王，连范雎的面子也都不给了：想回家看看是吧，楚国国情有变法是吧，派人回去看看不就得了，楚国太子着什么急呀，在咸阳老实待着哪里也不许去，横竖就是不放人！

没想到春申君的决心更坚定，你不放？就算是骗，也要把楚国太子骗出去，真用了自己的法子，他留下来打掩护，楚国太子悄悄化装后逃走，真的顺利回到了楚国，而春申君这边就惨了，差点就被秦昭王给杀了，还是他侃侃而谈，一身正气看得秦国官员们十分惊讶！更叫秦昭王也刮目相看，范雎又趁机灌迷魂汤：现在这个楚国王子，不管有多少问题，怎么说还都是亲秦国的，如果真把楚国人逼急了，捧一个反秦国的人出来当国王，您真是哭都没地方哭去！

认识到这个问题的秦昭王，也是火气消了大半，真就不再追究了，反而彬彬有礼地把春申君送了回来。这下春申君更是人气火爆，声望节节攀高，更得到太子的诚心感恩。随着楚顷襄王过世，太子登上王位，是为楚考列王，春申君也跟着水涨船高，成了楚国的令尹，一人之下万人之上，更获得了春申君的爵位！

这时的春申君，终于开始声名鹊起，成了和当时赵国平原君以及魏国信陵君比肩的人物，做派也是基本类似，都喜欢养门客。门下养了三千门客，但是论门客的技术含量，春申君这里非但不差，相反知识水平绝对重量级，最典型的就是大思想家荀子，他不但投入到春申君的门下，一度还担任过兰陵令，十分受器重！

如此办事风格，加上位高权重后，门下各种人士纷至沓来，一个只属于他的强大团队，这时候终于建立起来了。而楚国也在春申君的治理下，虽然国土面积比强盛时代要小得多，但是军事实力和经济民生，都是高速复苏，最直观的一个后果是：著名的窃符救赵事件，还有一个左右胜负的大事，就是楚考列王派遣春申君在武关观望，最后胜利时也加入到了战团。春申君时代的楚国，国力之强盛，从中也可以看到！

而到了春申君这里，更是满满亮点。他亲手整顿的军队，战斗力脱胎换骨，几次战斗都打了胜仗，特别是公元前 255 年，正是春申君带兵，将北方著名的国家鲁国打得名存实亡，公元前 241 年，庞煖那场打到秦国家门口的壮烈战役，真正撑场面的还是春申君，正是春申君的严格管理，才叫列强团结到庞煖的身边来，给了秦国历史上一次少有的痛击！

但是，当这次合纵最终还是以失败告终时，春申君的败招，也就接二连三地开始了。先是回国之后，慌不迭地就给楚考列王做动员，大王您别生气，咱还得迁都，结果又把楚国的都城搬到了寿春，这次迁都一顿折腾，更叫列强看了笑话！

但最为悲催的，却是春申君做的另一个荒唐事：给楚考列王培养下一代。

培养下一代是好事，为什么说荒唐？那时的楚考列王，虽然对春申君信任有加，但是生命已经走到了尾声，偏偏膝下又没孩子，那该怎么办？有个投机小人李园跳出来了，先把自己的妹妹介绍给春申君，果然把春申君迷住了，然后又给春申君吹枕边风，我现在有了您的骨肉，您不如把我献给大王，这样你的儿子以后就是楚国的国王，那不更权势滔天？

要说这主意够雷，可春申君信这个，他一直以来的风格，就是最简单方法解决最难问题，真以为这是个好法子，果然这么做了：李园的妹妹果然被献出去，又如愿生下了男孩儿。在春申君眼里，自己真是一步到位，随着楚考列王病入膏肓，他开始憧憬以后的生活。

可是他的门客朱英，却看出了其中的危险，苦苦地劝说他，但是人有了权上了年岁，脑子就是晕，从前那个睿智精明的春申君不见了，此时只有个一意孤行的春申君。结果，楚考列王过世后，春申君就上了当。公元前 338 年，春申君在入朝的路上，被李园埋伏的杀手杀掉，满门受诛。这位战国四公子里的最后一位，就此谢幕！

而他的死，更是楚国命运的注脚：楚国最后一次可以崛起，与秦国分庭抗礼的机会，随着春申君的死，已经不存在了。如果说之前的楚国，还可以做个绊脚石，与秦国讲条件，但现在，条件都没的讲了！

十八 韩赵魏的衰落

战国时代的一大特征，就是旧势力的瓦解，这里的旧势力，不仅包括奴隶主贵族阶层，更包括春秋时代，那些盛极一时的诸侯国们。

春秋时代的争霸，虽然霸主有五个，但真正作为主线的，是晋国和楚国的南北争霸。对于春秋时代的诸侯国势力秩序来说，晋国和楚国，就是这个秩序一南一北的天平两端。战国时代的统一过程，首先就是这两个国家的瓦解和衰落的过程。

相比之下，晋国的瓦解更快，在战国的早期，就通过三家分晋的方式完成了韩赵魏三国的划分。这以后，这三个国家中的魏国和赵国，都曾在中原诸侯争霸中盛极一时。魏国是战国时代第一个通过变法图强强大起来的国家，而赵国的胡服骑射政策，使它一度成为整个战国时代仅次于秦国的第二军事强国。其中最弱的韩国，也是战国七雄之一。但是这三个国家的衰落，最终都无可避免，其中的方式不同，结果却殊途同归——被秦国灭掉。

宋朝文学家苏洵在他的《六国论》里，对韩赵魏三个国家的衰亡痛心疾首，他认为这三个国家的存在和强大，就是阻止秦国吞并六国的关键所在，只要崤山以东的中原诸国，能够集中力量援救韩赵魏三国，让它们团结一致抵抗秦国，那么六国就会免于被灭亡的命运。苏辙说得容易，这个过程实施起来又何其难？且不说此时的六国，在无力对抗秦国的局面下，想得更多的是自保，即使是三个国家自身，最后也成了扶不起的阿斗。

在秦国统一六国的过程里，韩赵魏三国是遭受兵灾最多的国家，从早期鄙视秦国，到后来被秦国打，再到最后被秦国打怕。这样一个过程，就是它们衰落的过程。

欺负至死的韩国

三国中最弱小的，是韩国。从始至终，它几乎都没有强大过。

韩国的疆土，包括今天的山西南部和河南北部，在早期瓜分晋国后的“分账”里，它就是实力最弱小的一家，无论是国土面积还是军事力量，都无法和赵魏两个国家相比。

三家瓜分晋国后，早期的韩国一度牛气了一把。公元前 375 年，当时的韩哀侯灭掉了郑国，将国都迁移到了郑（今河南省新郑市）。和早期的魏国、赵国一样，战国初期的韩国也进行了变法，不过比起其他诸国采纳了法家思想，韩国的变法却特殊。

韩国的变法，起于韩昭侯在位时期，他起用了申不害为相，开始了“修术行道”的变法过程。申不害的变法思想，虽然也有加强中央集权，强化国君威权等积极内容，但其主要思想，来源于黄老学说，而且注重“术”，即国君需要用各种方式来统御群臣，强化权威，提高国家的行政效率。

这样的改革比起魏国、齐国、秦国来，可以说是相当不彻底。申不害在韩国折腾了 15 年，虽然韩国一度振作，但他并没有建立一个封建化的国家制度，所以即使在变法推行最成功的时期，韩国也不是强国，反而在韩昭侯去世后，韩国陷入内乱，变法就此失败。但是，申不害的改革也是有效果的，也正是这 15 年的改革，使韩国也确立了其战国七雄的大国地位。当然，是最弱的一个“大国”。

韩国的发展问题，主要有三：一是国家旧贵族力量强大，改革不彻底；二是韩国所在的地区，处于魏国、秦国、齐国等国家的夹缝之间，生存环境非常艰难；三是韩国的历史上，没有出现过诸如齐威王、秦孝公、魏文侯这样的强势君主，如此韩国，从建国开始，就注定它在战国历史上的弱者地位。

其实韩国也有比较好的条件，比如韩国的弩，是整个战国诸侯中射程最远的，秦国攻打韩国时，还专门搜集韩国的弩——拿回去自己研究着用。韩国在经过了短暂的鼎盛时期后，很快就陷入了衰弱，尤其是魏国和秦国相继崛起后，韩国的日子就一天不如一天。魏文侯称霸时，对韩国、赵国采取通好政策，成为韩国的保护国，但到了魏惠王在位时，打击的重要对象就是韩国。

魏惠王希望能得到韩国的国土，作为防备秦国东进的缓冲地带。但这时期同样强大的齐国，通过“攻其必救”的战术，在马陵重创魏国，总算救了韩国一命。在这一场战争开打前，为了尽可能地削弱魏国，齐国故意迟迟不救韩国，一直等到韩国打得弹尽粮绝了，并表态向自己效忠，这才大张旗鼓地出兵。魏国被打败了，但韩国也基本被打残了。

但韩国的苦日子，这时期才刚刚开始，因为西边的秦国也崛起了。秦孝公在位的时候，一面对魏国发动战争，收复西河失地，一面也大力攻打韩国。公元前 359 年，刚刚走上变法之路的秦国，在攻打魏国失利后，转而拿韩国开练，多次击败韩国。这时候在位的韩国国君，是韩共侯，他是个够硬的人，打不过秦国，就联合赵国、魏国等兄弟国家一起上。可倒霉的是，这时期魏国自己能对秦国保持军事优势，可每次和韩国联军，都被秦国打得大败亏输。

比如公元前 366 年，当时还没有变法的秦国，就在洛阳击败了韩国、魏国的联军，不久后魏国单独和秦国打，又把秦国打得狼狈逃窜。随着秦国变法力量的增强，魏国也保护不了韩国了，韩国就越发遭到秦国的欺凌，韩昭侯在位的晚期，正是信用申不害改革的时期，他果断地参加了“合纵”阵营，意图联合中原诸侯共同对付秦国，但第一次抬腿就碰了满脚泥。

公元前 318 年，韩国参加了魏国、楚国、赵国、燕国组成的五国联军，企图攻打函谷关，但接着就被打了个稀里哗啦。韩国历史上对秦国的唯一胜利，是在公元前 294 年，韩国参加了齐国的伐秦联军，经过三年苦战，攻克了函谷关，迫使秦昭襄王归还了侵占韩国的国土，但好景不长，不久之后齐国遭到五路讨伐，势力一蹶不振。秦国不但夺回了归还韩国的领土，还捎带着又占领了一大片。在战国时代开始以后，韩国是受秦国欺凌最多的国家，打打不过，躲躲不起。合纵没用，反抗没用，咋办？

经过了多次失败以后，韩国干脆想开了，不就是丧权辱国嘛，要丧也不是我一个人丧。在公元前 275 年，韩国被秦国白起大败，遭斩首四万人后，韩国也就彻底歇菜了，对秦国采取了逆来顺受的政策。

秦国要打仗，还没打就立刻求和，秦国要钱要地，二话不说统统给，尤其是韩国倒数第二代国王韩桓惠王在位的 36 年，是对秦国最逆来顺受的 36 年。这期间秦国多次发兵攻打韩国，韩国连还手的勇气都没有了。

特别是公元前 262 年，秦国攻打韩国的重镇上党，韩桓惠王不敢抵抗，竟然要求上党守军向秦国投降，之后，就有了韩国上党郡守冯亭向赵国投降，引爆了后来长平之战的导火线。在整场战斗里，韩国根本不敢插手，眼睁睁地看着赵国和秦国浴血厮杀，只图一时平安。

韩桓惠王在位的时代，也曾有过想法，他在位时期曾经重新推广申不害的改革，但是效果甚微。韩国国内此时已经处于国土严重萎缩，政令不通的局面下了。他干的另一件傻事，就是在公元前 244 年派工匠郑国进入秦国，假装忽悠秦国修郑国渠，企图想让秦国把庞大的军事力量都消耗在水利工程上。

但事与愿违，郑国渠的落成，让秦国从此收获了百年之利，灌溉了万亩良田，军事作战能力也大大增强。如此做法，只能是给秦国作嫁衣裳。这位一生有过想法却毫无建树的国君，却有一个杰出的好儿子，战国时代最著名的法家思想家——韩非子。

公元前 238 年韩桓惠王去世后，即位的韩王安继续推行“割肉喂虎”的政策。每次秦国稍微有风吹草动，就忙不迭地割地，割了十几年，最后到了无地可割的地步。公元前 231 年，秦王嬴政派内史腾率领 10 万大军南渡黄河，灭亡了韩国，将韩国的国土划为秦国治下的颍川郡。战国七雄里最弱的韩国，就成了其中第一个亡国的。

铁血的赵国

三晋大地，对秦国抵抗最为剧烈的，就是赵国。

长平之战后，赵国 40 万精锐报销，在当时的秦国人眼里，这是最好的灭亡赵国的机会。公元前 260 年，挟长平之战的余威，秦国起初向赵国提出割地的苛刻条件。山穷水尽的赵国依然硬气，赵孝成王经过和群臣商议后，决定拒绝秦国的无理要求，宁可国人全都战死，也不能接受秦国的强盗条件。此事引起了秦昭襄王的大怒，决定乘胜追击，彻底灭亡赵国。

这个决定在当时却引起了反对，带头反对的，就是长平之战的总指挥白起。白起深知长平之战秦国只是惨胜，一场长平血战，秦国的精锐部队死伤过半，国家粮食储备消耗殆尽，如此局面，实在不是打仗的时候。结果反而触怒了秦昭襄王，像白起这种战功卓著的地位，本身就是危险的，后来白起被秦昭襄王杀掉，等于秦国自毁长城。

公元前 259 年 6 月，秦国动用 50 万大军，发动了旨在灭亡赵国的邯郸战役，赵国一反常态，在兵力不足的情况下，全国军民同仇敌忾，采取依托城池防守、坚壁清野的方式，将秦国大军死死地拖在赵国的邯郸城下。为了这场战斗，赵国拼了血本，他们拒绝了秦国的割地要求，反而割让给齐国 6 座城池，请求齐国提供粮食，做好了粮食的储备，然后放弃了野战，和秦国打起了城池攻防战，兵力不足，就男女老少齐上阵，非要秦国血债血还不可。骄横的秦军再次在赵国身上尝到了苦头，廉颇再次发挥了他善于打城池防御战的优势，率领 40 万军民决死抵抗。曾经偷税漏税的赵国平原君，散尽家中的财产和粮食分给军民，把自己的妻妾也编入了军队中，和秦国人决死一拼。惨烈的战斗持续了整整一年，秦军伤亡过半，却仍然不能冲进邯郸城，而这时候的赵国，也打到了弹尽粮绝的地步，却还在苦苦支撑。

在这关键时刻，魏国公子信陵君上演了一场窃符救赵的故事，偷来了魏国调兵的虎符，调动了 8 万大军增援赵国，而平原君率领的使团，也从楚国处搬来了援军。在魏国、楚国援军的夹击下，师老兵疲的秦国终于崩溃了。赵国，凭借其坚韧的意志，顽强地抗争，在长平之战的绝境悬崖下，总算爬了上来。

长平和邯郸之战，是对赵国的极大削弱，赵国丧失掉了大量的人口和精锐部队，国力一落千丈。公元前 251 年，连战国七雄中实力比较弱小的燕国都趁火打劫。当时燕国的丞相栗腹出使赵国，借机察看赵国虚实，他认为赵国的壮丁，大多已经损失在了长平之战以及之后的邯郸之战中了，现在赵国剩下的大多都是孤儿寡妇，青壮年极少。如此局面，正是灭亡赵国的大好机会，不自量力的燕王动心了。公元前 250 年，燕国发动了对赵国的侵略战争，没想到一开战就败了个惨，赵将廉颇和乐胜两路出击，杀得燕军尸横遍野，最后竟然一路杀到了燕国境内，差点把燕国灭了国。之后的八年，赵国三次和燕国爆发战争，先后迫使燕国割让了十多座城池，在公元前 243 年的赵燕之战中，年轻的骑兵将领李牧脱颖而出。赵国在对燕国的战争里，既重新锻炼了军队，焕发了士气，又堤内损失堤外补，得到了燕国大量的人口和重镇，实力开始有所恢复。

赵孝成王过世后，赵悼襄王即位，他在位的早期，赵国的军事实力有所恢复，特别以李牧为代表的年轻将领开始成长起来。公元前 244 年，也就是赵悼襄王登基后的第一年，李牧就给了他一个开门红，战胜匈奴！

战国时代，不仅仅是中原诸侯纷乱争霸的英雄史，也是中国北地百姓饱受匈奴人肆虐的血泪史。列国的诸侯在中原战场上打得正欢，匈奴的骑手却在中国北方千里边塞上如入无人之境。伟岸的长城在草原骄子们的眼中不过是一堆粗笨的摆设，庄严的战车步兵方阵在胡人骑手的马刀下化成送肉上俎的砧板，与匈奴人的搏斗仿佛是与自己影子之间无望的追逐，成为一代又一代华夏军人心中挥之不去的噩梦。

还好赵国拥有了李牧。从赵武灵王胡服骑射开始，正处于童年成长时代的汉家骑兵用无数的鲜血与牺牲灌溉着战胜游牧骑兵的胜利之花。直到公元前 244 年，一个叫李牧的赵国将军亲手在雁门关外摘下那灿艳如血的果实。在这之前，他是赵国支撑国家安危的柱石；在这之前，他的赵国骑兵队是如日中天的秦国也惧怕三分的王者之师；在这之后，东西线到北线，他像一个不知疲倦的救火队员一样，奔波在赵国边境每一寸战火燃烧的土地上。北上雁门，是这位一生未尝一败的将军军事生涯中最沉重的一场挑战，他将面对一个中原骑兵从未曾战胜过的强敌。绵延数十年的北地烽火与杀戮，注定将在他的手中成为一个凝血的终点。

遗憾的是，当时的中原骑兵并不具备与马背民族在大草原上争锋的实力，主动出击的结果势必是一场羊入虎口的自杀式攻击。李牧出人意料地选择了沉默与忍耐，匈奴肆虐侵扰的时候他在忍，举国攻击他胆小怯懦的时候他也在忍，将士们满怀激昂地求战的时候他依然在忍，“不抵抗将军”的耻辱仿佛是一块沉重的石头，一度压在他坚如钢铁的脊梁上。鲁迅说真的勇士敢于直面惨淡的人生与淋漓的鲜血，李牧正是这样的哀痛者与幸福者，漫长的忍耐不是怯懦的退缩，却是沉默中爆发的固有前奏。

反击的那一天终于来了，公元前 244 年的春天，大举南下的匈奴人第一次尝到了汉家刀锋掠过脖颈的痛苦滋味。诱敌深入，疲敌劳顿，重兵合围，在沉默中忍耐太久的李牧像计算精密的电脑程序一般完成了这孙子兵法的三部曲。步兵集团居中阻击，战车弩兵集团的远程射杀，骑兵军团两翼合围，训练有素的赵军仿佛是一架运转严整的机器，在转瞬间扼住 10 万匈奴骑兵命运的咽喉。两路包抄的 1.3 万名赵军骑手仿佛两把在青石上磨砺了太久的锋利砍刀，轻松地撕开匈奴人看似不可战胜的骑兵军阵。骄横的匈奴单于第一次体会到了被人鱼肉的痛苦滋味，一整天的会战很快演变成一场绝望的追歼屠杀。10 万匈奴骑兵全军覆没，匈奴单于仅带了十几名随从仓皇逃窜。“胡人不敢南下而牧马”，贾谊笔下统一的秦王朝倾国之力谋取的惨胜，在李牧的手中以毕其功于一役的神奇方式实现了。

此战的胜利，暂时解除了匈奴对赵国北方领土的威胁。而这位赵悼襄王，也是赵国末期最后一位大有为的君主。他锐意振奋，整顿武备，联合诸国对抗强秦，企图重振赵国的声威。之后的九年里，赵国向北打败燕国，削夺燕国的国土用以补充。在公元前 238 年，赵悼襄王还曾大败了秦国蒙骜 10 万人的进犯，之后，在大臣姚贾的运作下，成功说服了齐国、楚国、燕国三国，四国结成了抗击秦国的同盟。东方诸国迎来了长平之战后最好的联合抗秦局面，但此时天不佑赵，赵悼襄王在公元前 234 年去世，可谓壮志未酬。这位颇有作为的帝王，一生也做了几件错事。他宠信奸诈小人郭开，更在郭开的谗言下，废除了原太子，立不肖儿子赵迁做继承人，又赶走了功勋卓著的老将廉颇。这一切，都为后来赵国的灭亡埋下了伏笔。

赵悼襄王过世后，赵王迁即位，这就是在位八年的赵幽缪王。他在位的时期，真正把顽强的赵国推向了灭亡的深渊。在他即位的头两年，秦国数次发动进攻，这时候因为郭开专权，杀害了促成齐、楚、燕、赵四国联合的能臣姚贾，联合抗秦的局面已不在。孤军作战的赵国被打得大溃，丧失大量人口土地，到了第三年，无奈的赵幽缪王把李牧从北方边境调了回来，李牧果然争气，在肥之战中再次重创秦国军队。这场发生在公元前 232 年的大战，也是赵国给秦国最后一次沉重的打击。

在肥之战中立下战功的李牧，在战后却落得了“自毁长城”的悲剧。从中挑唆的，还是那个小人郭开。郭开受了秦国的贿赂，向赵幽缪王诬陷李牧造反，赵幽缪王果然上当。公元前 229 年，李牧被赵幽缪王杀害，仅仅三个月之后，秦国就势如破竹进入邯郸，赵幽缪王被俘，赵国宗室赵嘉逃到代地继续立国。公元前 222 年，赵嘉在山穷水尽之下降秦，三晋大地抵抗最剧烈的赵国，就这样灭亡了。

割地割亡的魏国

在三晋国家中，最先崛起的是魏国，战国早期最早进行变法的也是魏国，曾经欺负秦国欺负得最狠的，还是魏国。

在公元前342年的马陵之战中，魏国彻底失去了他强国的地位。公元前318年，晚年屡遭挫折的魏惠王过世，结束了他荣辱交织的一生。但魏国在中原的重要地位，却因为另一项运动而凸显出来：合纵。

在公孙衍发起的合纵运动中，继魏惠王登基的魏襄王是主要参与者之一。公元前318年，魏襄王任用公孙衍为相，使魏国成为“合纵”运动的发起国。魏襄王这个人还是很有志气的，意图重新恢复魏国的霸业。这时候的魏国，国家实力大为折损，正是需要休养生息的时候，但魏襄王却采取了连年动兵的政策。在他登基的第一年，就参加合纵联军攻打秦国，结果反而被秦国重创。此人的立场也不坚定，受挫后立刻倒向了秦国一边，第二年干脆又作为秦国的小弟，对齐国发起了进攻，结果又被打得头破血流。当时的魏国，单独的国家力量根本无法和齐、秦两大国的任何一个抗衡，魏襄王的锐意进取，其实是加速了魏国的衰败。

魏襄王在数次出兵碰壁之后，最后还是明确了立场。从公元前311年开始，他正式倒向了秦国，之后终其一生，魏国基本对秦国死心塌地。但与此同时，魏国又借着帮助秦国征讨其他国家的机会，开始对秦国讨价还价，在魏襄王的晚年，迫于齐国的威胁，当时的秦惠王为了拉住魏国，同意归还了侵占魏国的部分领土。魏国在遭到秦国数年的打击后，总算得到了一次外交上的胜利。

魏襄王去世之后，他的儿子魏昭王在位的19年，是魏国国力逐渐衰弱的一段时期。早期的魏昭王，改变了魏襄王联合秦国的国策，倒向了齐国。他即位的第二年，就主动发起了对秦国的战争，结果再次被击败。公元前293

年，魏昭王遭受到了战国历史上仅次于长平之战的一场惨案，他和韩国联合进攻秦国，被秦将白起打得大败，一战被斩首了24万人，韩、魏两国的家底，几乎被白起一战杀光了。三年以后，魏昭王破天荒地做出决定，主动向秦国割地求和，换取暂时的安定。魏国，也就成了战国七雄中第一个通过割地向秦国请求和平的国家，这个坏头一开，后面就是各路诸侯有样学样了。

魏国的割地，不但没有换来和平，反而换来了秦国更惨烈的打击。就在魏国割地后的第二年，秦国发动了大规模的进攻，一口气夺取了魏国61座城池。从此以后，魏国就再也不是一个大国了，其版图在魏昭王时期，几乎缩水了一多半。当然，魏昭王在位期间也不是没有"风光过"，他曾经参加讨伐齐国的联军，在济水击败齐湣王，但这一战的结果是，秦国扫除了他们东进中原的一大对手，对魏国未来的命运，可谓雪上加霜。

魏昭王去世之后，魏国更无法和秦国叫板，参加合纵的胆子也没有了。魏昭王身后的魏安釐王、魏景闵王，都把对秦国"土地换和平"当作基本的国策，和韩国一样，基本属于逆来顺受了。唯一牛气一把的事情，就是信陵君窃符救赵。但这件事情上，魏国国君早被秦国吓破了胆子，不但不敢救援长平之战后依然血战抗秦的赵国，更在事后迁怒于信陵君。之后的几代君王们，就在一次次土地换和平中国土日益缩小。一直到公元前225年，魏国被秦国彻底灭亡。综观整个过程，或许苏洵的那句话最能概括："非兵不利，战不善，弊在赂秦。"

十九　就这样一统天下

春秋、战国漫长分裂的局面，终结于秦始皇平灭六国。平灭六国的起点，来自于秦孝公改革后的东出争雄。秦国从秦孝公开始，经过了秦惠王、秦武王、秦昭襄王、秦孝文王、秦庄襄王，一直到公元前238年，嬴政正式亲政。

这整整123年，是秦王朝吞疆并土的123年。秦惠王时代，秦国彻底收复了西河，打通了东进的道路，向南占领了巴蜀，拥有了稳固的后方基地，占领了楚国的关中地区，削弱了楚国的实力。

秦国形成了对六国诸侯的独大局面，打垮了原本是秦国东出劲敌的魏国，压制住了同样有吞并中原之心的楚国，占领了统一天下的制高点。之后的秦昭王时代，是另一个重要时代。这时代的秦国，相继解决了两个争天下的主要对手：齐国和赵国。对一度和秦国并称为最强国家的齐国，秦国以合纵之道还合纵之身，组织五国联军杀入齐国，使遭到重创的齐国再也无力和秦国争锋。之后秦国以必胜的决心，发动了对赵国的进攻，以动用全国青壮年男子参战的方法，在长平消灭了赵国40万精锐军队，一度是天下老二的赵国，从此彻底失去了和秦国叫板的本钱。

在这期间里，秦国一共八次击败中原诸侯组成的反秦联盟，累计消灭六国军队150万人。在当时全中国人口不过2000万的情况下，这是一个非常触目惊心的天文数字，它意味着中原六国的青壮年，在秦国的历次战争中遭到了沉重的损失。与此同时，秦国还占有了天下三分之一的土地和五分之三的财富，这时候秦国的控制区域，包括今天的陕西、甘肃、宁夏、四川、山西、河南、湖北、湖南等地区。

公元前238年登基的秦王嬴政，仿佛是一个在球门前捕捉到战机的射手，他的前代君王们经过一轮轮配合，将皮球很顺利地送到了他的脚下，等待他完成最后的临门一脚——统一天下。

说了不算的嬴政

事实上，对于当时的嬴政来说，要做到统一天下很不容易。因为这时候的他，说了不算。作为后来君临天下的秦始皇，这时期登基的嬴政，年龄只有13岁，国家大权掌握在太后以及相国吕不韦手中，尤其是把持朝政的吕不韦，是这时期秦国真正掌权的大人物。

吕不韦和秦王嬴政的关系，各类小说以及戏说的电视剧里总是津津乐道。许多影视作品都说，吕不韦其实是秦王嬴政的亲生父亲，这个说法在正史中没有任何证明，但可以证明的是，对待少年登基的嬴政，吕不韦的表现比爹还亲。

吕不韦的发迹，起于秦庄襄王回国即位后。因为他对秦庄襄王有恩，所以被立为相国。秦庄襄王本人不是一个精明能干的君主，这时期的秦国大政，都是由吕不韦来掌握，国家大事的处理都是由他做最后决定。秦庄襄王在位三年里，吕不韦做的最重要的工作，是于公元前256年灭掉了东周，这等于是宣告了秦国继周天子之后的正统地位。之后他又在山西北部设立太原郡，重新攻占了当年导致长平浴血的上党郡。秦国全面进攻中原诸国的战略态势已经完成了。秦庄襄王仅在位三年就去世了，吕不韦以相国身份把持大权，这时期的他独揽大权，甚至国家大事的奏折都拿回到自己家里去批阅，根本不给嬴政处理政事的机会。与此同时，他又和嬴政的母亲——太后私通（两人本来就是夫妻，当年吕不韦为了巴结公子异人，将老婆送给了他，然后生下了嬴政）。他自己也非常贪婪，在洛阳等地设立垄断的商铺，垄断当地的货物贸易，从中大捞特捞，可以说是集权臣和官商于一身。这样的人物，不招嬴政恨是不可能的。

吕不韦在嬴政亲政前做的另一个重要事情，就是编书。他找人编纂的《吕氏春秋》，是战国文化的集大成者。《吕氏春秋》一书，全面阐述了当时新兴地主阶级要求改革的思想，书中的许多思想，特别是“世易时移，变法亦宜”的思想，都成为后来嬴政执政的指导思想。比起战国时期的诸多权臣，吕不韦的行为其实不算过分，在嬴政面前也并不飞扬跋扈，但他真正引起嬴政猜忌的：一是他和太后之间的不清白关系，而且为了掩盖这个不清白，吕不韦反而越描越黑，介绍了一个假太监嫪毐入宫和太后私通，借此撇清自己和太后之间的不正当关系；二是他对六国的四君子有样学样，自己也招纳了三千门客，俨然一派独大势力，这样的局面，是高度中央集权的秦帝国所不能容忍的。所以吕不韦的命运，也就早早注定了。

公元前 238 年，嬴政正式亲政。而这时候的嫪毐，在和太后打得火热的同时，也生出了政治上的野心，他和太后生了两个儿子，企图串通太后发动政变，立自己的儿子当小皇帝。年轻的嬴政，属于少年老成的类型，嫪毐的一举一动早在他的监视之下，结果嫪毐还没有行动，就被嬴政逮捕了，借着嫪毐的案子，嬴政顺水推舟地宣布了吕不韦的罪状，解除了他相国的职务，远迁他回四川。路上，吕不韦因担心嬴政追究，服毒自尽了。就这样，少年登基的嬴政，这才坐稳了秦国的王位。

然而嬴政说了不算的这段时期，也是秦帝国的对外扩张暂时停歇，甚至转入守势的时期。这段时期的赵国正好是赵悼襄王在位，此人很有些想法，在位的早期成功恢复了当年的合纵联盟，不但击败了秦国的进犯，甚至还带领着齐国、楚国、燕国、赵国四国联军攻打函谷关，惊出了秦国一身冷汗。幸运的是，赵悼襄王虽然有志向，但并非英主，看人眼光无能，宠信小人郭开，随着赵悼襄王的英年早逝，中原诸侯中，已经再没有人能够对秦国构成威胁了。

而韩惠文王这时期为了防止秦国东进，故意派韩国的工匠郑国来秦国，忽悠嬴政开凿郑国渠。嬴政起先上钩，后来查明了郑国的身份和来路，一怒之下想要治郑国的死罪，但是郑国的肺腑之言却让他改了主意："这个水利工程，也许只能帮韩国多延续几年的国祚，却能让秦国收百年之利。"眼光长远的嬴政，也因此将这个水利工程继续了下去。但被忽悠的感觉总是不好的，嬴政一怒之下，就迁怒于那些生活在秦国的外来人们，这些人在当时叫作"客卿"。公元前236年，嬴政发布命令，要求那些滞留在秦国的客卿们，限期必须全都要离开秦国，消息一出就炸了锅，众客卿怨声载道，但你埋怨又有什么办法，秦国法律森严，不听话就要被严惩，还能咋办？这时候，一个年轻的客卿站了出来，他大胆地抨击嬴政的政策，认为嬴政这样做是把人才都赶走，属于自己拆自己的台。这番大胆的上奏，反而得到了嬴政的赏识。这个年轻的客卿，就是后来的秦国相国李斯。

在李斯进谏之后，嬴政收回了驱逐秦国客卿的命令，反而从中大力选拔人才。除了李斯之外，另一个得到嬴政重用的重臣，就是来自魏国的尉缭。这个尉缭的师承很有意思，他所在的学派叫作"为商鞅学"，这是因为当时商鞅变法成功，得到了许多法家人士的敬仰，所以许多人就自发地组成了这样一个研究商鞅变法的学派，尉缭正是其中的佼佼者。对尉缭，嬴政非常赏识，经常和他吃在一起，住在一起，一有机会就拉着他攀谈。尉缭之所以这样被重用，因为他是一个很有长远眼光的人。他认定六国统一不难，关键是要循序渐进，采取软硬兼施的策略，用远交近攻的方法完成大业。这时期的秦国，不缺李斯这样的文臣，也不缺少王翦这样能征善战的将军，真正稀缺的，却正是尉缭这样的，具有卓越战略眼光的统帅，所以嬴政把国尉的职务交给了他。值得一提的是，这位尉缭同样是中国历史上著名的军事家之一，他的兵法著作《尉缭子》，是和《孙子兵法》齐名的军事宝典。作为一个"兵家"，尉缭看人看事的眼光都很准，比如在对待赵国问题上，他曾经建议嬴政收买赵王身边的宠臣，施反间计害死李牧，李牧的含冤身死，尉缭其实是始作俑者。对嬴政的看法，尉缭更加精准，他认为嬴政"缺少恩德，心似虎狼，得天下后会吞食天下人”。后来的事实证明，全被他不幸言中了。

先易后难，步步为营

嬴政统一六国的战争，始于公元前230年。他采取的是先易后难的方式，打击的第一个目标，选择了当时苟延残喘的韩国。这一年，他派内史腾兵渡黄河，攻打韩国。然而这场出兵只不过是例行公事，韩国早已经没有了抵抗能力，只是和秦国稍微接触了几下，就立刻缴械投降，韩国就这样亡国了。

嬴政之所以第一步先打韩国，也不止是因为吃柿子挑软的。依照尉缭的设计，嬴政统一天下的路线图应该是这样的，先占领韩国作为跳板，然后灭掉韩国南北的两翼，最后灭掉极东的齐国，这是一个非常明智的战术，可以通过包围的态势，吞并掉各路诸侯国，更可以让秦国避免可能遭受到的夹击。

在初战告捷以后，秦国的第二步却碰到了小钉子，秦国的第二步是灭赵国。公元前229年秦国出兵，这次秦军再次受挫，又被李牧打败。眼见武力无效，秦军搞起了反间计，收买赵王迁的宠臣郭开进谗言，结果李牧被害，秦国搬开了一个拦路虎，后面的事情就没有悬念了。赵王迁俯首称臣，赵国公子赵嘉逃跑到了代地，已经不成气候了。

赵国完了，下一个对手就是燕国，这次嬴政又碰上了一个“插曲”，这就是著名的“荆轲刺秦王”事件。燕国太子丹派刺客荆轲，假装觐见秦始皇，却趁机拔刀行刺，幸亏秦始皇反应够快，抢先砍断了荆轲的腿，这才捡回一条命。大难不死的嬴政立刻下令进攻燕国。公元前226年，秦军占领了燕国的都城蓟，燕王杀了太子丹请降，随后逃到了辽东——为了一时的偏安，连亲儿子也不要了。秦将王贲在进攻燕国的时候搂草打兔子，顺便把盘踞代地的赵王嘉也给灭了。

早期的秦国灭六国战争，虽然出了一点小插曲，但总体上还是顺利的，秦军节节胜利，一路势如破竹。但太顺利了，却未必是好事，一个难啃的硬骨头，就在眼前——楚国。

在战国的最后阶段，如果说哪个国家还能给秦国制造一些麻烦，那应该只有楚国了。这时期的楚国，国都郢早就被秦国占领了，他们迁都到了寿春地区。深知楚国巨大经济军事潜力的嬴政，下决心一定要拔除这个大患。但他一开始并没有把楚国当盘菜，毕竟这是一个屡败于秦的国家，还能闹出多大的风浪，他请手下的将领估算一下，灭楚国需要多少兵马，结果老将王翦说是 60 万，年轻将领李信说是 20 万。嬴政一开始图方便，就听了李信的，结果 20 万大军杀到楚境，没多长时间就灰飞烟灭了。事实证明王翦的看法是正确的：楚国虽然屡遭重创，但是他们地广人多，民风彪悍，战争潜力非常巨大，轻视他们的结果，就是自己要吃苦头。

吃了苦头的嬴政，学乖也快。他立刻向王翦道歉，邀请王翦出马。王翦还是老样子，咬死了牙关不松口：60 万大军，一个人也不能少，否则免谈。这次王翦要什么，嬴政就给什么。出发的时候，王翦的表现却很奇怪，他一会儿向嬴政要官，一会儿向嬴政要赏赐，走一路要一路，可谓狮子大开口。大家都觉得这老头儿是不是疯了，王翦也不争辩，他心里却明白嬴政根本不是一个胸襟宽广的人，大将领兵在外，不被人妒忌是不可能的，不被国君猜忌更是不可能的，所以必须要摆出一副贪得无厌的样子，告诉嬴政，我不要权，只要钱。事实正如王翦所料，他的这些行动，嬴政不但没有生气，相反他却非常高兴。

王翦进入楚国边境后，就在楚国的边境要地驻扎，并不急于发动进攻。对面的楚国大将，就是同样拥兵几十万的楚国名将项燕，两军在边境相持了足足一年，项燕最终支持不住，全军撤退，王翦趁机追杀，一举重创项燕部，楚国集结起的百万大军就此灰飞烟灭。这一战打得凶险无比，王翦劳师袭远，本身在补给供应等条件上就不如对方，这种相持战原本是对“主场”作战的项燕有利的，但问题是此时秦国的战争支持能力已经强大到了可怕，刚刚报销了 20 万军队，接着又派来 60 万，物资储备也足够丰厚，相比之下，失去了郢都的楚国，没有了传统的经济区，战争补给能力已经大大下降，王翦正是看准了这一点，才放心大胆地和楚国人磨洋工的。秦国人磨得起，楚国人却磨不起。

之后王翦趁热打铁，不但打得项燕全军覆没，更一举拿下了楚国的都城寿春，楚国国君也被王翦俘虏。春秋战国时代的超级大国楚国也亡国了。楚国的亡国，也意味着秦国灭六国的大局已经成为定局了。因为残存的齐国，是无论如何也抵挡不了秦国的。

公元前 221 年，秦国由王贲率军，杀奔了最后一个目标齐国。这时候齐国的末代国君，是在位 44 年的齐王建。因为秦国长期搞“远交近攻”的政策，所以齐王建也一直错认为秦国是他的友好邻邦，多年以来，凡是找上门来，请求齐国伸出援手，抵抗强秦的，齐王建都一概不理，这下报应来了，所有的诸侯都灭亡了，谁还能救他？结果王贲兵不血刃地平定了齐国。就这样，中国历史迎来了一个划时代的时刻：战乱分裂上百年的中国，终于重归一统了，不再是当年松散的诸侯国分封，而是一个统一的中央集权的国家——秦朝。

南平百越，大功告成

公元前 221 年，嬴政灭齐国，这一直被看作春秋、战国局面的结束，中国统一大业的完成。而事实上，在嬴政的眼里，统一尚未完全到来，因为还有一片国土需要划入大秦帝国的治下：南方百越地区。

所谓南方百越地区，就是楚国以南的广袤国土，包括今天东南的福建、广东，西南的云南、广西。在春秋战国时代，这里就生活着大大小小的越族部落，楚国之所以势力壮大，就是因为楚国世世代代，都在吞并着南方的越族部落，从而可以获得广袤的土地和丰富的人口资源。作为他们北上争霸的本钱，等到秦始皇灭六国的时候，这时秦帝国的版图，向南包括了今天浙江、江西、湖南一部，南方的领土尚未在秦帝国的治下。

所以在嬴政灭楚国之后，秦军并没有刀枪入库，参加灭楚战争的 60 万秦军，就地在楚地整编，时刻等待着即将到来的下一场战争。公元前 220 年，在彻底平定了中原地区后，50 万秦军挥师南下，开始了他们大规模对中国南部的征伐。秦军首先进入福建地区，灭掉了当地的闽越政权，在此地设立闽中郡，南方的福建省，第一次归附到中国的版图之中。与此同时，秦军又经湖南进入广东地区，灭掉了当地的南越各部落，将今天的广东、广西乃至海南岛，都统统划到秦帝国版图之中。

对于天下无敌的秦军来说，这个过程却是比平定六国更曲折。在早期的顺利进军后，秦军很快遭到了当地部落顽强抵抗。秦军的主将屠睢性格残暴，在当地滥杀无辜，激起了土著的剧烈反抗，许多地区都是平定了之后又叛乱。与此同时，常年生活在北方的秦军士兵，也不习惯南方潮湿的天气，许多士兵因此病倒了。瘟疫的流行，战局的不利，都让秦军这次南征陷入了胶着之中。

但嬴政的决心是坚定的，既然开弓就没有回头箭，经过了三年浴血奋战，秦军在撤换了主将屠睢之后，由任嚣、赵佗等人，在当地采取笼络百越的政策，终于争取到了当地越族部落的支持，诚心归附到秦帝国的统治之下。此后，秦帝国在当地设立南海、象郡、桂林三个郡县，这同样是非常有意义的一件事，中国东南的福建、广东、广西、湖南各省，历史性地被收入到中华的版图之中，且从此连成一片。

在平定南越地区后，秦帝国在广西兴安县开凿灵渠。这条 30 公里长的运河，解决了当地秦国驻军的吃水和运输问题。其独特的水闸式河道，是人类运河开凿历史上的创举，西方国家一直到了 19 世纪开凿巴拿马运河时，才采用了类似的办法。

在修筑运河的同时，秦帝国在今天广东、广西和湖南之间，开凿了四条驿道，这四条驿道一直可以延伸到秦帝国的国都咸阳。从此以后，中原和南方的交通开始连接了起来。对于我国统一多民族国家的形成来说，这是一件和结束战国分裂同样有意义的“国家统一”事件。

在秦帝国成功平定南越之后，秦帝国的疆土也大体成型，北方包括了中原地区和辽东地区，向西抵达甘肃，向南抵达了海南岛和越南北部。这个领土版图，也是后世中国封建王朝的雏形版图。

二十　秦始皇错了多少

公元前221年，统一天下的秦王嬴政，在功成名就之后的第一件事，就是要给自己换一个名号，天下一统了，诸侯都灭了，再当大王，恐怕也显得寒碜了。如此大的功业，也应该找一个比大王更显贵的称呼。他命令手下的博士们为自己提供封号，那些书呆子冥思苦想了许久，总算送上一个泰皇。解释说，这个称呼好得不能再好了，泰，意思是大，皇，意思是三皇五帝，加起来的意思，是您老人家比三皇五帝还大。可嬴政还是不满意，想了想折中了一下，留下了后面的皇字，然后自己开动脑筋，加了个帝字，这样一个新名词就诞生了——皇帝。嬴政很满意，就这么叫！好听！就这样，中国封建社会的最高统治者，有了自己的名字——皇帝。中国有了自己历史上的第一个皇帝——嬴政。他的名号，叫秦始皇。

秦始皇之所以选择皇帝这个词，还是费了一番苦心的，皇，在汉语的意思里有“大”的含义，至于“帝”，那是古代中国人心目中，统治整个世界的至高无上的天神之首。加起来的意思，就是大大的天神。这等于平白无故地告诉中国老百姓，我，嬴政，这个皇帝，是代表上天来统治你们的，我手中的权力，是上天给予的，一万年也不会变。从中国封建社会大一统时代开始，中国的最高统治者，就有了君权神授的色彩。

但是这个大一统的封建王朝——秦朝，只维持了区区15年的时间，就在声势浩大的秦末农民战争中毁灭了。当时的秦始皇，自己自称一世，他的儿子要叫二世，他期待他的政权能够绵延万万年，可惜，仅仅是15年。

说起秦朝二世而亡的原因，许多熟悉秦国历史的人都把原因归结到秦始皇的“暴政”身上，普遍的观点是，秦始皇好大喜功，滥用民力，以至于玩火自焚，国家衰亡。那么事实真的是这样吗？

秦朝的治国理念

在说到秦始皇在位时期的功过之前，必须要正视的，是秦始皇面临的一个现实问题：新生的秦王朝，究竟要建成一个怎样的国家。

秦始皇的国家政权，是在平定六国的基础上建立起来的，虽然他可以用武力灭掉诸侯，统一全国。但是现实的问题是，六国的政治体制、经济结构，内部都是千差万别的，秦国的政治制度，是否能够完全移植到六国的身上？是完全照搬秦国的制度统治六国，还是建立一个新的国家制度？这一点，在最早的时候没有人知道答案。

与政治制度相关的，还有经济制度，六国的经济条件和经济体系也是不一样的，更重要的是文化传承也不一样。秦国的经济、文化、法律，是否适用于六国的其他地区，会不会因为推行不当引发变乱，这一切，也都是一个未知数。所以，秦始皇的国家，就是建立在这一切未知数上。公元前220年的中国，面对的是之前数百年未见的变局，国家走向一种全新的国体，这个国体应该怎么运作，没有人有这个经验，包括秦始皇本人。

即使是秦国内部，跟随秦始皇多年的官吏们，对这个问题的意见也不一。当时的丞相王绾，就曾经建议秦始皇将自己的儿子册封在齐楚故地，因为这是“祖制”，当时的大臣们除了李斯之外，也基本都赞成这个制度，秦始皇本人也一度动摇，但李斯拿着春秋战国的动乱来做对比，使秦始皇打消了这个念头。当下宣布，在全国推行郡县制，建立国家直接掌控的中央集团。

这个政策从稳定国家政权角度看是没错，但是在当时，不理解的人也是很多的，尤其是在东部的齐国等地区。齐国是一个儒生众多的国家，这些儒生们最在意的就是西周的宗法、祖制，在他们眼里的秦始皇，就像是当年垂拱而治的周天子。现在拿到天下了，却不想着分封，这是大逆不道的事，更何况郡县制推行下去，也不是完美无缺的，一个问题就是，当时秦国委派为郡县地方官的官员，大多都是来自于秦本国，贸然进入了一个自己根本不熟悉的地方，这个官当得能舒坦吗？

所以，在公元前213年，山东儒生淳于越在宴会上当场讽刺秦始皇，将秦始皇激怒。结果在李斯的挑唆下，秦始皇下了焚书之心，开始活埋不听他话的儒生，这就是秦始皇暴政之一的“焚书坑儒”。

秦始皇的焚书坑儒，从数量上看，烧毁了大量珍贵典籍，并坑杀了460多名儒生，可谓残暴之至，但这样的残暴，却不是无缘无故的恨。秦始皇本身就对儒家不感冒，他在乎的是法家，在乎的是权谋霸道之术，儒家君君臣臣的君臣关系，他现在根本用不上，也不想用，所以做出坑儒的决定，也就顺理成章了。

然而秦始皇这么做，也是受了李斯的挑唆。李斯这个人最大的毛病就是给别人“下药”。早年就是由于他的缘故，坑害了原本秦始皇很想重用的韩非子。这次他妒忌的目标不是一个，而是一群，改朝换代了，六国的人才，全都进了秦国的人才库，特别是儒生群体，以山东的儒生为核心，英杰荟萃，说不定哪天就会威胁到自己的地位，所以必须要早做准备，能下药的就下把药，能轰走的就赶紧走。轰不走的，就往死里整，反正要把这些人对他的威胁降低到最小。

其实对于儒生的反对，淳于越的指责，都是小事，关键问题是，这时期的秦国，面临的最大威胁是什么？说起来就两条：一是外部面临匈奴的威胁，二是国民经济在战乱后的凋敝。

关于这两条，在秦国统一初期的形势，都是非常严峻的。先说匈奴问题，这时期的匈奴势力，还没有后来汉朝时候强，却也已经是草原三大游牧部族中的一支（另外两支是大月氏和东胡），此时的匈奴正好占据了河套平原，正对着秦朝国都咸阳所在的关中平原。这个战略要地被他们拿在手里，整个中国北部就都暴露在他们眼皮底下了，他们想打就打，想抢就抢，原先的赵国和燕国此时也已经灭国，当地虽然有秦军留守，却也基本处于不设防状态了，在这种局面下，不解决匈奴是不行的。

而国内经济问题也同样严峻，秦国连年用兵，花费巨大，自身的财政窟窿就很大。而六国经历过战乱，正是民力疲敝、经济困顿的时期，这时期的另一个重要问题，就是六国地区的经济制度不一，新的国家财政体系，必须马上建立起来。国家要想振作，必须要通过经济体系的整合来掌握国家的税收，这样军队才有资本打仗，边防才能够巩固。

秦始皇是知道这个问题的，所以他登基之后，首先采取的是两个政策。一是迅速地把郡县制推广到全国，在新占领的领土上设立官衙，巩固统治。与此同时，秦国由蒙恬率领30万大军北进，经过浴血奋战，从匈奴人手中收复了河套平原，建立了防备匈奴的核心基地。暂时解除了匈奴对南方汉地的威胁，“胡人不敢南下而牧马”正是这一段时期。然而必须承认的是，秦始皇北击匈奴的一战，并非是穷兵黩武，如果当时不主动采取出击政策，任凭匈奴肆意劫掠，那么北方的汉地就永远无法安宁。而且在收复河南地后，秦始皇为了节省开支，命令蒙恬就地屯田，结果河套地区的粮食不但能够自给，还可以供应给其他周边军镇。这些措施在当时都是明智的。

在内政经济方面，秦始皇很快建立了自上而下的官僚体系，全国分为46个郡，中央在地方确立了严格的集权统治。在经济方面，比较重要的一条就是“使黔首自实田”，也就是说，让老百姓自己核查土地数量，然后上报中央，这就等于是彻底扫除了残存的井田制，使新的封建土地制度在全国迅速成型。这一条对于秦国统一后经济制度的确立，以及经济的发展，都是有着关键意义的。在此基础上，秦王朝的土地赋税制度也建立起来，国家的赋税征收，分为口租、口赋和杂赋，这也基本是沿用秦国时代的土地税收政策。这其中，口租就是农业税，即田赋；口赋就是人头税；杂赋就是每年临时征调的赋税。秦朝的农业税，是交十分之一，人头税的数量，和西汉文景之治时期基本持平，大约120钱。这两样在当时，都算不上太重的税。至于杂赋，一般都是在遭遇战争的时候临时征调的，现在天下太平，老百姓的负担，表面上看也不会太重。与此同时，货币、度量衡、文字，也都在这一时期统一了，秦国的法律《秦律》也颁布全国实行。分散的中原六国，渐渐被秦始皇捏成一个统一的力量，观察这些行为，我们必须承认，早先的秦始皇，还是很有励精图治一面的，在捏合整个国家合力，加强中央集权方面，他都做得很不错。

暴政有多暴

秦国国事的恶化，通常的说法是“暴政”，暴政的内容，主要包括大兴土木营造宫室，修筑秦始皇陵墓、阿房宫等。但真正最甚的，是三项重大工程：一是修筑长城；二是修筑国内的驿站道路；三是整治国内的河道。

这三项大工程，几乎都是前后脚展开的。秦始皇开凿运河，范围非常广。在平灭六国后的第二年，就曾经发动10万民夫整治江南的邗沟，以及山东的济水运河。与此同时，秦始皇派30万大军收复河套平原后，又一口气征发了40万民夫整修长城。公元前219年，秦始皇再次征伐40万民夫，整顿国内的驿站，以关中平原为中心，修筑了连接中原以及南方的驿站道路。这三项大工程，从作用上来说，都是对国家未来发展有好处的，修筑长城可以起到抵御外敌的作用，后来作为封建王朝盛世的汉朝就从中受益颇深。开凿运河，有利于促进农业生产，这也具有长远的意义。而修筑驿站，更可以促进国家交通，加强各地的联系，保证国家的统一。这三条从出发点上是好的，但是就在这短短几年里，秦始皇连续征调了90万民夫，要知道，当时全国的人口才不过2000万人。这90万民夫，大部分都是青壮年，也就是说，全国至少有三分之一的青壮年，都被秦始皇拉出来干工程了。

这样的结果也就很简单，生产当然遭到破坏，老百姓家干活的，就剩下老弱了，生产能力自然大打折扣。生产能力打折扣了，国家的财富税收当然也要打折扣。与此同时，秦始皇还在进行着征讨南方越族的战争，不断向南方越族地区征兵，打下地盘后，一面要修筑中原通向南方的驿站，一面又要修筑南越地区的水利工程。这样，原本刚刚在中原地区干完活的民夫，一下子又尽发到了南方地区。中国人从来都是恋家的，离乡背井永远是最痛苦的事情，怨声载道也就很自然了。当然，我们也同样可以说，开发越族地区是有积极意义的，比如说促进了国家的统一和民族的融合，但这些后来的伟大意义，当时的人是没感觉的。士兵们只知道，他们被派到一个艰苦的环境下作战，常年得不到休整。老百姓只知道，天下好不容易统一了，皇帝却又逼着我们干活，拿着我们当牲口使唤，对秦始皇的愤懑，也就这样一天一天地积攒起来了。

然而秦始皇最大的错误，不是在于他做了这些事。看看当时南北方的分布就知道了，在秦始皇统一六国后的最初六年里，秦国 30 万大军压在北方对付匈奴，50 万大军压在南方对付百越。这一南一北就是 80 万大军，等于两线作战，即使是一个现代化国家，两线作战也往往是兵家大忌，何况是一个立国不久、经济凋敝的新兴封建制国家。军队的事情还不算，民夫的使用却更触目惊心。在南方越族地区平定后，秦始皇陆续调动了 40 多万民夫南下开凿运河，打通驿道，这些人大部分都没有回来。也就是说，秦国在立国之初，最需要休养生息的时候，却一直还在做着大动作，一直在折腾。这些原本没错的事，却偏偏超过了这时期中国的承受底线。

但问题是，秦始皇为什么会犯这个错误？有说他好大喜功的，有说他不知下情的，有说他性格残暴的，然而从根本上，我们不得不说，秦始皇做这种事情很正常，因为这就是秦国国君的习惯。

看看战国时期秦国的历史就知道了，秦国在秦孝公改革后的 130 多年里，就一直处于折腾中。从秦孝公到嬴政，秦国除了有过短暂的罢兵外，几乎是无岁不征，年年打仗，但是秦国的国民经济不但没有拖垮，反而越来越强。

秦国历代国君在使用民力上，从来都是不吝啬的，比如秦昭襄王时期，就曾下令全国 16 岁以上的男子全都从军，开赴长平战场，也因此一下子奠定了长平之战的胜利大局，这一场战争让秦国伤亡过半，但是仅仅一年后，秦国又以 50 万大军包围邯郸，却遭到了魏国、楚国的联合夹击，大败亏输。即使如此，秦国也很快地恢复过来，不管每次他们付出的牺牲有多大，伤亡多惨重，他们这种迅速的疗伤能力，是六国里任何一个国家都不及的。

秦国之所以有这样的疗伤能力，不是因为秦国人觉悟高，而是来自两个方面。一是商鞅变法后，经过两个阶段的持续推行变法，确立了秦国人对法律的绝对敬畏感，这种敬畏感，制造了秦国令行禁止的特征，几乎所有出使秦国的六国使臣，都曾羡慕过秦国官员的严谨守法。但这样的条件，是无法短期内复制给其他诸侯国的。二是当时秦国有奖励军功的政策，发动战争，本来就是给草根们出头的机会，而秦国人天生彪悍尚武的性格，使他们从来不惧怕死亡。但是那些新被平灭的六国，却不是这样的，拿着对秦国百姓的政策对待他们，只能说是找错了对象。

但秦始皇显然认识不到这一点，当年，以秦国区区一二百万人口，就可以发动百万人的军事行动，七八十万人的大型水利工程，现在我手里有 2000 万人，又怎么能说滥用民力呢。但问题是他手里的 2000 万人，来自于五湖四海，他的百姓也不止包括关中平原。在国家刚刚统一，人心思治的情况下，却依然继续在折腾，任谁也不会满意的。

当年秦国变法的实质，就是动用国家机器的力量，树立严格的法律，建成一个高效率的专制国家。在统一了六国之后，秦始皇也打算这么做，但是无论时机还是经济条件，都不成熟了。

偏偏秦始皇自我感觉好得很，折腾的事情越来越多，至于他这时期被人指摘的各类劣迹，比如修阿房宫、秦始皇陵，整日骄奢淫乐，其实这些都是做皇帝的“小节”问题。大节问题是，他没有搞清楚这个国家建设的主次问题，需要先做什么，后做什么。而且这不是他突然犯的错误，而是一个经常有的软肋。

秦始皇这个人，具有果敢的性格、顽强的精神、豪气干云的做派，确实是一个天生的王者。但是秦始皇的一大毛病，就是他的战略选择问题。早年在灭六国的时候，为选择一个什么样的顺序，他曾经辗转反侧，举棋不定，最后还是在尉缭的帮助下，才找到了国家统一最后一步的钥匙。秦始皇具有坚决的执行能力，狂热的工作欲望和权力欲望，但是他最缺少的，恐怕就是有的放矢的素质。这一点素质的差别，使他演出了在登基之后的这一出闹剧。

秦始皇犯了错误，但更大的悲剧是，他的这个错误从他即位之后就一直在继续着，秦始皇从公元前 220 年起，就开始营造富丽堂皇的阿房宫，而在公元前 218 年起，他的骊山墓葬群也开始修筑，一个秦始皇陵，又调动了 70 万民夫。全天下的青壮年，都要绕着他来转。他忘记了一件事：六国灭亡后的中国，最需要的不是大工程、大面子，最需要的是要医疗战争的创伤。平定越族的战争，原本是可以暂缓的，秦始皇偏偏想几手都要抓，既要恢复经济，又要上马工程项目，最后长城修起来了，秦朝却摇摇欲坠了。

秦始皇的错误，他自己在世的时候并没有意识到，相反还很是扬扬得意。在他登基之后，曾多次出去巡游，比如东巡、南巡，劳民伤财更是无数。但巡游同样也是有理由的，此时国家初定，各地人心惶惶，巡游可以起到安定人心的作用，稳定国家大局。理论上说是没错，但中国老百姓的要求很简单，他们想的是安安心心地过日子。秦始皇晚年的另一个搞笑事，就是他开始信任方士，到处求神仙，甚至还出了徐福东渡的典故。统一大业完成后的秦始皇，其表现做派，和他统一六国的征战时期判若云泥，为什么会发生这样的改变呢？

其实在中国历史上，像这种国家结束分裂后迅速陷入战乱的典故，不止秦朝这一家。比如西晋，比如隋朝。而且西晋和隋朝，都是经过了几十年休养生息后完成国家统一的，国家的财政储备和人口数量，都要远远好于这时候的秦朝。但即使如此，一旦使用民力不当，国家内外政策失调，就会立刻陷入分崩离析之中，无论是古代王朝还是现代文明国家，他的内外政策都好像是天平的两端，只有天平保持平衡，国家才能保持长久的稳定。而在秦始皇时期，他的政策是在天平的两端，都拼命地加砝码，结果就是整个天平的断裂。

为什么会犯这样的错误呢?

其实所有关于秦始皇的评价中，或许有一个人的评价，是一针见血的，就是曾经在秦始皇手下做过国尉，中国历史上的杰出军事家：尉缭。

尉缭这个人，在辅佐秦始皇时期，最出色的地方，就是他卓越的战略眼光。在确定灭六国的方案时，正是他制定出来正确的政策，保证了秦国顺利完成国家统一。然而尉缭却还有一个能力：看人的眼光。当年秦始皇还只是秦王的时候，他就一眼看穿了秦始皇最大的弱点："缺少恩德，心似虎狼；在困境中可以谦卑待人，得志于天下以后就会轻易吞食人。"当时的秦始皇听到这个评价，反而对尉缭非常赏识，因为在他眼里，这本身就不是什么缺点。

这正是秦始皇的悲剧所在，一个心似虎狼的人，也许在沙场上是一个出色的将军，但是在皇位上，却注定不是一个出色的皇帝。同样和秦始皇一样有暴君称号的隋炀帝，当年也是一个出色的将军，可是在成为皇帝之后，照样干得稀里糊涂，心似虎狼不要紧，缺少恩德也不要紧，中国历史上那些名垂青史的好皇帝，心似虎狼的也不在少数。但秦始皇最大的弱点，就是尉缭那番评语里的最后一句"得志于天下以后就会轻易吞食人"。这句话被尉缭不幸言中。说到底，秦始皇不懂得压制自己的欲望，一旦志得意满，就立刻露出了虎狼的面目。

在秦始皇活着的时候，各地对秦始皇的反抗就开始了，秦始皇一生最不缺少的，就是"被刺杀"。而且刺杀的次数日益增多，但是他自己却到死也不悟，之后四处巡游，耀武扬威，泰山封禅，炫耀荣光，秦国的气数，也在这股过程里日益被他透支干净了，同时被透支干净的，还是他个人的气数。到了公元前 210 年，秦始皇病死于东巡路上的时候，一场巨大的抗暴运动，已经山雨欲来风满楼了。

走到尽头的法家

在秦始皇的悲剧中，似乎还藏着另外一个原因，一个后人关注不多的原因：秦国的法家传统。

众所周知的是，秦国的强大，来自于商鞅变法。商鞅变法的思想，主要是法家的思想。在乱世争天下时期，通过严刑峻法，外加残酷的外在生存条件，只要树立起足够的国家威严，就可以确保国家迅速集结战斗力，取得对外战争的胜利，并且日益走向强大。但是当国家走向统一，开始和平建设的时候，法家思想却暴露出他致命的缺陷：至刚而无柔。

法家思想的主要特点，就是严刑峻法，让整个国家，都笼罩在恐怖的刑罚监督中，用严苛的刑罚来镇压一切反对者。但是随着国家主要矛盾的转移，法家思想在休养生息时期，却完全失去了它本身的积极作用，相反成了消极作用。与此同时，法家常年压制所造成的怨怒，一旦出现风吹草动，就会发生从民间的彻底反弹。引发巨大的抗暴动作，就像马背上打天下，马背下治天下的道理一样，法家思想可以打天下，但是法家思想却难以治天下，一个缺少温度，用冷漠和刑罚来约束的王朝，他的生命力也注定是僵硬的，即使强悍如秦军，即使气吞万里如秦始皇，都不能挽救它的衰亡。

秦朝二世而亡的历史，从某种意义上说，也是法家思想在到达历史顶点之后，迅速走向衰亡的历史。事实证明，单纯的法家治国，在乱世或许立竿见影，但在太平盛世，反而会成为国家动乱与衰亡的催化剂。百家争鸣的各类思想中，法家注定已经完成了他的使命，而真正有资格成为中国之后两千年封建社会传承的学说，是后来的儒家学说。那时候的法家，也只能将其核心要义化入儒家思想之中，成为儒家思想的一个重要组成部分，法家思想在战国时代的风光，也只能留存在战国时代了。

这就是秦始皇的悲剧所在，他在得天下后的种种暴政，有他个人性格使然，却也有法家思想的影响使然。作为一个在法家文化环境里成长起来的少年，更兼带有祖上法家的代代传承，要求他主动地在得天下后转换思路，实行仁政，这是一个何其高难度的动作。对于秦始皇来说，做到这一点是不现实的，所以秦国的持久强大，也因此是不现实的。

二十一　科技革命改写战国历史

要说春秋和战国之间有什么不同？归根结底到一点上，却只是一件事：经济基础不同。

按照政治学的说法，也是社会生产关系的转型期，种种大变革所带来的深远影响，最终还要落实到老百姓生活状态上的变化。综观从春秋到战国的所有变化，从根本上说，战国，改变的是中国人的生活。

且去看看，战国究竟改变了中国人生活中的哪些方面呢？

地主是这样来的

战国改变中国人生活的一大方面，就是基层社会关系的变化。如果国家的经济体系是一个房屋的话，那么奴隶制的屋顶，是奴隶主，地板是奴隶，这也是春秋的社会关系。而在战国时代，这个关系随着变法的深入，各个国家的转型，奴隶制小国的被平灭，早已经不复存在了，拔地而起的是一栋新房屋：封建社会关系。这个房子的屋顶，是地主；房子的地板，是佃农；房子的墙壁，是大大小小的自耕农。

在战国时期的风云变幻里，那些大大小小的活动家，纵横捭阖的国君们，挥斥方遒的将领，或许立场不同、阵营不同、观点不同、敌友关系不同，却有一点身份是相同的，他们都是百分百的地主阶级。

有关战国时期的社会转型问题，各类史料讲过很多，讲得比较少的却有一点：这个社会转型期的各类新阶层，他们究竟是怎么来的？比如，地主是怎么来的?

战国时代的地主，是战国风云的绝对主角。在战国早期瓜分奴隶制国家的狂潮里，主角是地主；在战国时代的百家争鸣中，那些持不同政见的学子们，背后的利益团体，也大多是地主；在战国时代风云变幻的变法运动中，那些或刚硬或阴柔的改革家们，他们真实的身份还是地主。

罗马不是一天建成的，地主更不是一天冒出来的。战国时代扮演中流砥柱角色的地主们，其实也经历了一个相当长的形成过程。

战国时代的地主，主要来源于三种类型，第一种是原先的奴隶主贵族，他们的身份，很像后来英国资产阶级革命的新贵族。在一个社会转型的大势所趋里，他们的鼻子比较灵，嗅到的风向比较准，很早就主动转化了生活方式。本属于体制内的奴隶主，摇身一变重新做人，在这个社会转型期里谋取了新的利益，成为新型生产方式的既得利益者。这其中的代表人物，如瓜分了晋国的韩赵魏三族，取代了姜氏齐国的田氏家族。

这些“新贵族”的普遍特点，就是脑子很灵光，而且在原来的奴隶主贵族内部，也大多很不受待见。在旧体制下，他们虽然拥有封地，甚至和统治者有亲戚关系，但是他们不具备世家大族那样的特权，没有对军队、政权的掌握能力，他们最主要的权力，就是在封地里收取出产，保持富足的生活。

因为地位低，既得利益少，所以在这个社会的转型期，他们的脑袋敢于转弯，比如在自己的封地里，主动改变了剥削的方式，变以前的奴隶关系，为后来的地主与农民关系，尽可能地给予各种政策，提升农民的生产积极性。

在这个变革中，他们最早尝到了甜头。尝到了甜头，就要争取更多的甜头，所以他们就要扩大自己的权力，向旧的贵族抢班夺权，甚至执掌一个国家的政权。这部分人的共同点是，他们本身就是从旧体制内蜕变出来的，身上无法割裂与旧体制之间的联系，这也注定了他们进行的各类转型活动，发起的各类封建化改革，最终是不会彻底的。

战国时期齐国、魏国、赵国、韩国的国家政权，都属于这种情况，按照过去历史书的话说，它们最后的衰弱，也是因为“保留了大量奴隶制残余”。

在整个的春秋战国时代，“新贵族”们还有另外一个群体——君子。这里的君子，不是指的道德高尚的好人，而是说战国时代脱胎于旧贵族，又在新经济形势确立后，实力迅速壮大的新贵族群体。这些人的普遍身份，就是各个国家的王族宗室，他们的普遍特点，就是拥有大量的土地，其财富富可敌国。他们经营大量的新兴产业，包括农业和工商业，也放高利贷。他们自己的庄园里，也有一套完全忠诚于自己的势力班底，普遍的叫法叫“门客”。门客最多的时候，可以达到几千人，有时候甚至可以左右国家局势，在中央集权制度初建的战国时代，他们是中央集权制度下的衍生品，又是一群掣肘中央集权的“异类”。

这些人与国家的统治者之间，既互相利用，又互相制约，最后的结果，就是他们的势力。随着战国时代的结束而结束，门客盈门的盛况，也只能给后人徒增谈资。这些人里的代表人物，就是大名鼎鼎的“战国四君子”——楚国春申君、魏国信陵君、赵国平原君、齐国孟尝君，他们活着的时候，大都是本国的骄傲，他们身后的几千年里，一直被后人看作传奇，但是真正完成统一大业的，却是改革最为彻底，没有君子的秦国。

地主阶层的第二个类型，就是战国时代的官僚阶层。他们取代了过去的旧贵族，成为战国时代国家政权的执行者，成为国君中央集团的帮手，而他们成为地主的方式，就是通过建立功勋，得到国君的土地赏赐。

战国时代，国君对于臣下的最主要赏赐就是土地，尤其是在三晋地区的韩赵魏三国，当年曾经是商鞅主人的魏国丞相公叔痤，魏王一次性赏赐给他的土地，最高的时候就有 100 万亩。吴起当年因为守备西河要地有功，也被魏王赏赐土地 20 万亩。这一类地主的成分比较复杂，有的是旧贵族转化来的，出身比较高贵，比如公叔痤；有的却是百分百的草根出身，通过建立功业一步登天，吴起就是这一类型。

除了国君赏赐之外，有些官僚也很有投资眼光。在这个时代里，他们喜欢把所得的俸禄用来购买土地，比如那位纸上谈兵的赵括，对土地的热爱程度就很高，甚至外出带兵，一路看到好的土地就买下来。他母亲也因为这个，断定他没有带兵之能。而在当时，官僚阶层的这种情况很普遍，钱是容易贬值的，土地却是永远不会贬值的，有了土地，不只是身份的象征，也是经济的保障。

官僚地主阶层的扩大，也和战国各类变法中的一项重要政策有关：奖励军功。这项政策最早实行在魏国，后来商鞅在秦国发扬光大。这个政策的主要内容，就是把土地作为奖励方式，授予那些在战场上立过功的人。这些通过军功、战功获得土地的官僚地主，和普通的官僚地主身份截然不同，他们往往是战国政坛上的重要力量。

地主阶层的又一个类型，是很有“励志意义”的，那就是布衣地主。这一群体有两个类型，一种是平民中小地主，一种是从自耕农、手工业者，甚至奴隶转化而来的地主。他们获得土地的手段，主要是土地买卖。这个群体中比重最大的，就是工商业者出身的地主阶层，战国时代一句流行语是：“以经商来发财，以土地来保财。在秦始皇登基初期权倾朝野的吕不韦，就是这一类型人物里的杰出代表。”

而更有励志意义的另一个群体是，许多自耕农通过个人的辛勤劳动，逐渐拥有了土地。这一群体主要分布在早期人多地少的秦国、赵国地区。

当时的统治者，普遍采取了奖励垦荒的政策，国家给予垦荒者法律上的保护，并提供农具，特别是秦国，只要你敢刨地，要什么支持国家就给你什么支持。商鞅在秦国实施的“废井田，开阡陌”运动，更成为这一过程的催化剂，许多早期的自耕农们通过锐意地耕作，占住了大量土地，摇身一变成为地主阶层。在当时的中国，秦国之所以人口迅速增长，六国人口大量涌入，是因为那里是从自耕农变成地主难度最小的地方。

农民的生活

有了地主，自然对应着要有农民，作为被地主踩在脚下的群体，战国时期的农民，主要包括自耕农、佃农、雇农三个群体。其中自耕农的来源，有两类：一是奴隶社会的平民阶层，但更多的却是奴隶社会的逃亡奴隶，那些早期摆脱奴隶主统治的逃亡奴隶们，通过积极的垦荒，流亡到新的地区开辟新土地，逐渐成为拥有合法财产的自耕农。这一类自耕农，普遍分布在当时的秦国和楚国以及吴国地区，随着中原地区的战乱频繁，大批奴隶逃亡，他们开始往地广人稀的地区迁移，今天的华东、关中、江汉平原，就是最好的目的地。

战国时期不同国家的变法，内容虽然不同，但其中一个目的却是相同的，那就是拼命增加自耕农的数量。因为自耕农数量的增加，意味着国家可以收取税收的税源扩大，保证新兴的封建制国家建立完备的财政收支体系。

在这一点上，战国变法的宗师李悝曾经有过精辟的概括：农伤则国贫。但是对于各路诸侯国来说，自耕农的增加是最困难的，因为国君下面的地主阶层，都在想方设法地隐瞒人口，把大量的人口变为自己的佃农。所以魏国变法的时候，采取的是国家提供农具和法律保护的方式，来增加自耕农数量，而到了秦国商鞅变法的时候，却采取了更加严苛的措施，严苛到一户农家里，兄弟成人后不分家，都要遭到法律的处罚，且大力推行保甲连坐制度。

赵国名将赵奢早年做税官时，之所以开罪了当时权倾朝野的平原君，也是因为平原君故意隐瞒人口，逃避赋税。一个封建制国家勃兴的时期，势必是自耕农数量甚多的时期，而一个封建制国家衰落的主要起点，就是日益严重的土地兼并。这个经济规律从战国时期就开始了。

战国时期的自耕农，在富裕程度上，还不能和后来的汉唐宋明相比，那时候生产落后，土地产量低，一家自耕农的土地，在 30 亩左右。他们拥有种子、农具，也要承担繁重的赋税。

战国时期各个国家的税率不相同，以魏国强盛时期的魏文侯时代为例，当时的魏国改革家李悝曾经估算过，一家有30亩土地的自耕农，按5口人计算，每亩的粮食产量是3斗，他们需要承担的税赋，大约是十分之一。交完税的粮食除了自己吃以外，剩下能拿去卖钱的大约有三分之一。卖到的钱，算上每年的衣服等花销，也就能勉强维持一个温饱。这还是普通的生产年景，如果遭到水旱灾害，自耕农破产就会成为普遍的事情。所以战国时代，各国都非常重视水利的修筑，用以维持生产的稳定。即使如此，战国时代的自耕农，在贫困程度上，要远远大于后来统一封建王朝下的中国农民。

然而比自耕农更惨的，就是佃农。佃农，基本就是奴隶制社会的奴隶转化而来的，比起奴隶们的悲惨生活，他们的境况显然要好得多，他们租种地主的土地，有自己的生产农具。但是每年收成的一半要交给地主，同时还要承担土地的赋税，这样他们中的大部分人，维持温饱就更加困难了。佃农中有相当一部分人，是破产的自耕农，他们遇到水旱灾害，无力承载国家的赋税，只好扔下土地逃亡，依附于地主家中。《吕氏春秋》里就曾记录过："在秦赵长平之战时，由于秦国不断通过增加赋税的办法来保证前方供应，造成大量自耕农逃亡，许多自耕农宁愿依附在地主家里做佃农。"

比起雇农来，佃农还算好的，因为雇农不但没有土地，更没有农具。他们有的给地主家做佣工，有的甚至在农忙时节，给富裕的自耕农帮佣。他们的生活水准，已经直追当年的奴隶，韩非子的书中曾说，三个雇农的经济收入，都不足以奉养一个老人，足见经济状况之悲惨。

战国时期同样是有奴隶的，当时大工商业地主家里，依然豢养着大批的奴隶，他们只有食物，没有收入，有的甚至和牛马一起放养。但这样的局面已经不是战国的主流。战国时期，是地主和农民这一对封建社会关系正式确立的时期。中国封建社会的雏形，已经在这一时期奠定了。

拼的就是高科技

战国生产体系和社会结构的变化，带来的直接影响，就是生产水准的提升，确切地说，就是中国工农业生产科技的高速跃进。如果用横向对比来说的话，战国之前的中国，在生产水准上，与同时代的西方奴隶制国家是同步的，而战国之后的中国，却已经把当时的世界远远甩在了身后。

战国首先突飞猛进的生产进步，就是农业的进步。诸侯争霸，表面打的是军事力量，本质打的却是钱粮储备，所以战国时期的诸国，在农业技术改进上都不惜血本。最突出的表现，就是大量铁制农具的使用，根据新中国成立后的考古发现，北到辽宁，南至广东，都有战国中晚期的铁制农具出土。比如河南辉县的战国魏墓，曾经一次出土铁器160件，其中农具有58件，铁农具和先前的石制、木制农具的最大区别：一是生产效率提升，二是可以完成深耕，原先无法被发展成耕地的荒地，因为铁农具的出现，完全可以被开垦成良田，而且越来越多的个体自耕农，也可以因为铁农具的使用大力垦荒，拥有自己的土地，这不仅仅是一种生产方式的改变，更是一种社会结构的改变。

而另一个推动战国农业发展的技术，就是牛耕。战国时期，牛耕已经作为一种普通耕作方式被大力推广，用牛耕作，就好比现代农业的机械化耕作。不但生产效率大大提升，而且还改变了战国时期的农业生产比例。

在战国之前，诸国中公认的农业强国，当属中原的晋国和东方的齐国。然而在战国之后，西北的秦国一跃成为头号农业强国，其中重要的原因就是从商鞅变法开始，秦国大力推行牛耕。然而，他们本身就有丰厚的畜牧业储备，耕牛的储量极其丰厚，所以推广牲畜耕作，也就比其他六国得天独厚。当时的秦国不但有牛耕，还有马耕，而且秦国还有“国家福利制度”，只要是开垦荒地的农户，国家就给予牛马补贴，即免费提供牛马等牲畜，这就使秦国的农业水准在短短几年内有了飞速发展。

秦国之所以能够在数次大战中获胜，特别是打赢诸如长平之战等相持战，其雄厚的国家钱粮储备成为重要原因。一种耕作方式的改变，使战国时期中国的经济版图出现了颠覆性变化。

战国农业的进步，另一个重要创举，就是在肥料上有了大的改变。战国时期已经有了“粪种”，即运用动物的骨头和麻子煮成汁搅拌，作为肥料来增加土地的产量。荀子在他的《富国篇》里也曾说过：“施粪肥田，这是农民该做的事情。当时的农业肥料，除了粪肥外，还有把野草烧成灰做成的绿肥。”

这两种肥料，之后一直不断发展，沿用到整个中国封建社会，战国时代著名的学派“农家”，对于农业的耕作技术，有非常详尽的总结和阐述，包括深耕技术、粪肥的培育，以及种子的识别和种植，这些在战国时期都已经形成了完善的理论。秦始皇时期欲逐六国宾客，李斯就以水稻种植为例，劝谏秦始皇，他说“原本只在南方种植的水稻，都能够在秦国扎根，何况六国的人才呢”。这番话不但使秦始皇改变了“排外”的主意，更足见此时水稻在南方种植之广。

战国时期农业产量的变化，我们从魏国名臣李悝的自述里就可看出一二，李悝认为战国初期的魏国，一亩土地的产量是一石半，而在使用铁器农具以及使用肥料后，产量最高可以提升四倍，最少也可以提升一倍。也就是说，战国时期的一亩土地，产量最高当在三石到六石之间。即使是最普通的一石半，根据英国学者李约瑟的记录，比起同时期的欧洲来，也至少要高一倍左右。

二十二　战国商业：和战争一样热闹

战国时代最吸引眼球的热闹事，莫过于战争。

千军万马的厮杀，奇招迭出的兵法，骑兵射箭的改革，战车的淡出，战争规模越来越多，战争之外的博弈越来越丰富，核心就一个字：战！

但如果仅以为战国的历史，就只在战场上，那其实就把战国看简单了。

这段战火纷飞的岁月，既是对生产的严重破坏，但同样也是一种催生。列国为了打赢战争，都要卖力发展本国经济，生产技术和农业产量高速进步，带来的一个附带后果，就是有一件事情，居然变得和战争一样热闹：商业。

战国的商业有多热闹？我们看看《史记》里的一段话就知道："天下熙熙，皆为利来；天下攘攘，皆为利往。"

而按照孟子的说法，这个变化更形象，在孟子的记录下，最早的商业贸易，都是官府操纵的，基本都是以物易物，价格也是官府说了算。就算有些人搞私人贸易，也只能到乡间去活动，这种人被孟子称为"贱丈夫"，也就是最初的商人。后来由于这种活动多了，贸易的地点，按照《公羊传》的说法，就被称为"市井"。

进入战国以后，生产已经高度发达，商品交易也越发热闹，原先被人看轻的私商们，非但不再被人瞧不起，相反却是名流充斥、富商云集，很多人的影响力，更达到富可敌国的地步。战国是战争的苦难时代，却也是商业高度繁荣的黄金时代。甚至可以这样说，左右战国命运乃至中国命运走向的，也有这些商人们活跃的身影。

商人赚钱门道多

早在春秋晚期的时候，就有很多商人奔走于列国之间，靠倒买倒卖大发横财，但他们真正成为一种规模化的政治力量，却还是从战国时期开始的。特别是春秋晚期范蠡经商的成功例子后，进入战国起，公卿大夫身份投身商业的人物，也是越来越多。最典型的就是战国的白圭，这位魏惠王昔日的相国，更是中国商人中的祖师爷人物。以《史记》的赞叹说，他最擅长把握商机，懂得各种货物的需求情况，能够准确按照市场的要求买进买出，转手就是暴利。特别经典的几次妙笔，有在丰年的时候用丝来换谷物，到了荒年时又出售谷物，一下子获得巨大收获。所谓“人弃我取，人去我与”，成为几千年来中国商业的黄金箴言。

当然商业的发达，也不可避免带来另一种商业现象兴起：信贷行业。

战国商业的一大流行景观，就是高利贷横行。比起普通商业可以各行业参加，这个行业却是硬标准，必须得是富豪甚至是政治权贵才可以。最典型的一位，就是号称“四君子”的孟尝君。

这位齐国的宗室贵族，战国时代有名的门客，历史上最出名的，就是门下三千各怀绝技的门客，但相对不太出名的，却是他养门客的主要资金来源：放高利贷。他的封地薛地，就是他投放高利贷的主要市场，而且由于利益巨大，以至于每年到收钱的时候，当地的老百姓都十分痛苦。因此也有了一段美谈：孟尝君的门客冯驩看到人们实在还不上钱，干脆灵机一动，假托孟尝君的名义，把所有的高利贷债券都烧了，结果老百姓高兴了，孟尝君气得跳脚，大骂我这三千门客吃什么。冯驩却不慌不忙说，你啥都不缺，就缺人心，我帮你免了债，是给你买人心。

后来的结果也正如冯驩所料，孟尝君垮台倒霉后，狼狈回到薛地，却见薛地的老百姓扶老携幼，热烈欢迎。孟尝君这才感叹说，您说的人心，我总算看到了。

两千年来，这个故事通常被很多人引用，不是用来说冯驩的聪明，就是用来夸奖孟尝君的大度，但从前因后果上可以看到，当时的高利贷生意，已经成了战国时代普遍的现象，甚至普通的耕作百姓，都要遭到这新兴生意的无情盘剥。孟尝君可以免了薛地的债务，但是更多的老百姓，恐怕还挣扎在这债务之下。

战国时代高利贷的流行，不但成了老百姓的沉重负担，甚至就连某些国君，都为此招了灾。最典型的就是周赧王，这位堂堂的周天子，到了战国时期已经彻底成了摆设，如果说春秋时期还有些价值，那么战国时期就已经彻底被闲置，甚至连日常生活都成了问题，为了维持王室的开支，就不得不向高利贷者借贷，谁知道一来二去就还不上，吓得惊慌失措的周天子，一度连王宫都不敢回，干脆造了一个高台，自己成天躲在里面战战兢兢，成语“债台高筑”就是这样来的。

这段啼笑皆非的故事，既说明了当时高利贷风气的流行，却也阐述了另一个无情事实：能放高利贷的，都绝对是当时惹不起的人物。

而这样的惹不起，也正是战国商业另一个现象的缩影，经商已经不再是下贱的行业，相反商人们更是每个国家举足轻重的力量，其中最有名的一位改变历史的人物，正是吕不韦。这位知名的土豪在邯郸做生意的时候，认识了秦国公子异人，立刻就像找到投资项目一样，与之热心结交，竟然就通过巧妙运作和大气砸钱，把这位亲爹不疼奶奶不爱的落魄王子，成功扶持成秦国国君，他自己也得以青云直上，成为执掌秦国大权的重臣。

说是商业影响了战国历史走向，毫不为过。

货币花样真难认

战国另一个商业发达的标志，就是货币。

拜《封神榜》这类古装神话剧所赐，电视剧里凡是有买卖情节，基本都是黄金白银，以至于好些神话剧票友也认定：三四千年前，中国人就开始有白银铜钱了。对照真实历史说，这实在是瞎掰。

虽然按照史料说法，中国铸造货币的历史，可以追溯到大禹治水的时候，但是考古出土的物证却证明，直到商周时代，中国人买卖东西的主要货币，依然还是贝币，也就是贝壳。用贝壳做货币的历史，在中国古代史上十分漫长，商朝周朝的文物出土中，各种五花八门的贝币极多。当然比起商朝来，周朝进步的有一点：商朝主要是天然贝，周朝却是人工铸造的贝币，主要是铜贝币。这种货币的生命力十分漫长，直到秦始皇统一天下后才彻底取消。

而在战国时期，货币的一大进步，就是出现了新的贵金属货币：黄金。

用黄金铸币，在战国时代十分的流行。而且十分标准化，每一种黄金币上，都有明确的铸造时间和地点。与黄金货币同时改变的，是战国时代有钱人的财富观，在战国之前，要形容一个人多有钱，一般都是看他有多少土地庄园和粮食，但到了战国时期，那就是百分百看钱。通常出土的战国时代的文物遗址，都会发现有仓库储存大量的金钱，以荀子的说法，人们之间攀比财富，也都是说自己有多少钱。这真正是个看钱的时代。

虽说货币发展了，一个问题却很严重：货币门类太多了。

春秋晚期的货币，就特别不规范，每个国家都有好多种货币，不但国家可以造币，一些富豪权贵，也有铸币特权，一个国家市面上流行的，通常有好多类型货币。有时候买东西，都不知道该用哪个好。

到了战国时期，这个问题总算有所解决，各国都把铸币权收归政府。但市场已经越发统一了，市面上流行的，却是各个国际不同的货币，如果罗列起来，也是千姿百态。

在北方三晋地区流行比较多的，当属铲形货币。即铲子形状的钱币。这种钱币在当时，叫作布币，又以形状不同，分为各种不同类型。比如有圆足类型的，也有尖足类型的，而且以流传范围说，更是战国各类货币里，流传范围最广的一种，往北在今天辽宁、吉林地区都有出土，往南在今天湖南、湖北地区都有发现，出土最多的地区，则是河北、河南地区，也就是以韩、赵、魏，三国为核心流动地区。就材料来说，今天出土的铲形货币，绝大多数都是铜质的，1974 年在河南扶沟县也出土过银质的货币，不过数量也十分稀少。

这一时期贝形货币主要在楚国地区流传，也叫作“蚁鼻钱”。还有一种比较昂贵的块形金版。这两类货币，主要都流行在湖南、湖北、安徽、江苏四地，主要都是楚国的地盘。而在北方大地上，能与铲形货币分庭抗礼的，当属以齐国为代表的奇特货币：刀形货币。

作为战国时代东方最发达的商业国家，齐国的工商业独步中原大地，铸造钱币方面，更是遥遥领先。跟铲形货币比起来，刀形货币的岁数要更长，最早的刀形货币，竟然可以追溯到春秋中期去，而且和其他类型的货币相比，刀形货币最大的优势，就是技术含量，从出土的货币看，其货币的铜锡含量比例，是同时期各类货币中最为合理的。

更能证明刀形货币的实力的，却是这种货币在当时的购买力：一枚标准的齐国刀形货币，可以购买 250 斤粟米，也可以购买 23 斤食盐。按照一些战国史料笔记的说法，许多战国时代的有钱人，最好的储蓄财富的方法，就是把财富兑换成齐国刀形币。在战国大多数岁月里，刀形币就是这样信誉良好。

就流传范围来说，刀形币比起铲形货币来，好些流行区域都是重合的，就范围广度来说，不如铲形货币，可是出土量却令人震惊。比如在燕国旧地的河北承德地区，一次性就出土过 4000 多刀形货币，比起铲形货币的平民化来，刀形币更可以说是有钱人的游戏。

但是拜秦国一统天下所赐，前面这几种货币，随着战国时代的结束，都成了历史的痕迹，真正一统天下，并且成为之后两千年中国钱币制式的，却是在战国时期，相对在中原不太流行的货币：环形币。

环形币，因为其圆形的形状，也被称为“圆钱”，这种钱币出现最晚，主要流行于秦国以及周天子的区域内。秦国的圆钱，主要以重量和“铢”来计算，这也成了后来汉朝起中国货币的计量规则。尤其值得说的是，环形币的制式，主要是圆形方孔，古人把财富称为“孔方兄”，最早来源就是这里。

从秦惠文王年间开始，随着商鞅变法的成功，秦国国力的上涨和扩张的加剧，秦国的环形货币，流通的区域也开始扩大。同时秦国有着战国时代最规范的军工生产体制，因此在铸造货币上，秦国虽然技术有所欠缺，规模化生产却十分强大。每次征服一个区域，货币的发行就紧锣密鼓，因此反映在考古发现上，秦国的环形币虽然从范围上无法和别的币种相比，但是每一次出土，年代都非常集中。基本上把出土环形钱的时间串联起来，就能把秦国一统天下的路线图画出来。

城市真热闹

与商业活动一样红火起来的，就是战国的城市。

不夸张地说，战国对于中国古代史的一个重大意义，就是它是中国古代城市的成熟时期。之后的两千年中国古代史上，中国的城市规模和形状，都是以战国城市为蓝本发展。

在春秋以前，中国古代的城市不能说没有发展，但实事求是地说，发展就如老太太走路。比如出土的西周的城市遗址，比较起商朝的城市废墟来，无论从规模还是大小，都得拿着放大镜找进步。

之所以出现这种情况，说到底还是制度问题：城市在奴隶制时代，基本就是王公贵族的活动中心，就算是有平民百姓，好些也都要做农村的营生，所以从规模和热闹程度，都是十分有限。类似《封神榜》那样商朝都城里热闹的场面，也只有小说家才能编造出来。另外一些硬规矩，更完全限制死了城市的发展：国都长宽不能超过 900 丈，卿大夫的封地，也必须只有五分之一或三分之一，稍微大一点，就是僭越大罪。人口多一些的 5000 来人，少点的也只有几百人。基本就是这么寒碜。

但从春秋晚期起，情况就不同了，到了战国年间，更是翻天覆地。

商业的发展，商品经济的繁荣，就好比一支兴奋剂，把好些原本小规模的城市，全都给打膨胀了。城市的规模越发扩大，人口日益增多，所谓的硬规矩，也早给抛在了九霄云外，再硬的规矩，也无法阻挡这个强大的历史规律。

于是，旧城市的规模越发扩大，新兴的城市更如雨后春笋一般地涌现。战国时期哪怕是大国里普通的城市，也比春秋时代国家的都城要大得多，所谓“千丈之城，万家之邑相望”，才是最真实的写照。而且比起过去只有都城算得上城市的寒碜景象，只要数得上的大国，都是新兴城市林立。按照《盐铁论》里的说法，中原地区仅齐国、楚国、魏国这几个国家，叫得上名字，称得上商业贸易繁荣地区的城市，总数就有 30 个之多。放在之前的夏商周年代，这真是强大得不可想象。

更让前代不可想象的，则是城市的规模，比如齐国的都城临淄，史书上记载有 7 万户，而以已经出土的古城文物来估算规模，按照相关学者的保守估计，人口也要在 35 万以上。仅出土城墙的总长度，就有近 42000 米，总面积 60 平方华里，大小城门已发现 10 个，主干道宽 8 米，更有完整的排水系统，城市建设相当发达。

临淄城的繁荣程度，更是在当时天下闻名：集市上人挤人，抹一把汗就像下雨一样，车子挨着车子，而且城市里店铺林立，各种行业都有，天下各种奇珍异宝云集，场面十分热闹。甚至很多外国学者也来凑热闹：临淄的发达程度，放在同时期的世界上也是数得着的。而更能证明临淄繁荣的，还要说其发达的娱乐业，特别值得一说的就是足球，当时叫蹴鞠，这是临淄知名的体育运动，并很快流传到列国，成为战国起非常知名的中国传统体育项目。这一独家娱乐，国际足联也十分服气，2004 年专门宣告世界：足球起源于中国淄博（临淄）。

然而临淄的繁荣，也只是战国经济繁荣的一个缩影。七大强国的主要城市，不能说比肩临淄，也基本达到了这样的规模。不夸张地说，战国时代的中国，就是当时全世界经济最繁荣发达的区域。

而与城市繁荣同时发达的，就是交通。

各主要国家之间，除了军事道路外，更有了四通八达的商业交通要道。北方从齐国一直可以通到辽东地区的陆路，已经十分顺畅。南方楚国的商业贸易网络，已经可以连接到今天的印度地区，张骞通西域的时候，从中亚的集市上，可以看到来自巴蜀的绸缎，照中亚商人的话说，这些物资都是楚人经四川贩运到印度，再转手倒卖到了中亚。比起汉朝开始通西域的丝绸之路，战国时代通向世界的丝绸之路，产生得更早。

更值得一说的，却是海上贸易，作为东方最发达的商业地区，齐国的海上贸易，在战国就进入了黄金时代，今天山东的海阳地区，就是战国时代重要的贸易港口，以此为中转站，和辽东甚至吴越地区，都有商业贸易的联络。而在中原腹地，贸易网络更是四通八达，国力弱小的韩国，以及逐渐衰落的赵国和魏国，却成为战国时代中原贸易的集中地。以三晋国家为核心，贸易道路通向东南西北四地，各地的货物都云集。正是这样的交通演进，才为最后的天下一统，搭好了最厚实的戏台。

二十三　要强大，修水利

战国时代，列国之间的争霸十分热闹，尤其是以一统天下为目标后，相互的争斗，更是你死我活，文的武的，各种招数都有。

比较出名的招数，常规说来，就是战争，攻城略地的死掐，打得动就打，打不动就谈，文明的说法叫连横合纵，也就是拉帮结派打对方，十分的热闹。背后的招数，也是花样百出，比较出名的有发展生产，奖励耕战，实现军功授爵，甚至更有经济战争，通过经济调控来扰乱对手。样样都看似隐蔽，其实杀伤力无穷。

但有一样看似明面上的招数，收获的却是暗招有时候也难以达到的效果：修水利。

战国风云变幻的时代，同样也是中国古代水利工程，如井喷一般涌现的年代。从早期的魏国，到中期的齐国，再到晚期的秦国，几乎主要的强国，都有其自己自豪无比的水利工程。战国的历史变幻无常，多少曾经风光一时的国家，都成了历史的遗迹，甚至连半点纪念的踪影都难以找寻，然而他们留下的水利工程，历经两千年风云的洗礼，却依然生机勃勃地存在，以其汹涌不息的波涛，继续惠泽着后世的炎黄子孙。

一部战国历史，同样也是一部中国古代水利工程的成熟史。

水利工程，在后人眼里，也许只是一个工程这样简单，但是在战国这个特殊的时代里，水利工程却承担着更多的战略意义，它就像后来的万里长城与大运河一样，不但是一个被后人纪念的样板，更是国家走向强大和维持安全的必需生命线。一个强大的水利工程，其发展与命运，往往与一个帝国的命运休戚与共。

在这样的意义下，许多有着重大战略意义的水利工程，在战国时代中国古代科技革命的刺激下，相继蓬勃而出，成为一个时代最为伟岸的见证。

西门豹的力量

战国首先值得一说的水利工程，就是邺渠。

邺渠，又名漳水十二渠，位于今天河北临漳县，当年属于魏国境内。与这座伟大水利工程有关的，就是20世纪80年代，曾经入选小学语文课本的一个故事——西门豹治河神：战国魏文侯时代，大臣西门豹临危受命，治理当时叫邺城的临漳县，没想到到了就被雷晕，当地不但水灾频繁，而且还流行着“河伯娶妇”的风俗，也就是当地官员和巫婆勾结，威胁老百姓选自家的女儿，扔进漳河里去伴河神，否则河神生气了就咆哮，然后就大发水灾，一年的收成基本都泡汤。于是恶性循环，老百姓家不知道扔了多少女儿，也不知道被巫婆贪官敲诈了多少钱，却是年年水灾依旧，人民流离失所。

而敢为天下先的西门豹，也就勇敢地承担了改变的重任，到任后首先以毒攻毒，既然巫婆们说漳河里有河神，那么你们就先下去告诉河神一声，今年哥不送姑娘了，你要是生气也别祸害老百姓，有本事就冲我来。就这一句话，原先坑蒙拐骗的巫婆，就给活活扔进了水里去，半天没见出来，立刻又给巫婆们的同党，那群地方官们说，你们下去催催巫婆，看看他们磨蹭啥，结果几位臭名昭著的贪官污吏，也给齐刷刷扔到了河里去。

这位深藏不露的地方官，就用这以毒攻毒的办法，不但轻松扫平了当地盘根错节的地方势力，更给老百姓立了威，河神啥的都是忽悠人的，想要致富过好日子，就要信我西门豹。

这则小学课文里曾经引用的故事，通常说到这里，对最后的结果就一笔带过，也就是西门豹取得大家信任后，带领大家开凿了新的水利工程，也就是邺渠，从此实现了五谷丰登，不把姑娘扔到河里喂河神，就能过上好日子。

但放在当时说，最为困难的恰恰不是斗河神，而正是修筑这个新水利工程。因为在当时，在漳河修水利工程，不是没人想过，但一直以来，都是一件实在做不到的事情。

有多难做？看看地图就知道，临漳县的地理位置，位于漳河由太行山区进入华北平原的冲积扇上，地势陡峭且水流急，只要降雨量稍微大一点，立刻就容易引发水灾。至于兴修水利？那真是说起来很容易，做起来不知道有多难。不管堤坝修得多坚固，只要洪水一来，立刻就全数被冲垮。而且更加矛盾的事情是，临漳县当地的土地十分贫瘠，没有河水灌溉的话，收成基本没有保证，但如果要用河水灌溉，那基本就是水灾。所以不是水灾就是歉收，临漳老百姓的血泪史，一直就是这么多。

直到西门豹到来。

这位可以以毒攻毒制服巫婆的官员，最强的还不是这类官场手腕，相反却是实打实的科学水平：治水的水平。早在把巫婆往漳水里扔的时候，西门豹就有了全盘的治水计划：不治要淹，治水的话堵不住，那么最好的办法，就是疏通河道，引水灌溉。

于是西门豹大着胆子，实现了这个前人想都不敢想的计划：直接沿着太行山脉，依靠地势的情况因势利导，开发十二条水渠，而这个巨大的贡献，也同样因为史料的匮乏，记录十分简略，直到今天很多人也都在感兴趣：这样强大的水利工程，西门豹到底是怎么完成的。

因为它的效果实在是太强大了！

不但是通过十二条水渠的开凿，实现了完美的水利灌溉，从此这个多灾多难的土地，彻底告别了旱灾的肆虐，最让人惊叹的是，大量的水利带来的泥沙，还改善了当地农田的土质，从此这个土地出名贫瘠的苦地，竟然成了土壤肥沃的乐土。

这个特殊贡献，在后来的各类文献里，满满都是赞。以《史记》的说法，这个水利工程造成的富庶，不只是这一个县，更是整个的太行山地区。而以晋朝左思的感叹说：魏国能够实现振兴，首先就是经济的提振，而经济的提振，就是从西门豹的这个工程开始的。

改变战国历史的都江堰

如果说一个邺渠，造就了魏国的首霸，那么另一个更浩大的水利工程，却是为秦国一统天下打了底：都江堰。

都江堰的大名，直到今天依然如雷贯耳，两千年来不但造福了四川大地，更扛住了多次强震，其强大的建筑水准，令国内外众多建筑史学者，无不叹为观止。而放在战国历史上，这个水利工程更有着举足轻重的地位：不但是给四川地区的水利系统改道，更是给战国的历史走向改道。

为啥这样说呢？这就要说说都江堰的修筑缘起。

话说秦国在东进六国之前，完成的另一个重大军事工程，就是征服了巴蜀地区。这场战争的过程，基本没费什么劲，强大的秦国军队似神兵天降，一下轻松降服。等到降服了之后，秦国却是一度连肠子都悔青了，这哪里是开疆拓土，分明是背上一个大包袱。

因为这个地方太多灾多难了。

巴蜀地区，也就是今天的四川地区，总被称为天府之国。但这个美好赞誉，基本都是都江堰落成之后的事情，之前的场面，简直就是天灾之国。当地的天灾，基本就是家常便饭。特别是岷江自北向南，流入成都平原，由于水流变缓，因此造成了大量的泥沙沉积。而且每到夏季雨季的时候，立刻就会各种灾害全来，水流泛滥还是最轻的，严重的情况甚至有山体塌陷，泥石流频发，好好的一个村，很可能说埋就埋了。

对这个严重情况，秦国以前的当地统治者，也不是没有重视。按照《华阳国志》的说法，为了治理这生态灾害，当时的蜀王在被秦国灭亡前，也是啥样的办法都用了，甚至还开山挖沟，但是该挖挖该闹闹，基本都成了无用功。等到秦国接管了这个地方，也就立刻尝到了厉害，从秦昭王开始，自然灾害就年年有，不但庄稼收不上来，而且还常要关中平原接济。

这个严重问题，对于当时的秦国来说，可以说是当头一棒。因为秦国的目标追求，本身就是要一统天下，商鞅变法以后的基本国策，就是奖励耕战，可是战斗容易打，话也容易说，唯独奖励这件事，却是长期都犯难。

秦国的人口一直直线上涨，战争打得也极多，需要奖励的人也多，每次奖励都要给出大片的土地，关中平原的土地根本不够奖，这才需要继续开疆拓土。物产丰富的巴蜀地区，也就担负了为秦国储备战略资源和消化人口的重任。大量的移民前去垦荒，大批的土地开始开垦，本指望着这片新开发的土地，能给秦国的征战大量补血，没想到接管没几年，却是让秦国大面积失血。

连续失了几次血之后，秦昭王终于坐不住了，得换个能造血的人，于是著名的李冰，走马上任为蜀守。而作为一位战国历史上杰出的水利学者，李冰新官上任后，很快就明白了其中的真相：想要蜀地补血，秦国必须要再次大放血一把：修水利！

于是，这个足以载入战国史册的水利工程，从此正式上马。修建水利工程主要分为三个环节，第一个环节，以都江鱼嘴为主，进行分水工程，在江心正中修筑一道鱼嘴形状的分水堤坝，也就是著名的“都江鱼嘴”，这是在之前中国水利历史上，从来没有过的壮举。好比虎口拔牙，也只有这样的冒险，才能真正拔掉岷江这个“猛兽”的牙齿。“鱼嘴”修好后，岷江得以一分为二，同时内江上游岸边也有了一道保护江岸的堤坝，也就是“百丈堤”。整个的岷江水流，就这样被控制住了。

在成功锁住岷江后，都江堰的第二步紧锣密鼓：在岷江内江东安，打开玉垒山的石壁，从而引导江水东流，然后整个东流的江水，分成许多小的支渠，进入成都平原。从此成都平原的农民们，也就结束了靠天吃饭的历史，可以放心大胆地使用江水灌溉。

但最为关键的，是其中的第三步：减淤工程。在岷江飞沙堰修筑起低堰，这个工程有奥妙，一旦洪水暴涨，他们将抵消掉洪水的流量，而一旦枯水的时候，它更可以挡水，让内江的水注入进去，以老百姓的话说，就是旱涝保收。而这个特殊设计的水利工程，在完成之后的效果，也是立竿见影。按照《水经·江水注》的赞誉说："水旱之人，不知饥馑。"也就是从此无论水灾还是旱灾，对于巴蜀大地来说，基本都是无感，土地从此肥沃，旱涝从此保收，一直让秦国失血的巴蜀新国土，从此才真正华丽转身，成了秦国的粮仓。

那么这个水利工程的直接价值有多大？说个事就知道：秦国以其有限的国土和人口，却养活了几乎百万大军，特别是东进中原的征途上，一直源源不断地提供粮食物资支持的，就是巴蜀大地。都江堰的功劳，可谓功不可没。

大礼包郑国渠

都江堰的完成，使志在一统的秦国，有了最足的底气，而一个天上掉馅儿饼般的水利工程，更叫秦国获得了最直接地掌控中原大局的操纵系统：郑国渠。

郑国渠，将今天陕西泾阳西北的泾水，引入到陕西礼泉县做渠口，然后沿着北山南路凿渠引水，利用西高东低的地理条件，把水向东流经三原、富平等地，整个水渠的长度，长达 300 里。看看它的流经区域就知道，这个水利工程，范围几乎覆盖了整个关中地区，仅直接受益的良田，就多达 4 万多顷，在那个粮食比黄金还贵的战争年代，这个伟大的工程，说是让秦国一下子捞到了 4 万多顷地的金矿，都是毫不过分的。

但这样一个金矿，一开始其实是敌人白送给秦国的，干这个傻事的，就是长期被秦国欺负的韩国。

话说战国末年，当时的秦国，已经步步东进，一统天下已经成了时间问题。而首先遭殃的，就是韩国。为了免于灭顶之灾，急疯了的韩国国王，也就想到了这样一个自以为聪明的妙计：派最杰出的水利大师郑国进入秦国，说服秦国修筑这道水渠，使秦国投入大量的人力物力，从而无法东进。然而这个计划被不折不扣地执行了，看看这个工程的地理条件就知道，要修筑这样的水利工程，没有足够的劳动力根本就办不到，而最直接的劳动力，就是秦国的军队们。据一些野史的记载，秦国甚至为这个水利工程，投入了大约30万大军。看看战国的历史就知道，这段时间，也恰恰是横扫天下的强秦，一度被动挨打的时候，本该开疆拓土的军队，就在函谷关外烈烈喊杀声里，憋屈着在这里修水渠。

但就在这个节骨眼上，韩国这个“聪明”的计划却意外败露了。一起暴露的，自然就是正挥汗如雨的郑国先生的间谍身份。而当秦国准备一如既往，用酷刑来惩治郑国的时候，却听到了郑国掷地有声的疾呼：为韩延数岁之命，为秦建万世之功。而就在这样的疾呼中，这个工程坚持下来了，而秦国也坚持了下来，并在这场工程胜利之后，取名为郑国渠。

这个工程的意义，也是十分重大，除灌溉了4万顷多良田外，更有一个超越历史的贡献：滚滚到来的泾水，带来的大量的泥沙，当地原先的盐碱地，从此彻底改变，原先一毛不生的庄稼地，彻底变成了良田沃土。这个伟大贡献，甚至超越了战国时代，惠泽了两千年来的代代乡民们。

二十四　没有战车的战国

春秋战国时代的主要内容，是诸侯争霸。诸侯争霸的主要方式，是漫长的战争。作为中国历史上一个著名的大变革时代，春秋战国时代的变革，不仅仅表现在中国政治、经济、文化等方面的变迁，更直观的是中国军队作战方式的变革。变革的一个重要表现，就是传统战车作战的日益消失。

在周朝乃至春秋的大部分时间里，战车作战，一直是列国诸侯争霸战的主要方式。一个诸侯国有多少辆战车，不仅仅是军事实力的象征，更重要的是其大国地位的象征。比如春秋时代的传统大国晋国、齐国，就被称为千乘之国，成语“驷马难追”，也是以战车作为形容载体的。曾几何时，战车，是奴隶制时代中国战场决胜的最主要手段。战车实力的高低，对于列国诸侯的意义，不亚于今天高科技武器对于现代国家的意义。

然而，当历史从春秋进入战国时代后，翻阅浩如烟海的战争史料，我们却不得不惊讶地发现这样一个事实：中国的战车日益消失了。虽然有关战车参战的记录，依然见诸各类战争中，但是它却越发不再以主流的身份出现，更不是战场决胜的关键武器。列国诸侯的争霸战争，不再以严密的队形、集团式的战车冲锋为主要方式，相反演变成“奇正结合”的多样化作战，兵者诡道的思想，也正是在这一时期形成。

春秋时代盛极一时的战车，究竟哪里去啦？

曾经霸道的战车

说到传统的中国战车，现代人既熟悉又陌生。熟悉的原因，是在有关春秋战国时代的影视剧和图画里经常看到，陌生的原因，在于长期以来，对中国传统古战车的系统解读，可谓少之又少。

战车作战，兴盛于商周时期，到春秋早期，战车作战达到了极盛，无论从军事思想还是作战方式，都到达一个非常成熟的阶段。这是当时最有杀伤力的高科技武器。春秋时代的战车，由 4 匹马来拉动，每辆战车上配属 3 个战士，一个负责驾车，一个负责射箭，一个负责持长戈和盾牌，能站在战车上的甲士，不是一般的士兵，而是贵族成员。每一辆战车都有严密的装甲保护，在广漠的中原大地冲荡起来，可谓锐不可当。与战车配合作战的是步兵，步兵的配合作战人数，从西周到春秋也日益增多。西周时期，配属一辆战车作战的士兵，大约有 10 名，到了春秋时期，配属一辆战车作战的士兵，却已经有了 100 多人。

对比同时期欧洲的战车，中国战车无论是在装备的精良程度，还是设计的精巧程度上，都远远强于这时期的欧洲人。在当时的科技水平下，一辆装甲包裹的战车，具有高速的冲击力和强大的战斗力，是整个战场上的最强武器。

与战车作战方式相对应的，就是中国人在战车作战中各类军事思想的日益成熟。春秋时代的战车作战，已经形成了完备的攻防思想，包括战车的进攻防御队形、战车的扎营排列，都有非常严格的讲究。在早期的春秋争霸中，各国的军事家都在开动脑筋，考虑怎样增加战车的冲击力，比如晋国和楚国城濮之战的时候，晋国就故意用蒙上老虎皮的战车，向楚国军队发起冲击，一举冲垮了楚国的军阵，缔造了一场以少胜多的经典战例。从春秋中期开始，列国诸侯战车上的武器也日益更新换代。根据有关出土的文物和相关的历史记载，这时期已经安装上了防护能力更好的甲胄。晋国人的战车上，在后来甚至装上了当时刚刚出现的远程弩。春秋时代许多著名的战役，都是大规模的战车决战，随着各国诸侯势力的强大，战车的数量也日益增多。晋文公在城濮之战中大战楚国时，晋国动用了全部兵力，却也只有 700 多辆。但到了春秋晚期，吴国与楚国在郢都外围交锋时，双方动用的战车数量，竟然高达 2000 多辆。曾几何时，战车，是列国诸侯争霸战场上最得宠的利器，攻城拔寨，无坚不摧。

然而，当历史进入战国时代后，我们却惊讶地发现，在那些重大的战役中，战车的使用量越来越少，作用也越来越低，甚至在许多重大的战役中，完全不见战车的影子，这又是什么原因呢？

论原因，首先要从战车本身说起。战车确实是一种制胜的利器，但这种利器的使用条件太苛刻，必须要在一望无际的平原上，哪怕地理优势稍微不利，出现陡坡或者丘陵，作用都会大打折扣。即使在最能发挥战车优势的平原地区，在骑兵兴起之后，战车在野战中的劣势也凸显了出来。对比灵活机动的骑兵，战车的作战方式显得日益笨重了。尤其是在春秋早期，与窜犯中原的周边蛮族作战时，中原诸侯的战车部队，时常在游牧民族的骑兵面前显得无可奈何，追追不上人家，逃也逃不过别人，很多时候，都被人家当作骑射的靶子。

打仗毛病多不说，更重要的问题是，够资格上战车的人，也越来越少。

有资格在战车上担任甲士的，不是一般的士兵，而是奴隶主阶级中的贵族，配合战车作战的步兵，多是临时征募的平民。这样的搭配方式，不只是一个军事问题，更是奴隶制度下的等级问题。但在春秋时代中国封建化的过程里，这个等级问题越发不复存在。奴隶主贵族数量的减少，使得战车的数量，也就相应地减少，平民地位的上升，也使原来作为战车仆人的步兵们，很难再听命于战车的调度支配。

然而这时期中国军事科技的发展，更让乘战车冲锋越发成了找死。春秋战国时代，中国人在远程冷兵器研发上的突破成就，就是弩的成熟。从春秋晚期开始，几乎所有强大的诸侯国，都配备了精良的弩箭部队，在作战中“射住阵脚”，用杀伤力巨大的弩箭阻遏对手，成为许多军队的重要选择，而且这时期的弩箭，在射程和威力上都有了质的提升。电影《英雄》里的一幕或者虚构，但是战国早期韩国人制造的大型弩箭，就已经可以达到800米的射程。而且先前战车赖以保护的重甲，也不能阻挡杀伤力巨大的弩箭。这样的现实面前，想找死的人越来越少，战车也就越来越少了。

战车日益边缘化，还有另一个原因，就是春秋战国时代，诸侯争霸战场的扩大。西周时期的战争，大多集中于黄河平原地区，那里是最适合使用战车的地方。但是到了春秋战国时代，诸侯争霸的战场，已经由原先的单纯平原战斗，变成水战、山地战，各种作战条件并存。而且攻坚战所占的比重越来越大。列国诸侯都把修筑城墙、堡垒工事，作为战争中越发重要的部分，在野战中更能发挥用场的古战车，自然变得无用。

越来越无用

战国与春秋相比，在军事上的最大区别，就是规模区别。

春秋时代，能动用上万人的战役，就是大规模战役，早期称霸诸侯的齐桓公，国内能动用的最多兵马，也没有超过6万人。但到了春秋末期，齐国、晋国这样的大国，已经有了常备军数十万人，秦国和楚国甚至更能募集百万大军。作战的方式也发生转变，春秋时期的作战方式很单纯，大家把队伍拉到野地里打一场，谁输了活该。可到了战国时期，胜利方式就复杂多了，几万人规模的军事冲突，有时候更要通过漫长的消耗相持战。作战的内容，也更重视地利、堡垒、攻坚，以及在运动战中通过“兵法”，分散敌人兵力，集中优势力量打歼灭战。在这样的局面下，传统战车的应用范围已经越来越窄，死抱着战车的人，只能越发迎接战败的命运。

公元前405年，韩赵魏联合攻齐一战，给了所有迷信战车的军事家以教训。韩赵魏三国的军队，是最早开始“毁车”的部队，这三家诸侯的作战方式，已经转向了步兵、骑兵、战车协同作战。而齐国却依然采取步兵护卫战车的作战手段，战斗的结果就是齐国3万人阵亡，2000辆战车覆没。战车，这个曾经的沙场利器，若用不好，反而会成为行军打仗的累赘。

战国时代战争规模的扩大、范围的扩大，使得诸侯们的军费开支也日益增大，财政负担更加沉重，原本的政府税收体系，早就不能满足战争的要求。几乎所有诸侯进行封建化改革的直接原因，都是要为国家增加财政收入，提供战争的钱粮支持。《孙子兵法》里认为，如果一口气调动10万军队作战，每天的军费就要有千金；《战国策》里也曾说，一场万人规模的大战，无论是胜是败，仅损失的兵甲、马匹，就是“十年之田不能补偿也”。

然而与战车渐渐淡出战国擂台不同的是，战国时代，两种新的兵种地位日益重要——骑兵、弩兵。在战国后期的诸侯争霸中，实力上属于当时诸侯里“老大”“老二”的秦国与赵国，其实各自拥有其中一项兵种的优势，赵国的优势在于骑兵，秦国的优势在于弩兵。赵武灵王胡服骑射，建立一支实力强大的骑兵，但是在秦国先进的弩箭面前，赵国骑兵经常吃亏。华夏族的科技能力，在弩的研发上体现得淋漓尽致。即使是列国诸侯中相对弱小的韩国，其弓弩的制作水准也是相当高的。韩国制造的大型弩，射程达到了800米。但在这方面，体系最完善的还是秦国，秦国弩的种类，平均射程、杀伤力，都是当时列国中最优秀的，秦国弩兵的射杀能力也远远强于其他诸侯国。商鞅变法之后，秦国在历次征战中能够获胜，弩的作用是显而易见的。

随着新作战方式的产生，军事作战的理念也在发生变化。秦国在军事作战理念上的创举，就是独创了弩兵射杀与轻骑兵快速突击相结合的战法。秦国军队临阵打仗，第一轮攻击往往采取弩箭发射的形式，用密集的弩雨压制住敌人。在敌人被射得阵脚大乱时，再发动最后的总攻。同时秦国的轻骑兵往往采取奔袭敌人后路，两翼夹击的方式，完成对敌人的合围。而胡服骑射后强大起来的赵国，也有自己独特的战法，拥有当时中原最强大骑兵的赵国人，往往采取用骑兵占领战场制高点，利用步兵牵制对手，骑兵居高临下发起冲锋的方式来冲垮对手。赵国和秦国两种不同的作战风格，反映到效果上，就是秦国常常做到成功包围对手，成建制地歼灭对手的有生力量，而赵国往往能做到用迅猛的打击击溃对手，迫使对手崩溃，但是很难成建制地消灭对方。

不同国家的军事战术，也是相互间学习的，比如秦国就是很善于学习的国家，秦军之所以强大，正在于他们不断地吸收别人的长处。比如秦孝公变法初期，与韩国发生了战争，缴获了韩国的劲弩之后，立刻自己研究，吸收其长处，开发出了威力更巨大的秦弩。在阏与之战中败北于赵国骑兵后，秦国也积极学习骑兵战术，但他们没有照搬赵国人利用气势冲锋击垮对手的作战方法，相反开发出了轻骑兵大迂回的战法，即利用轻骑兵迂回包抄，切断敌人后路，形成对敌人的合围。在长平之战中，秦军的轻骑兵包抄合围战术，把赵国 40 万精锐送上了绝路。

战国时代的战争，不再以单纯地在野战中重创对手、确立强者地位为目的，战国时代的诸侯，追求更多的是要兼并对手的国土，实现自己的独大。所以在战国时期，城防战和攻坚战成为另一个重要作战方式，为了保障自己国土的安全，各国纷纷修筑坚固的堡垒，甚至是长城、壕沟作战，长城作战等防御手段纷纷盛行起来。为了打破对手的城防，各国也纷纷开发新的攻坚武器，比如可以击垮对手城墙的投石机，以及穿透对手重甲的重型弩，也都在这一时期出现。

战车并没有消失

战国时代的军事革命，对中国之后王朝的影响，没有因为战国的结束而告终，相反更加深远。

从战国时代开始，中国冷兵器时代的主战兵种，从过去的车兵变成了骑兵，特别是强大的王朝，其军队都有一支强悍的骑兵部队。而原本作为主战武器的战车，其实并没有退出战争舞台，它很快找到了自己新的角色。战国时代之后，战车的主要作用，往往体现在安营扎寨，架设杀伤力巨大的重型弩以及储存辎重物资。它成为一种合格的活动防御堡垒，而不再是进攻的坦克。而战国时代战争的演变，对于中国军事思想的另一个影响是：传统的“正战”，不再是战争决胜的唯一手段，相反谋略诡道兵法，却成为战争决胜的关键。中国人在战争方面的思想理解，更加成熟。战争成了一种活学活使的学问，而不再是单纯地拼蛮力。

二十五　法家宗师韩非子

公元前 233 年，秦国阴森森的监狱里，投进来一个特殊的犯人，他大约 50 岁上下，比起众多犯人入狱后的惊慌失措，他却异常平静，每天淡然地作息，甚至还跟狱卒索取竹简笔墨，时常写点东西。

这个人很奇怪，平日里话不多，偶尔一张口说话，就会把人逗得哈哈大笑，原来他竟然是个结巴。可每当有犯人取笑他的时候，狱卒们就会恶狠狠地上来，把取笑他的犯人暴打一顿。这样一来，也没人敢取笑他了，而狱卒们对他也很尊敬，饮食起居都照料得非常好，每天吃的，都是王室才享用的精美菜肴。

这个犯人就这样平静地住在监狱里，平静地写东西，平静地生活。直到有一天，秦国大臣李斯竟然亲自来看他。两人清退了牢中众人，神秘地谈着什么，犯人突然变得很激动，时而结结巴巴地申辩，时而不住地叹息。李斯却大多只是倾听，听到最后，却默默地把一瓶毒药拿出来，放在犯人眼前，摇摇头离开了。

犯人呆呆地坐在地上，许久才拿起这瓶毒药，反复端详后，终于悲愤地闭上眼，默默地喝了下去……

这个奇怪的犯人，就是战国学派法家的杰出代表，法家思想的集大成者——韩非子。

韩非子怎么会到秦国的监狱中来呢？又为什么会被丞相李斯，逼得服毒自尽呢？

那就得说说这位在整个诸子百家群英中，名声响亮得振聋发聩的人物。

韩非子，本名韩非，所谓“韩非子”，是当时人给他的尊称。他的出身很高贵，是韩桓惠王的儿子。教育背景也很好，老师是战国时期的儒家宗师荀子，在牢里给他送毒药的李斯，是荀子的另一个学生。他俩曾是朝夕相处、亲密无间的师兄弟。

说起他的成就，就必须先说说他的老师：荀子。

这位大师在当代教科书上，是个标准的熟脸。但是他的业绩到底有多大，大多数的教科书，却都没讲清楚。而不夸张地说，在整个中国儒家学说发展历史上，荀子都是一个至关重要的人物。尤其重要的，就是思想的突破。虽然出身儒家，但荀子的思想，和其他儒家人物很不同，其中有“帝王之术”的观点，即怎样帮助国君建立强权的统治，驾驭文武大臣。

和其他儒家宗师人物比起来，荀子的这一思想，堪称十分另类：儒家在这件事上，最看重的是“礼”，也就是定规矩，只要人们自觉按照礼的要求去做，社会就能太平，世界就能繁荣。对这一点，荀子虽说同意，可却有一条补充——想要人人遵守礼，不能全靠自觉，关键是要靠管理！也就是“法”。也就是“礼”和“法”都要并重，所谓“隆礼尊贤而王，重法爱民而霸”，正是荀子的真知灼见。

虽说荀子的这一主张，在百家争鸣时代，被很多儒家人物都曾批判过，但事实却证明了他的正确：以商鞅变法为代表的各类变法运动中，最重要的一条就是“法”，每一个成功的变法，也都是彻底贯彻了法治的结果。仅从这条成就看，荀子已经把儒家的思想深度，完全提升了一个台阶，后来儒家思想可以从诸子百家中脱颖而出，成为中国封建社会独尊的思想，对照下后来的学说就知道，好些都是荀子这时候打的底。而比这礼法更强大的，则是荀子的“天命”思想。如果说“法”这一条，还只是荀子对传统儒学的拓展，那么另一个重大思想，却堪称儒学划时代的突破：“从天而颂之，孰与制天命而用之。”翻译成白话的意思，就是人定胜天。

综合来说，独具思考的荀子，以其无畏的勇气和特殊的视角，不但拓展了儒学的思想内容，更为这个学说注入了全新的生命力。它的重大价值，在随后的两汉王朝中，会为中国的儒学发展，起到潜移默化的作用。

而放在当时，受他影响最深的，却是他两个最得意的学生：李斯和韩非。

对荀子的这门学问，韩非和李斯都很感兴趣。很快地，他们又对司法刑律等学问认真钻研，并系统学习了韩国法家学者申不害的思想。其学术流派，也逐渐变为法家。

在战国时期，法家学说是列国最受欢迎的学说，法家所倡导的建立君主集权统治，用严酷刑法治理国家的思想，很对各国君主的口味。而以强硬的法家思想来推动变法，更可以迅速实现国家富强，战国时期许多杰出的变法家，特别是促成秦国强大的商鞅，就是法家中的杰出代表。但比起其他发家流派来，李斯和韩非又十分不同，由于受荀子的影响比较深，因此他们的思想，虽说也是以法家为主，却对儒家学说的相关理论，也吸纳利用极多。而且虽说思想相近，但学术贡献尤其大的，却当属韩非。

因为这哥儿俩的家庭条件，实在是太不同。韩非身为贵族，但并不得志。他的父亲韩桓惠王，对于法家学说并不感冒，捎带着李斯在韩国，也受到了很多排挤，苦熬了很多年，却依然不得志。心有不甘的李斯，终于做出了一个艰难的决定：转道去秦国发展。

而和韩非比起来，李斯的最大特点，就是特别现实。这个性格，在他准备去秦国前，与恩师荀子的对话中，就体现得淋漓尽致：荀子问他为什么要去秦国，李斯的回答相当实在：人生在世，贫困就是最大的悲哀，卑贱就是最大的耻辱，所以我要去秦国，一定要出人头地。比起那些满怀理想的热血青年，他就是这样现实。

但现实的李斯，在这条路上的决心，却异常坚定：这时的秦国，已经不是商鞅变法前急缺人才的年头了，相反是各国的人才蜂拥而至，竞争十分激烈。就在这样的环境下，李斯不屈不挠，从最基层干起，先做了吕不韦麾下的一个小官，后来也得到了秦王的赏识，好不容易完成了几件漂亮的工作，官职眼看着要升，却不料爆发了著名的“郑国渠事件”。由于郑国打着修水渠名义来秦国搞破坏的阴谋败露，以至于气头上的秦王嬴政，做出了一个近乎无脑的举动：把所有在秦国的外来人全赶走！

对这种无脑行为，大多数的倒霉蛋，基本都是认命，但唯独不认命的还是李斯。反而捏住了秦王的心态，大着胆子做出了一次最后的努力，上了著名的《谏逐客书》，把秦王这项无知的举动，从头到尾批了个遍，却果然批到了秦王的心坎里，不但成功完美逆转，说得秦王收回了这个错误决定，更是就此飞黄腾达，成了秦国炙手可热的权力人物。

当李斯在追求官位的时候，韩非却在追求学问。

虽说在韩国不得志，但韩非到底是个贵族，至少生活不成问题，不得志的状况，反而让他有闲时间，去进行深度的理论研究。如果说李斯好比一个正在权力场上厮杀的战士，那么韩非则更像一个认真的磨刀工匠，正数年如一日，把自己的学说打磨成熟，改造成这个年底最锋利的砍刀。

他的成果，就是独特的法家学术研究。

这正是韩非对于法家思想最重要的贡献，虽然在之前，法家学派早已风光无限，但所有的法家思想家，都是各有一套思想，韩非的作用，就是在博采众家之长后，开始对法家思想进行归纳总结，并提出自己独特的观点。他的著作，总数有十多万字，包括《说难》《五蠹》《孤愤》等，是法家思想的集大成名作。

韩非虽然天生说话口吃，但他的文采，却好得惊人。他的作品通常气魄宏大，有奋发向上的精神，更不是脱离实际的空谈，相反他抓住生活中的点滴细节入手，潜移默化地阐述法家理念。

比如他的《孤愤》，是讲两种法家的精英人物，一种是有才智权谋的人，这种人能够明察秋毫，洞悉人心；一种是刚正执法的人，这种人执行力强，能够推行法律。韩非除了提醒统治者要善于选拔人才外，更提醒统治者要提防大臣，防止大臣专权乱国。

而他的《五蠹》，则把儒家学者、纵横家、贵族家门客、工商业者、游侠，称为五种危害社会安全的蛀虫，是需要统治者防范，并用法律来打压的。而《说难》，则是一篇法家的技术性文章，讲述怎样用技巧说服统治者，接受法家的政治主张，包括怎样揣摩统治者心理，了解统治者好恶等内容。此外，他还提出了法律面前平等、奖励耕战等主张，在当时也有进步意义。这些文章，大多收录在他的文集《韩非子》中，是先秦散文的杰出代表。

韩非的文章广为流传。连秦王嬴政都知道他了。看过他的文章后感叹说："我如果能见到这个人，死也不遗憾了。"这时韩非的师弟李斯，也成了秦王嬴政的重臣，他给秦王嬴政献计，先大举攻打韩国，然后逼迫韩国派韩非来求和。

秦王嬴政立刻照办了，如李斯所料，不堪一击的韩国，果然把韩非派来觐见了。这是韩非人生里最重要的一场会面，他向秦王嬴政畅谈法家思想，虽然说话口吃，却依然得到了秦王嬴政的敬重。韩非也趁机向秦王嬴政表明了心迹：愿意把毕生的才学贡献给秦国，帮助秦国一统天下。

但对韩非的理想，秦王嬴政却很犹豫，还没等他拿定主意，李斯却坐不住了。他虽然和韩非是师兄弟，但韩非出身才华，都远比他强，一旦韩非被重用，自己肯定要被冷落。偏巧这时候，韩非又得罪了秦国另一个重臣——外交家姚贾。这个姚贾曾多次游走列国，拆散各国抗秦联盟，但此人性情贪婪狠毒，他的身份是"纵横家"，也是韩非最厌恶的"五蠹"之一。于是，很自然地就结仇了。

李斯和姚贾一拍即合，开始造谣中伤韩非，先是姚贾劝秦王嬴政说："韩非是韩国人，做事肯定要为韩国考虑，您要用他就坏事了。"就是在姚贾中伤后没多久，韩非果然建议秦王嬴政，统一天下，应该先消灭赵国，不该打弱小的韩国。这本是为秦国统一天下着想的深谋远虑，但生性猜疑的秦王嬴政却坐不住了，他反而下令把韩非投入监狱。含冤入狱的韩非，在狱中写了大段的自辩，渴望能面见秦王嬴政申冤，但李斯却不给他机会，他偷偷给韩非送去了毒药，申冤无望的韩非，只好自尽在狱中。可巧合的是，就在同时，秦王嬴政后悔了，他连忙派人去牢狱释放韩非，但已经晚了。

韩非的死，表面看是因为李斯等人的陷害，但归根结底，却还是因为他的身份，如他在著作中所说："那些拥有超凡眼光和卓越能力的大臣，恰恰是君主需要提防的。"然而韩非自己，正是这样的人，又碰上性格猜忌的秦王嬴政，他的悲剧也已注定了。

二十六　最后的辩者：鲁仲连

战国时代有一个群英璀璨的群体，那就是游走在列国之间的辩士们。

这些人中有的气宇轩昂，有的却也其貌不扬，但却是清一色的能言善辩。从连横的张仪，到合纵的苏秦，乃至完璧归赵的蔺相如，都有太多激动人心的故事流传。在之后的两千年间，深深激励了代代国人。

在有关他们的故事中，他们的风光辉煌，有时候显耀得近乎神话，总是云淡风轻几句，就能刹那间将杀机化为无形，甚至覆雨翻云，扭转乾坤，寥寥数语，就能奇迹般启动一段波澜壮阔的历史。正如其中优秀人物张仪所说：只要舌头不烂，我就有翻身的本钱。

可伴随着战国历史的演进，这类风光的舌辩之士，出彩的机会却越发稀少。如果说在连横合纵的高潮年代，他们都是多次抢镜的明星人物，那么随着秦国强大地位的形成，特别是长平之战后，秦国统一天下的脚步进入了加速度阶段后，那些伶牙俐齿的辩士们，虽说也涌现出过毛遂自荐的奇迹，但真正的作用，却已逐渐弱化。这里面真正的原因，却并非人才断层，而是时代变了。当天下一统的脚步加速，列国之间最后的客套也已不复存在，赤裸裸的厮杀成了主旋律。所谓舌辩之士，用武之地也越发稀少。所以到了战国时代的尾声，昔日风光无比的辩士，早已沦为了打酱油的角色。更伴随着秦朝统一天下的历史进程，沉默地埋入历史烟云中。比起当年连横合纵时期的星光灿烂，这时的辩士们，面孔早已大多普通。

但偏偏就是这个辩士行业十分萧条的时代，后来出名眼界奇高的唐朝大诗人李白，却独独对一个人，表达过由衷的赞美。在其名作《古风》中，以一句流传千古的佳句，抒发了对其无与伦比的敬重之情：齐有倜傥生，鲁连特高妙。

这位连李白都认定“高妙”的辩士，正是齐国舌辩家：鲁仲连。

齐国，这个曾经啸傲中原，甚至一度与强秦并肩的强大帝国，虽然自战国中后期起，就仿佛一颗迅速坠落的流星，不断地加速度堕落：国力越发地衰弱，昔日曾经能和秦国叫板的齐王，更彻底沦落为秦国的小弟，只知死心塌地听秦国的话，直到仿佛一块案板上的弱肉，被王贲的几十万秦军一举砍平。但如此悲催的亡国，依然无法掩住这位齐国辩士的风姿。在几百年后的李白眼中，正是他以坦荡的胸襟和侠义的风骨，为齐国这段悲情的沦亡，留下了一抹夕阳般的亮色。以至于多么苛刻的后人，在他的风采面前，依然由衷地赞叹。

一纸文书百万兵

鲁仲连，又名鲁连，战国时期齐国茌平人。尽管今天对他的记录，已经十分简略，就连他的生卒年，正史上只给我们说不详，野史的说法也是五花八门。但是有一点是公认的，作为稷下学宫培养出的杰出辩士，他是最后更是最杰出的一代。而且以“出名要趁早”的标准看，生卒年不详的鲁仲连，却绝对符合这条。他名满天下的时候，还是个 12 岁的翩翩少年。他出名的方式，则是横挑当时享誉齐国的辩士老前辈：田巴。

田巴这个人，在今天不太出名，但在当时却十分有名，是当时享誉东方六国的杰出辩士，素来以思想激进外加口才犀利著称，属于天生战斗型人才，只要上了辩场，火力就出名地生猛。

而且这人除了猛，还特别招恨，普天之下几乎就没他不敢骂的事，包括华夏民族素来信仰的三皇五帝，更是说骂就骂毫无负担，且还是变着花样地骂，尤其是当着几千人的面，火力生猛地来回骂，把一群人说得无言以对，憋着气看他表演。

这样的人物，放在那样的年代，都是让人最想打的，可他的光辉大名，传到 12 岁的鲁仲连耳朵里，鲁仲连却十分兴奋，立刻自告奋勇赶来，要和这位出名辩士一战。

12 岁毫无战绩的小朋友，挑战名声在外火力生猛的老前辈，不出意外的话，这是一场近乎没商量的惨案。因此本着同情或看热闹的心态，好些人都齐聚稷下学宫，打算亲眼目睹这预料中的凶残一幕，孰料，却看到了令他们终生难忘的景象。

少年老成的鲁仲连，落落大方地走到了田巴面前，既不摆造型撑场面，更不引经据典扯大道理，只是不紧不慢，说了一句和风细雨的话：现在楚国正兵临齐国的南方，燕国也正兵临齐国的北方聊城，十万火急的时刻，先生您有解决问题的办法吗？没办法的话，就请您这辈子都别干这行了。

只这一句质问，就立刻制住了田巴的要害，当场就吓得田巴满身冷汗，吭哧半天说不出话来。这番意外冷门，当场就把现场观众全都看傻，但更逆天的场面，却还在后面：田巴当场表示，永远退出辩士这行当，终生不再开喷。

为啥这么逆天，因为和后世不同，那年头的辩士，都是务实的人才，所谓的辩论绝不是为了抢风头，相反却是真正解决实际问题的。因此一旦落下只会耍嘴皮子的印象，那就干脆别干这行了。而田巴事后的表现更证明，他更有职业操守。事后非但不恨鲁仲连，相反在各种场合，极力赞扬这位少年的惊天才华。特别是当着鲁仲连的老师徐劫的面，更是好一顿夸奖。

如此夸奖，也正是因为鲁仲连这看似不温不火的表现里，却透着一个惊天的能力：仅仅通过几下观察，就能轻松找出对手的弱点，并且在短短几句中，更可轻松捏住对方的心态。这份揣测心术的本事，几乎强大得逆天。

小小年纪就能猜人，等着年龄大了，这份本事更出落得青出于蓝，最强的一条，就是断事。也正是这个强大的本事，让他在那场事关齐国生死存亡的浩劫中崭露头角：齐燕大战。

当时的情况是，齐国一开始被燕国猛打，一气丢了70多座城池，后来总算在即墨大战中挺了过来，堪称再造齐国的名将田单虚虚实实来了个火牛阵，硬是把燕国又打了回去，随后齐国转守为攻，开始了轰轰烈烈收复失地的大反攻。对当时的形式，正在缔造拯救齐国历史的田单，自我感觉尤其好：当年凭借小小的即墨，就能灭掉燕国的倾国精锐，而今攻守易形，顺利收复国土，还不是摧枯拉朽？

谁知高歌猛进间，却骤然碰上了一个硬钉子：狄邑。

对这座志在必得的重镇，田单高度重视，以至于极度自信的他，战前还专门慕名拜访鲁仲连，美其名曰求教，其实却是炫耀：即墨我都救下来了，小小一个狄邑凭什么打不下来，求教你那是看得起你！但鲁仲连的反应，却是相当不识时务，面对自信满满的田单，他却反反复复，表现出一种让田单十分糟心的态度：打狄邑，你没戏！这下可把田单惹得不行，可是身为名将，架子还是要端着，因此忍下一口气憋屈着走了：你说没戏，我就打给你看看！

谁知后来的事情，却真个无情地验证了，接下来的三天时间里，士气高涨的齐国大军猛打死冲，能用的招都用了，却是损失惨重，连狄邑的城砖都没敲下一块。计划内高歌猛进的大战，却一下栽了个大跟斗！要说名将到底是名将，田单虽说起初态度很狂，但真碰得头破血流，却也算清醒，立刻拉下面皮，再次到鲁仲连处登门求教，鲁仲连这下继续不客气，直接把田单骂得狗血淋头：当年你守即墨的时候，几乎是身先士卒，激励得全军士气高涨，现在你地位变了，成了大功臣了，却是处处摆架子，举手投足傲慢无比，你自己说你的军队哪里还有啥士气？

这话一说，田单恍然大悟，紧接着第二天早晨，照着鲁仲连的谋划，只做了一件事，就重新激励起这支军队的铁血雄心：天蒙蒙亮的时候，就身穿一身战甲巡视军营，且认真慰问士兵，特别是对伤兵嘘寒问暖，立刻激得全军再度信心满满。而后的齐军，立刻精神焕发，进攻仿佛洪水猛兽一般，把顽强抵抗的狄邑，立刻打得狼狈不堪，轻松顺利拿下！

经过这件事情的田单，对鲁仲连也敬佩得不行，可如果说打狄邑，只要靠激励士气就行，等碰到重镇聊城的时候，这招却也玩不转了。作为燕国军队负隅顽抗的最后一个重镇，聊城不但囤积有燕国的精锐，而且还有名将燕冲坐镇。这位继乐毅之后燕国又一位铁血将军，在这场绝望之战中，展示了"明知不可为而为之"的勇气，整整一年的时间，令齐国一步不能前进。

面对如此强悍的敌人，田单再次想起了鲁仲连，专门把他请来。可比起上次的狄邑来，这次的困难，却简直堪称平方版。燕冲身为一代名将，立场和决心都十分坚定，率领的士兵们，也几乎把这一仗当成一场必死的绝望之战，杀伐都无所畏惧。对这群无欲则刚的强人，劝降没有，强打没戏，除了干耗，似乎别无办法。

鲁仲连有办法！

一直以来鲁仲连的风格，就是能把一个人的心思拿捏到极致。这次也一样，在接受这次艰难任务后，他就已经对燕冲此人，有了非常深刻的了解，知道这是一位铁骨铮铮的热血汉子，并非高官厚禄所能引诱的。因此对症下药，写了一封水平极高的信。

在这封信中，鲁仲连既高度赞扬了燕冲忠诚铁血的精神，但同时也给他指出一个无情的现实来：如果你继续坚持顽抗，那就是不义之战，但如果你开城投降，就是对燕国不忠，因此不管你投降还是打，不忠不义这两条，你都至少要占一条。而且也正是在这封信中，鲁仲连不但展现了自己犀利的词锋，更有挥洒的文采，整个书信写得感人肺腑，句句敲击心坎，以至燕冲边读边抹眼泪。可问题来了：尽管你写得再感人，可你到底感动完了，想要燕冲咋样？

事实是，鲁仲连早就判定，燕冲在被感动后，会做出怎样的抉择，果然在燕国三军士兵惊愕的注视下，刀光剑影面前从无退缩的燕冲将军，抹了一把滚烫的热泪后，立刻慨然拔出佩剑，然后在闪闪的寒光中，毫无惧色地往脖子上一抹，刹那之间，血红的颜色布满了将士们的眼帘，这位血战一年不曾退缩的热血汉子，就像一座轰然倒塌的铜像一般，壮烈地终结了自己钢铁般的生命！

聊城，这座绞肉机一般，洒下齐燕两国士兵多少血泪的顽固城池，就这样一封书信，轻松平定。而一封书信鼎定大局的鲁仲连，也至此彻底名满天下。

一场改变历史进程的怒喝

作为一位名满天下的辩士，鲁仲连另一个值得赞叹的地方，就是他的信仰。鲁仲连的最重要信仰，就是极度痛恨虎狼一般的秦国。特别是在战国晚期，那个列国人才争相投奔秦国的年代里，他依然保持着对秦国的厌恶。正是这种厌恶，令他在赵国，上演了一番几乎改变历史进程的痛骂表演。

公元前 257 年，参考下战国历史就知道，经历过长平之战的赵国，这年正是雪上加霜的时候，被秦国重兵围城，眼看就是要城破国灭的模样。当时的局面，万分地凶险，后人耳熟能详的典故，也是尤其地多，最有名的当属信陵君窃符救赵，仅次于这事的，还有毛遂自荐。

但是如果没有鲁仲连的那一声吼，这几件有名的事情，几乎都堪称无用功。因为就在信陵君等人，在为窃符救赵忙活的时候，秦国的一个阴谋，已经紧锣密鼓地计划着。客居邯郸的魏国将军新垣衍，竟然摇身一变成了秦国的说客，出面劝说赵孝成王：何必要抵抗呢，秦国要的不过是个面子，你给个面子不就得了，尊称秦昭王为帝，这样秦国不就撤啦？

这个建议在早已灰心丧气的赵王心中，可以说是极有诱惑力：对啊，不就是个名分吗？总比继续打下去玉石俱焚要强。于是赵孝成王真个心动了：要不咱就这么办？

而这表明轻松的台阶，其实也正是秦国的大阴谋：倘若赵国和秦国，真的确立了这样的君臣关系，也就确立了秦国至高无上的地位，从此之后，他们就完全可以以此为口实，继续肆无忌惮地侵占赵国的土地。以前是明火执仗的强盗，这下却成了耀武扬威的主子。算盘打得极精。可如此精明的算盘，就算大臣们看出来又有什么用呢？关键一条是，魏国等主要国家，也都积极支持，邯郸打得水深火热，他们也是提心吊胆，生怕城门失火殃及池鱼，只要赵国低头认了这尿，秦国也就能消停个三年五载，至于以后呢？先应付眼前再说，哪里还管得了洪水滔天。

总之，倘若这件事办成，秦国就毫无疑问，又啃下了一块大肥肉，一统天下的步伐，必然就会加速度。

可就是在这个历史时刻：鲁仲连横空出世了。

他专门来到了朝堂上，就像当年舌战田巴一样，这次他的态度更加暴烈，在赵国的朝堂上，一件一件历数秦国欠下的各类血债，把秦国的虎狼性格，揭露得淋漓尽致不说，更掷地有声地扔下一个誓言：吾不忍为之民也！就是死，也绝不做秦国的百姓！

他的这番慷慨陈词，仿佛一阵响亮的耳光，顿时打醒了赵国君臣上下：是呀，他一个齐国人都如此激动，我们为什么要尿？

长平的血债历历在目，几乎每一个邯郸的家庭，都在对秦国的战斗中，失去过至亲和骨肉，承受过家人离散的痛苦，当长平大战的败报传来的时候，赵国上下家家号哭，那悲惨的景象难道就忘记了吗？

难道就这样认命，乖乖地引颈就戮，迎接秦国随后到来的征服和屠杀？难道就这样丧失掉最后抵抗的勇气，低三下四地接受做亡国奴的命运？要知道赵国，从来都是以铁血刚勇著称，当年一个小小的晋阳，都可以扛住智家的铁壁合围，当年在缺衣断粮，整个城池甚至被大水淹没的时候，都从来没有屈服过，难道今天，赵国人就要低下高贵的头颅？

在鲁仲连近乎残酷的痛骂中，所有的赵国人，心都似滚滚开水一般沸腾，先祖往昔铁血的勇气顿时复苏。整个邯郸城，在一片残破和血泪中，从百姓到士兵，每个人都几乎强忍着疼痛站立起来，血红的眼睛望向了凶神恶煞的秦兵：来吧！

满以为算盘如意的秦军，就这样看到了惊愕的一幕，在近乎绝境的邯郸城上，守城的军民们骤然爆发出了无比的勇气，和潮水般汹涌攻击的秦军，展开了最后也是最决死的大战。也正是这样惨烈的厮杀，极大地震撼了原本还在观望的魏军。那声声传来的喊杀声，更似一股疯狂传播的热流，瞬间激起了赵魏战士们共同澎湃的死战之心：窃符救赵的壮烈场面，就这样如闪电一般爆发，将气势汹汹的秦军，瞬间打回了原形！

在这场赵国灭顶之灾终于解围后，被鲁仲连激起血性勇气的赵国人，也深深地记住了这位大师杰出的才华，但接下来令赵国人动容的，却还有他高贵的品质。

在赵国的庆功宴上，为了表达对鲁仲连的感激之情，平原君特意安排，使人送来了千两黄金。可面对这黄澄澄的财富，鲁仲连的脸皮都不眨一下，反而轻轻一笑，说出了一番闪光的豪言：对于天下士人来说，真正的价值是帮助世人解决苦难，而不是追求财富，否则我们不是和商人没有区别了吗？说罢，他拱手告辞，飘然远去，留给赵国人的，就是这最后高风亮节的神迹。

然而这样的行为，对于鲁仲连来说也是正常，更是他与苏秦、张仪等人最大的区别，当绝大多数的辩士，都在为建功立业的目标奋斗时，鲁仲连却有着更加飘然高远的追求，他所追求的，绝不是个人的荣耀辉煌，相反却是心中一直奋斗不息的信念。为了天下的大义，他可以甘冒险地，出生入死，又可以功成不居，飘然而去。

其实平原君哪里知道，早在当年辅佐田单时，鲁仲连真正出名的，就同样有这番高贵的精神，他的这两次主意，帮助齐国击退了外侮，如此惊天功劳，也令田单十分赞赏，更许诺了高官厚禄，可面对如此大好前途，鲁仲连更是眼皮子都不眨：早在田单攻打聊城的时候，他就因为鄙视田单屠城的行为，决定和他分道扬镳。因此当齐国度过危机后，他便不顾田单的挽留，执意归隐东海，留下一段轰动列国的传说。

扑朔迷离的结局

在《史记》的记录中，成功激起邯郸血战勇气的鲁仲连，在这次绝唱般的演出后，就选择了归隐。

他归隐的地方，叫作“东海”，根据《太平御览》等书的记录，应该是在山东桓台境内的马踏湖。而不管确切地点在哪里，归隐的鲁仲连，也留下了不少美丽的民间传说，曾有说他纵舟于湖上，也曾打鱼垂钓，生活十分悠闲快乐。但他生活的年代，却注定不是个悠闲快乐的时代，特别是他的祖国齐国，也很快就要迎来覆灭的命运。

然而在诸多关于鲁仲连的民间野史传说中，其中最为壮烈的一个结局，也和当年他在邯郸的那场表现有关。当时痛斥秦国的鲁仲连，留下了“义不帝秦”的豪言，宁死不会做秦国的顺民。在齐国覆灭的消息传来后，以很多野史的说法，隐居在桓台的鲁仲连，也选择用一种最壮烈的方式，来实现这个誓言：当场老泪纵横，继而仰天长啸，声称自己绝不辜负那个誓言，然后毫不犹豫地纵身一跃，跳入茫茫湖中。

这个在正史中未曾确认的结局，对比那个时代辩士们的命运，却更像一代理想主义者们的绝唱。

二十七 稷下学宫，东方的雅典学派

文艺复兴时代的绘画巨匠拉斐尔，曾有震撼世界的壁画力作《雅典学派》。

在这幅宽近 8 米的煌煌壁画上，栩栩如生地再现了包括柏拉图和亚里士多德在内的 50 多位古希腊思想文化巨匠，他们或高谈阔论，或精心演算，或慷慨激昂演说，或群情兴奋鼓掌。整个古希腊时代风云际会的先哲人物，不同年代、不同流派的文化，就这样跃然于画上，仿若历史风云再现。其高超的艺术表现手法与人物场景布局能力，引得一代代欧洲人叹为观止。

这幅构造精心、技法高超的壁画，仿佛一个历史废墟上拔地而起的舞台，把整个古希腊时代所有的明星人物生动呈现。一代代的观赏者们，无不流连忘返，惊奇不断。该给的赞美荣耀，几百年来都给了。

当然，与其说他们惊叹壁画，不如说他们犹如身临其境，惊叹那个诞生了欧洲文明的古希腊时代。

而相比之下，中国战国时代的文化荟萃，非但不逊色于这个欧洲人为之神往的时代，甚至好些方面的技术含量，包括思想的先进程度与科学文明的进步程度，更是有过之而无不及。中国诸子百家的激烈争鸣，各个流派独具特色的思想，不但造就了一个百家争鸣的战国文化，甚至在 18 世纪启蒙运动时代，深深震撼了欧洲。就连法国大革命的宣言词，都引自儒家思想那句耳熟能详的箴言：“己所不欲，勿施于人。”

正如鸦片战争开战前，英国国会辩论里的一句话：古老中国的文明，他们的百家争鸣，其成就丝毫不在我们知道的古希腊文明之下。而作为足以比肩古希腊文明的战国文化，与《雅典学派》画卷中的虚拟场面相比，却有一个承载的真实舞台。在这个地方，不同学派的文化，得以自由辩论，激烈交锋，仿佛剧烈的化学反应一般，生动催进了中国历史的演变。

这个中国舞台，就是齐国的稷下学宫。

又一个齐桓公

稷下，本是齐国国都城门的名字。战国初年，田氏代齐后的第三代齐国国王田午，在此设立学宫，因此得名“稷下学宫”。

说起这位田午，名声并不太响亮，但说起他的尊号，却是赫赫有名：齐桓公。虽然和春秋时代雄霸天下的那位齐桓公比，此齐桓公没有这么霸气，但知名度却也毫不逊色，最出名的事件，当属“扁鹊见蔡桓公”的典故。里面那位讳疾忌医，有病不早治，病入膏肓追悔莫及的愚蠢国王“蔡桓公”，正是这位齐桓公——田午。

由于这段死得窝囊的经历，因此两千年来，此君一直被历代学者当作反面教材，“讳疾忌医”的名号流传得极广，特别到了言路通畅的宋明两朝，刚直敢言的臣子们上书骂皇帝，都常拿他出来说事，翻翻各类慷慨激烈的奏折，此君的出镜率相当高。

就是在这样的口水纷争里，他开创另一样人类历史新纪元的伟业——创建稷下学宫，却也被默默地掩盖。

这个业绩有多伟大？这不单单是世界上第一所官方举办私家主持的高等学府，更是后来战国百家争鸣的土壤。战国丰富多彩的文化流派，几乎都植根于此，开花结果繁衍生息。思想文明高度繁荣的战国时代，齐桓公正是最早的耕耘者。当然最初创办这高等学府的时候，齐桓公真没想得这么长远，也没太多伟大追求。他开创这历史创举，还是为了齐国自身统治考虑。

在战国七雄里，齐国王室的出身极为特殊，既不是韩赵魏这样的分家国家，更不是秦楚燕这样的春秋传统豪族。他们属于借着齐国的壳，建立了田家的统治，名分十分不正。那么为了证明自家统治合法性，除了要富国强兵，更得撑起思想大旗。

那咋证明呢？篡了齐国王位的田氏家族，出身于陈国。而道家创始人老子，同样也是陈国人。这下事情就好办了，高举起黄老学说的大旗，更把田家的祖先，追尊到黄帝，把老子的黄老思想，牢牢树立成齐国的国策，那就名正言顺了：我们田家秉承黄老思想，源流于黄帝，身份根正苗红，别说统治齐国，就是称雄天下，也是天经地义。

这个思想宣传，从田氏代齐的第一天起，齐国就一直在努力。而到了田午这一代，由于此君得位也不正，靠杀害其兄长齐废公田剡上位，登位之后更是四面风雨飘摇，这个传统宣传工作，更得进一步加强，最好的办法，当然是办学宫。弄个大学宫，召集各方名士，反复宣讲齐国思想，树立自己名正言顺的身份和伟大形象，岂不更加快速方便？

于是稷下学宫，就在这样的背景下应运而生。

当然最早的稷下学宫，还没有后来那么繁荣，主要都是黄老道家学说的舞台，这一类在学宫里讲学的学者们，也被称为稷下学派。他们主要的任务，除了阐述议论，就是整理春秋时代遗留的各类学说资料。学宫里的辩论，也基本都是秉承大王的意思，做一些大王喜欢的研究，但比起后来的空前规模，还是相对冷清。但即使在这相对冷清的年月里，真正被齐国上下公认的，却是稷下学派无可争议的地位。能够成为其中一员的学者，都至少是在齐国声名显赫的人物，不但学问名望都是硬实力，身份受人尊重，待遇更是士大夫级别。其在政界的话语权，也是出名地大。

最典型的事件，例如曾经入选中学课本的《齐威王一鸣惊人》：初登位的齐威王，还是个不靠谱的浪荡公子，成天吃喝玩乐，眼看齐国的国事风雨飘摇，就要到被吊打虐打的节奏，却是稷下学派的名士淳于髡挺身而出，循循善诱地给齐威王讲了个故事——有一只大鸟，本该威武雄壮，可是长大之后，却是九年都没叫唤一声，大王您说这是咋回事呢？齐威王立刻心领神会，从此幡然真做，造就了齐国强大。“一鸣惊人”的成语，就是由此而来。

多年以来，这个故事一直用来形容淳于髡的聪明，或是齐威王的胸怀，但其中透露最重要的真相是：作为战国新生事物的稷下学宫，从诞生早期起，就拥有这样强大的话语权，稷下学士们不但拥有崇高的地位，更有着让国王都肃然起敬的权威。

就在这样的尊重与发展中，早期的稷下学派欣欣向荣，很快从初生的小苗长成参天大树，成为齐国大国地位的生动招牌。

但是从齐宣王起，这个原本就光鲜的金字招牌，身份竟再次华丽转换，原先是棵招牌树，这时却变成了招纳各方“神鸟”的奇树；原先以齐国的黄老思想为主，学者也主要是老子学派人物，这下却成为诸子百家各个流派的聚焦地。一个学宫，竟这样成为诸子百家发展壮大的温床，仿佛一个聚拢了巨大能量的火山，喷涌出汹涌的战国文化烈焰。

这个角色转换，又是怎样来的呢？

齐宣王的妙笔

稷下学宫的角色变化，以《史记》里的说法是这样的，“宣王喜文学游说之士，自如邹衍、淳于髡、田骈、接予、慎到、环渊之徒七十六人，皆赐列第，为上大夫，不治而议论，是以齐稷下学士复盛，且数百千人。”也就是说，在齐宣王的改革下，稷下学宫从此打破了学派的界限，以海纳百川的气度，接纳各个流派的名士。各路名流人物都给予崇高地位，享受上大夫的待遇，且权力还极大。所谓“不治而议论”，就是不负责具体的行政工作，但是要参政议政、建言国事。在这样的大力扶持下，稷下学宫进入了其黄金时代，最热闹的时候，规模已有了千人之多。

如此华丽的转身，自然不只是因为齐宣王“喜文学游说之士”，其中更深的追求，则是齐国的大国梦想。

这时候的齐国，状况和当年田午时候已经大不相同，不但是田氏家族王位稳固，其综合国力更蒸蒸日上，到了齐宣王执政的时候，齐国已经从中原六国中脱颖而出，成为中原唯一一支可以和秦国争雄的力量。战国的争霸战争，也正进入到另一个白热化阶段：齐秦两强对峙时代。

在战国这个特殊的时代里，一个国家如果要成为争霸的主角，那就需要抓两件事，众所周知的一件是战争，有了强大的军力才有超群的国家地位，但另一个与战争同样重要的事，就是抓文化。

看战国时代的发展脉络就知道，每个时代称霸诸侯的国家，也同样是这个年代文化最为繁荣发达的国家，以最早实现变法自强的魏国来说，一个魏国所云集的，几乎包括了当时战国所有的精英人物，而等到秦国和齐国也通过变法自强，后来居上时，其文化方面的软实力，也必须要有拿得出手的成就。

在这个问题上，齐宣王是深受过刺激的，在他与秦国的几次较量中，最大的感受就是：为什么六国的人才都往秦国跑。经过痛定思痛后，他把改革的对象，放在了稷下学宫上。这个已经有了悠久历史的高等学府，不能仅仅是个门面工程，它更应该成为齐国繁衍孕育人才的温床，吸纳列国优秀人才为齐国服务。

在这样的强大追求下，稷下学宫各方面的条件，骤然升级。首先是待遇提升，比起以往来，那更是强得不能再强。以齐威王之前的话说：人才就像珠宝一样珍贵，列国争霸的关键，就是“得士则昌，失士则亡”。所以稷下学宫能否招揽到名士，这不只是个面子问题，更是个国家兴亡的问题，下的本钱也自然要更大。

于是，稷下学宫的待遇，立刻优厚得令天下人眼热。以《史记》的形容是“高门大屋尊宠之”，也就是要钱给钱要房给房，具体到每位名流身上，更是各个一夜暴富：比如田骈，不但享受上大夫待遇，而且门下弟子上百，全由国家包养。孟子不但高官厚禄，连出门也特别风光，每次都是数十辆车马，外带数百人跟着，场面十分壮观。而且这样的待遇，也是分等级的，不同的学者根据其学派声望的不同，享受不同等级的待遇。也就是说，在稷下学宫能获得怎样的礼遇，不只是个生活问题，更是个身份认证问题。只要在稷下学宫有过风光日子，名满天下的身份，就算是确立了。

当然天下没有白吃的午餐，稷下学宫礼遇这些学士，也自然有其要求。而恰恰这一条，才是比待遇更吸引各路名流的原因。稷下学者的职责，同样照前文所说，就是“不治而议论”，也就是不负责具体的行政责任，但是需要为国家大事提供自己的思想和建言，这就等于既给了他们说话的权利，更给予了学者敢于说话的保护。包容，才是稷下学宫超越了战国时期其他国家之处。

这是一个兼容并包的平台，接纳一切学派的思想，允许学者们畅所欲言，更给他们以准确的定位，在这里不仅有良好的待遇和崇高的尊崇，还不用担心会如同在秦国这类国家那样，不幸卷入政治倾轧中。如果说同时期的秦国，给列国人才提供的地方是战场，那么稷下学宫，却是一个更加适合学问研究的世外桃源。当然，比起秦国这类国家政坛上的刀光血影，稷下学宫里也同样有战争，这里的战争，就是“吵架”，也就是辩论。

作为一个专业研究学问的机构，稷下学宫每天的日常工作，除了对于学术典籍资料的书写，就是不同思想之间的交锋争论，自从齐宣王时代，这个新兴学府实现华丽转身之后，这里就变成了诸子百家争锋的战场。在战国这个百家争鸣的时代里，任何一个学派都有自己的主张和治国的理念，但并不是每个学派，都有真正付诸实践的机会。那么一个学派如果要得到更多的认同，甚至得到一展抱负的平台，那么在稷下学宫取得话语权，就是必须要经历的磨炼。

由于这一特殊职能，稷下学宫自齐宣王时代起，就吸引了整个战国时代的目光，不同的学派掌舵人不远万里而来，不只是艳羡这里良好的学问条件与宽松的环境，更是不能放弃这一展示自我的机会。

另一群渴望展示自我的人们，就是列国的政治家。

自从齐宣王时代起，战国历史进入了连横合纵相互交锋的阶段，作为仅有可以抗衡强秦的东方大国，齐国也自然成了两种不同思想交锋的战场。列国之间的出使活动里，齐国就是重要的焦点地区，而稷下学宫的辩论舞台，更成了两个不同学派之间的交锋场所，唇枪舌战的局面，几乎每天上演。

对这火药味十足的“战火”，齐国的统治者们却十分受用。而这一条，也是稷下学宫得以成功的一大条件，与强调专制的秦国不同，齐国一直有兼容并包的传统，尽管齐国自身的治国思想，偏重于黄老学说，但是这种思想传统决定了，齐国并不是一个用专制和强权压制言论的国家，恰恰相反，齐国行政的一大传统，就是擅长从不同思想的交锋里，找到真正适合自己的学说理论，正是这样的目标，成了稷下学宫热闹的催化剂。

于是，在稷下学宫的黄金时代里，这里几乎云集了所有战国知名的学派：儒家、名家、阴阳家、纵横家、兵家。而更有意思的是，不但是各个学派林立，而且很多学派更是派中有派；不但有学派之间的相互辩论，甚至同一个学派内部，也常有激烈的观点交锋，而且更常见的情况是，对于齐国当时的各种国策，凡是看不过去的地方，稷下学宫的学者们也都常大胆建言，“打脸”齐国国君的次数，也是相当地多。

稷下学宫的辩论活动，主要以政治军事为主，但同样可贵的是，其他各行业的辩论，也都非常热闹。甚至包括天人道理、五行八卦等学问，科学活动也十分热闹，比如战国一些著名的天文数学成就，都是在稷下学宫里完成的研究工作。而在这一点上，齐国的统治者们同样也非常开通，凡是来到稷下学宫的学者，虽然要为齐国的政治服务，但并不强求学者们一定要按照齐国规定的路子研究，相反是自由发挥，擅长哪个学派，喜欢哪一种思想，哪怕和齐国统治者的思维冲突，也是尽可能地包容，允许学者们按照自己的思路，走自己的道路。

以《尸子·广泽》的说法："墨子贵兼，孔子贵公，皇子贵衷，田子贵均，列子贵虚，其学之相非也。"也就是说，诸子百家各有各的学问，而来到稷下学宫，都可以按照自己的方向去学，齐国统治者只是从中选择自己有益的地方学习，并不强硬打断。

如果说战国的诸子百家，好比百花齐放，那么稷下学宫，就是最好的土壤。

造就齐国强大

齐国的这番苦心，从稷下学宫的热闹场面来看，确实没有白费。

这些分属各个派系的稷下学者，思想主张不同，但都有着强烈的使命感和建功立业的追求，因此在稷下学宫这个特殊平台上，他们也牢牢抓住机会，展示不凡的自己。仔细看看稷下学宫时代，这些学派的不同思想，就更能发现其中的可贵：没有一个派别，为了迎合统治者的需求，盲目地修正自己的思想，相反一直坚持独立的人格，并且在相互的论辩中学习——诸子十家，各引一端，崇其所善，以此驰说。

最典型的就是学者慎到，这位今天相对名气不及孔孟的杰出人物，却是在稷下学宫时代，提出了独特的"非忠"说，所谓"立国君以为国，非立国君以为君"也，在两千年前封建制度初创时期，却已经有了如此振聋发聩的非君思想。这样的大胆，也只是稷下学宫自由开放风气的一个缩影，事实上在这个特殊园地里，对于这些学者来说，没有什么不可以否定的，没有什么不可以质疑的，连三皇五帝都曾经被否定批判，齐国国君每天被骂，在这里更是常见的事。

对他们这种热闹辩论，齐国的国君们也很有兴趣，最典型的是齐宣王，经常饶有兴趣地跑来，出席稷下学宫的辩论活动。比起后世封建王朝，帝王每次出席儒学活动，各位儒生们立刻战战兢兢的样子，稷下学宫就从来不讲这一套，虽然身为国君，又是这些学者们的衣食父母，但来到稷下学宫，也得老老实实地做听众，去了不能享受特权摆架子，身为国君也是按照规矩老老实实听，各种国君们听了必然会不高兴的观点，当着他的面也会这样说。

其中最有名的，就是齐宣王与稷下学宫学者田过的对话，两人为“君与父孰重”展开了争论。面对齐宣王的质疑，田过毫无惧色，侃侃而谈“君不如父”，也就是说国君比起父亲的分量要差远了，哪怕齐宣王非常不高兴，甚至与之激烈争论，田过也毫不怯场，硬是把齐宣王驳得哑口无言。

而比起胆大来，稷下学宫的另一大可贵之处，就是自由。这样一个平台，不可能让每个学派都满意，相反每个学派都会有很多的不满意，从认为自己不受重用到认为别人被偏袒，每天各学派间的纠纷也不停。而齐国统治者除了调解，另一个态度也非常明确：常年来去自由。每个学派都有随时来讲课的自由，更有随时可以走的权力。典型的如儒家圣人孟子，曾经在稷下学宫得到隆重的礼遇，但后来却深感自己的学说不被齐国接受，最后怅然离开。而从始至终，稷下学宫也依然给他隆重的尊崇。而以三次担任稷下学宫的著名学者，战国思想牛人荀子的说法，也正是在这个特殊的氛围下，各个不同的学派，才找到了自家的不足，自身的学问才得以丰富。以《荀子》里的说法，就是“以数具者，皆通之一遇也”。

在这个中国封建文化的初创成长期，特殊的稷下学宫，就成为一个成长的温床。中国文化的孕育和壮大，正是从此开始的。

二十八　衣食住行说战国

战国这一段著名的历史，各方面的内容，都说得很多，但有一件事情，却相对说得少：生活。

战国人的生活方式是啥样？这看似是个小问题，但放在影视剧里，却是一个常闹笑话的大问题。很多有高收视率的战国题材影视剧，每次播出都闹笑话，基本都被观众追着吐槽，主人公举手投足说个话，甚至吃个饭喝个酒，都能闹出好些个硬伤来，闹得一些明星主创，也时常尴尬不已。

事实上，了解战国的衣食住行，当然不只看影视剧补课，作为中国文化一段重要的萌发期，战国的衣食住行风尚，其实也奠定了两千年华夏民族生活的雏形，了解战国的生活，也就是了解自己的根。

战国人吃什么

战国的生活，首先要从“吃”说起。

战国时代人们的食物，和今天区别还是极大的，诸如胡萝卜、菠菜、芹菜之类的常见蔬菜，战国年间统统都还是外来物种，中国没有。一些影视剧为此，都闹过不少笑话。而在粮食方面，战国和今天也是略有区别的，那个时期主要的农作物是粟米和水稻，其中北方是以粟米为主，南方则是以水稻为主。当然在黄河流域，水稻种植也非常普遍。比如《战国策》里就有典故：东周和西周为了争水种水稻，差点大打出手。这也就是说，今天黄河流域的河南地区，那个时候已经开始种植水稻了。

当然就普及程度来说，水稻还是以南方为主，尤其是楚国。现存战国时期最大的粮仓，就是发现于江西地区，楚国经常豪言能招募百万兵的牛气，就是以这强大的农业生产作为底气。而比起东西周时代，战国农业中另一个突飞猛进的成果，就是畜牧业，六畜的养殖十分热闹，牛马羊鸡犬彘都很普遍。当然这六种家畜的角色也不同，特别是马，这个在战国时代，属于绝对重要的战略物资，主要用于服役。而牛羊更是不能随便宰杀的，这是极其珍贵的食材，通常是在祭天的时候才会宰杀。普通老百姓不要说吃，就是闻一闻肉香都是稀罕事。

猪和狗在战国农家，已经非常常见。当然两者的价值也有所不同，看看春秋战国时代的“计划生育”，就知道差别在哪：越王勾践卧薪尝胆的时候，有一个重要的政策就是鼓励生育。谁家要生了女孩儿，就要奖一头猪和两壶酒，生男孩儿可就价码高了：一条狗外加两壶酒。猪狗之间的差距，就是这么大。当然比起猪狗来，战国农家最常见的家禽却是鸡，以战国时代许多学者的游记和辩论说，自耕农家庭的农家，好些都养鸡，鸡肉的价格在当时的饭店里，也是肉类里最为便宜的。

而相比之下，战国饮食与今天差别相对大的，则是蔬菜。

既然我们今天很多的常见菜，都是西汉时期从西域引进的，那么战国老百姓常吃的，又是什么菜？战国的蔬菜，以文献里的记载，主要有葵、藿、葱、蒜、姜、萝卜这几类。而最为常见的，通常是葵和藿这两类菜，不仅当蔬菜吃，碰到饥荒年的时候，更是粮食的替代品。

至于酒醋，在战国的时候也基本都有了，战国的酿酒技术非常高。河北中山王墓出土的文物中，竟还有两千多年前的两壶酒，打开的时候喷香扑鼻，可见其技术之精。

当然这样好的饮食，老百姓家也是基本无缘的，放在战国时期，基本都是贵族的专利。而战国时期最令后人艳羡的，也正是贵族们极度奢靡的饮食生活。

贵族们的饮食有多讲究？不但有专门的属吏负责饮食，而且各种吃法都精益求精。就以我们熟悉的喝粥来说，贵族们喝的粥，就极其地精到：要把粮食加工成末，和肉类蔬菜甚至调味品一起加工出来，依战国纵横家张仪的辩论里说，在楚国仅仅为了给令尹昭阳大人准备一餐粥，就要三十多个人清晨起来忙活。

贵族们的饮食器具，更是精美得眼花缭乱，包括有青铜、金银、玉各种制式，花样极多，有鼎豆盘罍壶尊爵各类，吃法也十分讲究：每次宴会的时候，肉煮好后放在鼎里，依次列在来宾们面前，成语“列鼎而食”就是由此而来。而且当时的宴会，和今天也有区别，都是把席子铺在地上，然后再陈列上各种食物。我们把宴会叫作“宴席”，也是来自于此。

当然不管怎样叫法，奢靡程度都是公认：列鼎里的肉按照一定规矩，分别盛给来宾食用。还有储存酒的罍，装酒用的尊和壶，喝酒的时候用斗勺装入爵里面然后端着饮用。酒菜饭的顺序，战国时代也和今天一脉相承。这样的吃法，食物自然特别丰富，以孟子的说法就是“食前方丈”，也就是每个人眼前堆的食物，基本都是一丈高。以当时人的饭量，每次宴会都要剩下不少。贵族们的宴会，就是这样浪费。

而比起贵族家的气派讲究来，普通老百姓家就差远了：别说吃肉吃菜，就是最普通的粟米，能吃饱就算是好日子了。同样以张仪的话说：民之所食，大抵豆饭藿羹，也就是粟米根本不够吃，要把豆子粟米还有藿掺和在一起吃，比起贵族家把粮食肉末弄一起熬粥的场面，真是天壤之别。

战国人穿什么

与吃相关的，就是战国人的穿。

战国的穿戴，好些传统都绵延到了明清。比如头上的服饰，男子在儿童时期头部戴着一块布，也就是巾，二十岁的时候举行冠礼，从此开始戴冠。

贵族家的男人们，通常从此戴上精美的冠，普通人家没这个条件，一般都是换一块葛巾，意义却是一样：从此你不再是男孩儿，而是一个担当责任的男人了。

头上戴什么，这在战国不只是个经济问题，更是一个社会地位问题。什么身份的人戴什么冠，都是有严格的规定界限。以《吕氏春秋》上的话说"庶人不冠弁"，也就是普通老百姓是不能戴冠的，而有资格戴冠的人才可以戴，卿大夫以上可以戴冕，其他人则不能戴，就算是身份等级类似，不同的场合，有些东西也不能随便戴。朝见国君的时候，就绝不能戴皮制的帽子，否则就是严重的大不敬。

衣服的规矩也同样多。战国的衣着制样，跟后来的汉唐宋明基本一样：上身总称为衣，长的叫袍，罩衣叫衫，而且单衣里还有夹衣，但和后来不一样的是，战国时期还没有棉花，只有芦花或者丝棉。当时的衣服，传统都是右衽。所以孔子说：微管仲，吾将披发左衽矣。也就是没有管仲当年的"尊王攘夷"，华夏民族很可能已经亡于蛮族之手，堂堂孔圣人也要像蛮族一样，披头散发衣服左衽。

束发冠礼和右衽，就是这个特殊年代里，文明的华夏民族区别于野蛮民族的最大标尺。

当然同样也是身份财富的原因，富贵家庭与普通老百姓家，穿衣服的区别也极大。王公贵族家庭，通常都是穿锦帛皮和精致麻布，扬着宽阔的深衣大袖子，腰以下更是一直到脚的深衣。腰间还有金玉做饰物的丝带。除了这些规定穿戴外，贵族们也有一些特殊的奢侈穿戴。比如说裘衣，也就是兽皮做的精美皮衣，基本就是贵族的身份标志，而且身份越名贵，穿着的裘衣就越珍奇。著名的"孟尝君过秦国"的典故里，名声在外的孟尝君被秦国扣押，生命危险时刻，正是其门客冒死偷来了秦王的白狐裘，转手献给了秦王最宠爱的王妃，这才骗得王妃说好话求情，四公子之一的孟尝君，这才在秦国逃出生天。如此救命的奢侈品，可见其在战国的珍奇。

而对普通劳动者来说，这样的奢侈品，基本都是天上地下般地遥远。而且老百姓要耕作种地，这样的衣服自然也穿不着。老百姓下地干活，基本都是穿葛麻乱纺的粗布短衣，也叫“褐”，在战国年间，这是老百姓劳动时常见的工作服。比如战国的农家学派，他们的常见打扮，就是穿着“褐”在田间地头劳动。

至于鞋子，战国时候的叫法，就和后来不同，当时叫作“屦”，秦朝以后才改叫作“履”和“鞋”。战国老百姓穿的屦，基本都是用麻草编织，也就是我们通常说的草鞋。王公贵族们穿的鞋，则主要都是由皮子制成，当然也有做工精美的麻草鞋。

战国时期，还形成了和一个与穿鞋有关的风俗：进屋要把屦脱在外面，遇到重大的场合，连袜子也要脱掉，光着脚席地而坐，否则就是最大的失礼。这个古老习俗，今天在日本依然常见。

战国房子什么样

而比起吃穿来，战国与东周、西周相比，一个重大的进步，就是住。

作为一个科技发展日新月异的时代，战国一大技术革命，就是在建筑业上。除了城墙工事的水平直线上涨外，居住条件更是大大改观。

我们今天可以看到的，代表中国传统建筑工艺的各类古建筑，特别是高大宽敞的楼台瓦房，基本都可以追溯到战国年代，中国传统建筑的一些独特工艺，比如说斗拱，就是在战国发展起来的。

建筑材料的突破也很大，最典型的就是瓦，虽说以考古的结果来看，早在西周年间就有了瓦，但是和战国时代的瓦比起来，西周的瓦还处于十分粗糙的阶段。像几个西周王宫的遗址，基本就是用瓦片盖住茅草，这种古代社会的新建筑材料，当时还是打酱油的角色。

而放在战国年间，瓦终于摇身一变，成了响当当的主角：首先是品种变得多了，不再是压茅草这么简单。在战国齐国、赵国、秦国的都城遗址，都出土过大量的瓦片，而且种类十分丰富，有板瓦、筒瓦等各种瓦当，不但是建筑中的必需材料，花样还十分丰富，好些瓦当上还刻有精美的图案。用瓦建房，这个今天看来司空见惯的事情，却是人类建筑历史上，一个了不起的突破。

战国的房屋技术有多成熟，不只是瓦当了主角，更重要的是，瓦片反映出来的，是整个建筑工艺的完备。从瓦片种类也说，既有装饰性的瓦片，也有实用的建筑材料，还有铺地、砌墙、装饰等不同的瓦片种类。建筑的水平，也早已远远甩开东周、西周时代。

看看遗留到今天的战国时代建筑，就可知战国的住房水平，不但超越历史，更是当时全世界最顶级的：以孟子的形容来说，王公贵族们的居住房屋，台基通常都有 1.6 米高，屋檐也高达数尺，这在同时期的世界其他国家，都是十分少见的。今天出土的好些战国器物，特别是器具图案上的房屋图纸，样样都是高楼大厦，都是笔直的大柱子，更有斗拱长廊，不但场面十分震撼，而且房屋的基本制式，也奠定了中国两千多年宫廷建筑的样式模板。

除了外观震撼外，战国建筑的内部装修，那更比西周时代考究得多。以《楚辞》的说法，楚国的宫殿里，基本都是雕梁画栋，有各种丰富多彩的图案墙壁，连门户和屋檐上，都有各种神奇的花纹，墙壁更是用平滑的石板砌成，十分坚固美观。房屋里还有彩色的屏风，满眼的绚丽多彩。这样的绚丽场面，也几乎存在于战国所有的贵族家庭里。

战国的座驾很强大

比起建筑业的高科技来，同样一个体现战国领先世界科技水平的环节，就是交通工具。

其中尤其缩影战国科技水平的，就是车。

战国时代，是战场上战车退出舞台的时候，也是各种类型的车技术突飞猛进的时候。战国时期贵族人家的出行，主要就是坐车，车不再是战场上的大杀器，而是已经成了一种重要的奢侈品。贵族家的车，互相之间攀比的，就是其豪华程度和舒适程度。这其中最有代表性的，就是辉县市琉璃阁的战国贵族车马坑。

作为陪葬品的战国车架，比起春秋时期的出土文物来，技术水平已经远远升级：马车的分类更加细致，有了大小不同的型号。小型的马车，车厢长1.9米、宽1.2米，大型的长2.4米、宽1.5米，而且上面还有篷盖，专用挡风遮雨，两端还有三角形席子，乘坐起来十分地舒适。这种体形的车辆，放在春秋时期却十分难找。类似的出土文物，在战国时期的墓葬群里，出土都是非常多。而且车辆的种类也更多，好多马车上还有精美的图案。

与车的进步相对应的，就是造船。

国外很多学者都认为，中国的造船业，在这个时期还是落后于西方的，比起同时期的西方国家，已经有了大规模海战，战国时期的造船水平，还处于袖珍阶段。以中外很多学者的观点，中国造船业真正到达领先世界的水平，还是要等到两汉时期。

但是在战国时期，造船业却也体现出了后来居上的潜力。

以《战国策》的说法，当时战国已经出现了可以承载50人的大船。而出土的战国文物里，也有长11米的独木舟。船只不但早已经运用到战争上，而且还有了另一个独特作用：架设人工浮桥。这个首先突破的就是秦国，秦昭王时代，即公元前257年，秦国就在蒲州风陵渡架设军用浮桥，实现了军事作战的目的，这个军用浮桥，也是世界公认第一次将浮桥用于战争，意义十分重大。

中国封建社会的驿站制度，也在战国时期得以完善。在战国战争的刺激下，列国都把修筑开凿驿道和建设驿站，当作一个重要的环节，秦国得以统一天下，一个重要经验，就是对于驿道公路的修筑与维护。秦国早在灭亡巴蜀的时候，就开凿了巴蜀到汉中的古道，后来进军中原，更是走一路修一路，特别是著名的长平之战里，秦国与其说依靠了纸上谈兵的赵括贸然出击取胜，不如说是依靠了自己发达的交通运输网络，最终拖垮了无力支撑战争的赵国。

而战国的驿站制度，也在战国历史结束后，被历代封建王朝沿袭下来。说战国奠定了中国封建社会的雏形，这类细节问题也同样是缩影。

二十九　墨子的神秘与强大

春秋战国时期，是中国历史上著名的“百家争鸣”时期，各种学说蜂拥，相互争锋不断，文化英杰和思想巨匠辈出。他们中的许多人，今天依然影响着我们的生活，流光溢彩的名字朗朗上口。孔子、孟子、老子、韩非子，他们的学说虽然各不相同，但他们的思想，却无一例外地影响到了后面中国社会的变迁发展。相比之下，这时期与他们齐名的一个人，在后人的眼里，却蒙着一层神秘的面纱：墨子。

但凡是介绍历史名人，总要在他的前面加个身份，比如能当官的，那是政治家；能打仗的，那是军事家；文学才华高的，那是文学家；有科学发明的，是科学家。轮到墨子身上，却犯了难。因为他实在是个通才，在那个时代里，他似乎什么都是。

墨子，名翟，春秋战国之交的鲁国人，墨家学派的创始人，春秋战国百家争鸣时代的英杰之一。在哲学、科学、文化、艺术等各方面，都贡献了自己独特的成就。春秋战国时代，他的学说和儒家学说一起，是知名度最高的两个学派，又叫显学。

有争议的墨子

墨子的身份，直到今天依然蒙着神秘的面纱，有关他的种种情况，史学界还存在着很多争议。

司马迁的《史记》说他是宋国人，这个说法曾一度得到认可。清朝人毕沉又说他是楚国人，甚至有印度学者也来凑热闹，考证说墨子是印度人，原因是根据史料记录，墨子长得很黑，所以不一定是中国人，反倒有可能是从印度来的“外宾”。但所有的争议，都否认不了一个事实，他是一个伟大的人。

墨子所创立的学派，就是战国时期的“墨家”学派。这个学派的主要思想，就是“兼爱”“非攻”，其信徒主要来自当时的中小地主、手工业者、城市平民和自耕农，在诸子百家之中，算是一个相对草根的阶层。

但墨子的核心门徒们，虽然多是草根，但都是精英。墨家一派的另一个特点，就是在自然科学上的独特造诣。墨家学派的门徒们，都有着丰富的知识和卓越的科研能力，他们熟悉手工技术，拥有一定的科学理论知识，甚至会制造各类精巧器械。墨子的思想内容，主要还是当时普通市民阶层以及手工业者的愿望，他们主张这个社会要兼爱，即互相帮助；非攻，即消除战争；节用，即反对浪费；非乐，即反对音乐；非命，即尊重生命。这些思想，普遍代表了当时饱受战乱们的小人物的愿望。列国争霸旷日持久，老百姓灾难深重，没有人愿意打仗，所以要“非攻”；乱世之下，需要相互扶持帮助，所以要“兼爱”；老百姓生活困顿，贵族却享受着奢侈的生活，这是很不道德的行为，所以要“节用”；音乐是罪恶的，是扰乱人心智的，所以不能听，要“非乐”。在春秋战国的早期，墨子的思想一度非常流行，甚至被看作和儒家思想齐名的学说流派。

至于墨子本人，则是一个更加神秘的人，今天关于他的姓名、故里等问题，争论非常多。在正史中能查到的他的故事，最著名的当属“墨子破云梯”的典故了。当他知道楚国准备攻打宋国时，虽然此事和自己无关，但他依然不远万里跑到了楚国，阻止楚国发动战争。这时候的楚国志得意满，又有当时第一能工巧匠鲁班的帮助，鲁班当时为楚国设置了一种云梯，比一般的云梯要高，可以直接搭进城墙里。在劝说无效下，墨子提出现场和鲁班比试，两个人拿了根腰带做演示，都使出平生所学来斗法，结果鲁班输了，这场本来铁板钉钉的战争，就这样搁浅了，宋国老百姓也得以继续享受一段和平的时光。

从这个真实而简单的小故事里，我们却不难看出墨子这位宗师的素质，这是一个坚韧、勇敢、临危不惧，且富有胸怀天下的责任心的人。正是因为有这样的性格，他才能够创立这般独特的学说。

墨子一生的行动，各类史料记录比较杂乱。他曾经做过官，也曾经为士大夫乃至国君上过课，但是他大多数的精力，都投入到了传道、讲学、收徒之中。他的主要活动方式，就是开班上课，教授学生们自己的学说以及各种知识，每当有地方发生战争的时候，他就主动出面，带领学生们去制止战争。他过的生活，是一种实实在在的布道者的生活。

与儒家的分歧

而墨子人生里的另一个重要内容，就是长期和儒家思想的辩论。

作为战国时代两大“显学”之一，墨家和儒家之间的分歧是明显的。两家治家最大的分歧，一是关于“天命”问题，墨家学说认为应该非命，不能相信命运，要相信自己的努力。儒家却主张生死有命、富贵在天。这只是小分歧，更大的分歧是墨家主张尚贤，即由老百姓自由地选择他们心中的“贤”。墨子甚至大胆地主张，即使是诸侯国的国君，也应该由老百姓组织，通过选举来产生，诸侯国的各类官员，更应该让老百姓来投票选举，从国君到官员，他们应该主动地为老百姓负责，因为他们是老百姓选举出来的。在这一点上墨家与儒家之间的分歧是很大的，比起儒家倡导的君主绝对权威，墨家的思想更加大胆。

而比起墨子所倡导的十大思想，墨子在哲学上的思想也同样大胆。在哲学上，墨子主张“三表”，即在认识事物时，要通过事物的“三表”。所谓的表，就是判断事物的标准，墨子认定的标准包括三样，第一是历代帝王的统治经验；第二是老百姓的感觉；第三是是否符合老百姓的根本利益。在认识事物的原则上，墨子更加注重感性的感觉以及直接的经验，这应该和他个人出身平民有关系，他的十大思想，也正是在三表的基础上产生的。同样因为他平民的出身，生活中的墨子，是一个绝对的苦行僧式的人物，他生活简朴，穿粗布草鞋，游走于列国之间。

墨子的思想主张里，有许多都是有进步意义的。比如他主张以老百姓的利益为准，主张要从直接经验上得到判断事物的依据，这些在中国哲学史上都是有着划时代意义的。他的十大思想里，虽然也有幻想鬼神的内容，但要求由老百姓选举国君和官员的思想，可称是中国最早期的民选思想。但是墨子同时又主张，学生对老师要无条件地服从，人民对于上级也要无条件地服从，这是他的局限性所在。但是在奴隶社会即将崩溃的时期，他有这样超前的思想，是非常不容易的。

在成为一个思想家、哲学家的同时，墨子更是中国历史上著名的科学家。其科学成就，不但在当时的诸子百家中无人出其右，更远远地领先于当时的世界。

墨了科学思想的内容，涉及今天数学、物理、机械制造等各个方面。他是一个既具有理论归纳分析能力，又具有实际操作能力的学者。在宇宙论上，墨子提出了“宇宙运动论”的观点，认为一切事物都是在运动变化的。他认为宇宙是一个连续的整体，个体都是从这个整体中分离出来的。对世界的本原问题，墨子的说法也和道家维新思想针锋相对，他认为世界的本原是物质，这是两千多年前极其难得的朴素唯物主义思想。

在数学方面，墨子是第一个把数学当成一种理论的人，墨子在自己的著作里，系统地阐述了十进制，并且对于数学中的正方形、三角形、开平方等理论问题进行了系统的理论阐述，尤其是他对于三角形的理论阐述，和古希腊科学家欧几里得的一模一样。物理方面，墨子是人类第一个发现作用力和反作用力的学者，更做了人类历史上第一个小孔成像实验。在早于阿基米德

200 年的时候，他就已经发现了杠杆原理，我们总把杠杆原理叫作“阿基米德定理”，其实从版权角度讲，阿基米德确实“侵权”了。

墨子并不仅仅是个科学理论家，他在当时中国最出名的，还有他的机械制造造诣。在机械制造方面，他的名望甚至要强于当时的第一巧匠鲁班，两人当时为了宋国的问题斗了半天法，最后还是以墨子的胜利而告终。

墨子的机械制造成果，包括上了发条可以扑棱翅膀的木头鸟，还有一次能载重 30 石重量的马车。而一直主张兼爱、非攻的他，几乎熟悉一切兵器的制造。在他的著作《墨经》中，对于攻城武器、守城武器、弩，都有制造方法上的详细阐述。

无奈的消失

一生建树颇多的墨子，注定是不幸的，因为他的学说，是不会被统治者接受的学说。

墨子的核心思想，是兼爱、非攻、尚贤，其中“尚贤”这一条，是封建统治者所最厌恶的。皇帝说到底就是独裁者，有哪个独裁者愿意让老百姓来主宰自己的命运，又有哪个官员愿意让老百姓来左右自己的前程？至于所谓的兼爱、非攻，这就更是笑话了，春秋战国就是要打仗的，你让我“非攻”，人家要是攻击我，那我该怎么办？

所以比起法家、儒家等各路学说，无论生前身后，墨家都注定是不会被接受的。墨子一生里大部分时光，都投入到了制止战争的奔波中，但除了有限的几次成功外，他大部分的行动都归于失败。有哪一个统治者，愿意为了一个人的简单愿望，去改变自己争天下的既定战略呢？有谁会认真地弯下腰来，去聆听墨子的梦想呢？兼爱，笑话，春秋战国本身就是一个弱肉强食的时代，能活下来的，不是能兼爱的，而是最残忍的，至于非攻，难道要等着人家来攻我吗？

墨子所建立的学派，叫作“墨家”，在战国的历史上，这是一个非常神奇的组织。墨家的主要宗旨，就是“以天下之利，除天下之害”，特别是在战国时期的各类战争中，他们都以扶持弱小为己任，经过不避死亡的危险，在强敌压境的情况下挺身而出，担负起保卫城市、维护和平的重任，哪怕是与他们不相关的人，为了心中的理想，他们也愿意用生命去捍卫。这是一个有着严密的组织、崇高的理想、舍生忘死的奉献精神的团队。在统治者不可能接受墨子理想的情形下，散落在社会底层的小人物们，孜孜不倦地开始了墨家的传道。

但墨家在战国时期的兴隆，随着战国的结束也日益衰微。晚期的墨家分为两支：一支以科学研究为主，包括物理、光学等方面的研究；另一支则成了社会上游侠群体的一部分。在汉武帝刘彻独尊儒术的时代，墨家遭到了残酷的打压，最终，隐没在中国封建社会的尘烟之中。

三十 被欧洲人追捧的农家

比起战国时期风光一时的墨家来，另一支被遗忘的学派——农家，在战国百家争鸣时代，也同样具有非常重要的地位。

农家的主要思想，在今天大部分已经失传，主要是因为秦始皇焚书坑儒，农家的经典著作大部分都被焚烧了。但从现在留存下来的资料看，农家的基本思想，就是农业平等，即要求统治者要和农民一起劳动，一起分配劳动果实，反对统治者对农民的过分压迫。农家的另一个贡献是在农业科学上，他们对农业生产的研究，特别是提高农田产量、改进农耕技术方面的研究，对于中国农业的发展，都有着重要的影响。

对于这个学派的来源，在当时就众说纷纭，由于诸多有关资料被焚毁，农家学派的身份、源起，至今有很多不同的说法。比较流行的说法有两种：一种是农家学派的成员，是上古时代神农氏的后裔；另一种说法，是古代周族后谡氏的后裔。而事实上，农家在战国时代的勃兴，正是战国时代自耕农群体增加，传统井田制制度瓦解的表现。农家的许多成员，本身就是从事农业生产的农人，他们与农民阶层之间的关系，可谓血脉相连。

大家一起来种地

说到农家学派的代表人物，最有名的就是许行。

和墨子一样，许行也是一个非常神秘的人。按照有关资料的记载，他是楚国人，应该是生活在楚宣王至楚怀王在位的时期，和儒家学派的大儒孟子是同时代人，对于许行最详细的记录，也正是出自孟子的《孟子·滕文公》。

许行人生里最主要的活动，就是带领着弟子们在江汉平原上开荒种地。他的主张是“贤者与民并耕而食”，也就是说，即使是国君，也应该和老百姓一起劳动，一起吃饭。像地主们那样凭借着租税过日子，是一种可耻的不劳而获。孟子去滕国宣传儒家学说时，正好看到许行带领弟子们来拜见滕文公。他请求滕文公给他一块儿土地做试验田，他在这里劳动示范，并且希望滕文公能参加他们的劳动，滕文公答应了他的请求，亦给予了他一块儿土地。此后，许行带领着弟子们，在滕国辛勤劳动，很快获得了非常好的收成，他们的所作所为，也因此引起了许多学问家的关注，其中也包括儒家学派的宗师孟子。

孟子虽然赞叹农家的刻苦耐劳，但对农家学派的主张却不敢苟同，当许行的弟子陈相和孟子交谈时，就农家学派的许多问题，两人发生了激烈的争吵。比如说到滕文公，陈相感叹说，滕文公终究不是圣君。孟子问为什么？陈相说，滕文公自己不劳动，他的仓库里堆满了粮食，不是他的粮食他却享用，这是一种可耻的不劳而获。对此观点，孟子当然不能苟同，他和陈相展开了激烈的辩论，孟子拿许行带着的帽子做比喻说，你许行戴着的帽子，是用粮食换来的，也就是用你的劳动换来的，那么国君所吃的粮食，也是用他的脑力劳动换来的。一番话说完，陈相哪里是孟子的对手，立刻张口结舌，孟子反而又抛出了他的观点：劳心者治人，劳力者治于人。

虽然如此，农家学派却一直不改初衷，在其观念里，劳动是光荣的，不劳而获是可耻的。他们反对政府设立仓库，储存粮食，反对那些城市中人不参加农业生产却获得粮食吃，在农家学派眼里，这也是一种可耻的不劳而获。这种新学派的出现，在当时却不是偶然的。这个时代正是战国封建化形成的时期，普通自耕农地位提高，学术方面，也需要出现属于他们的代言人。而土地所有制的转换，也使农业的重要性日益凸显出来。在这种局面下，普通的自耕农迫切希望能够改善自己的生活，减少加在自己身上的赋税，希望所有的人都能为农民的身份感到骄傲。农家，就成了他们的代言人。

农家的核心思想，主要的一句话就是“劝农桑，以足衣食”，即希望建立一个大家一起种地、一起吃饭，全民务农的农业社会，最好能够不出现城市。农家学派的成员们，把农业视为他们自己的生命、生活中不可分割的一部分，他们以自己是一个农民为荣，以自己从事农业生产为傲，并且热情地劝说诸多思想界的人物以及政治界的精英们，加入到他们的派别里来。但是在当时的条件下，农家的市场还太小，真正理解他们的人并不多。在后来西汉刘向编纂《后汉书》的时候，农家被放在了九流之中，俨然是一个重要派别。

但是，在当时的社会上，农家对于各路诸侯来说，却也是有利用价值的。因为礼遇农家，就意味着可以笼络住农家背后的农民，特别是自耕农们，如果给予农家适当的尊重，那么也势必能够对稳固统治有所帮助。抱着这样的目的，许多当时的诸侯对农家非常礼遇，当然这是表面上的礼遇，农家所宣传的取消仓库、取消城市的主张，是各路诸侯万万不能接受的。对于诸侯国来说，农家思想是一个很好的招牌，但是其主流的内容，是坚决不能用的。

吕不韦的成就

农家的思想内容，在战国时期，以许行为主，却也化成不同的派别。而在整个战国时代，农家思想开始系统整理出来，却是拜吕不韦所赐。

吕不韦担任秦国相国期间，开始组织人手编纂著名的《吕氏春秋》。在这本春秋思想集大成的书中，也少不了农家学派的身影。《吕氏春秋》中的《上农》《任地》《辩土》《审时》四篇，鲜明提出了重农的理论。在《上农》中，农家思想家提出了要尊重农民、优先发展农业的理论。《任地》一篇，则细致讲述了农业耕作之中，怎样提高土地的肥力，辨别土地的肥沃程度，怎样改良土壤的质量。《吕氏春秋》中的农家理论，是农家主体思想以及农业理念的浓缩。特别是《审时》之中，对于农业生产的农时，做了非常细致的划分，对种子的品种质量，也做了非常细致的讲解，在当时的中国，简单的四篇文章，却可以成为中国农业生产的宝典。

而另一本对农家思想记录非常详细的著作，就是齐国稷下学宫编纂的《管子》，其中《地员》一篇就是纯粹的农家著作，而在《五辅》《牧民》《八章》等章节之中，也详细阐述了农家思想的各类内容。《管子》对于农家思想的重要意义是，农家思想的主要内容，被放在了其中有关“以民为本”的章节中，因为在当时的中国，农民是平民老百姓的主体，农家所宣传的重农思想，其实也和以民为本的思想一脉相承。重农和重民思想，本身就是一对孪生兄弟。正是这样的一种联系，使得《管子》中的农家思想，具有了许多超越农业本身的进步意义。

《管子》中的农家思想，一个重要特征，就是体现出了古代中国朴素的唯物主义思想。在《管子》中，曾有这样的论述：“政之所兴，在顺民心，政之所废，在逆民心。”这一思想，鲜明地把民心放在了“政”的高度上，和孟子同时期宣传的“民为贵，君为轻，社稷次之”相比，农家思想显然对民更加重视，民在农家思想家眼里，成了政权存废的关键，这个比儒家思想中的“民为贵”，显得要更加大胆。

除提出了以民为本的思想，农家还体现出强烈的忧患意识，这一点应该和中国农业长期以来靠天吃饭的局面分不开。在亲身耕作中尝尽了靠天吃饭辛酸的农家学者们，其身上的忧患意识是很强的。在《管子》中，农家学者鲜明提出了“修饥馑，赈灾荒”的主张，认为一个国家农业要发展，就必须做好对自然灾害的预警和提高抗风险能力。

战国时期农家的最核心思想，在《管子》中也体现得很生动——重农抑商。农家学派认为，农业是国民经济的根本，老百姓要吃饭，军队保卫国家，也要靠军粮供应，因此农业的发展，是一个国家国民经济的重中之重。而商人们本身并不创造财富，只是拿着别人的财富贱买贵卖，因此，商业活动其实是对国民经济的一种破坏。所以，一个国家要想长治久安，就必须要坚决贯彻“重农抑商”的政策。在农家学者的重农抑商政策中，他们并不主张取缔商业活动，而是希望政府采取强有力的打压手段，限制商业活动的发展，将商业活动的利润大小范围，都能压缩到最小的规模，给予农业充足的发展空间。

如果对照后面的历史，我们不难发现，农家学者们的美好愿望，在经过秦末动荡之后，最终由汉王朝确立下来。此后重农抑商的政策，就成为中国两千年封建社会的基本国策。在春秋战国时期并非作为主流学派出现的农家，他们“民以食为天”的主张，却最终成为中国封建经济发展的根基。

中国热时代的意外收获

让农家学派的英杰们想不到的是，他们一生为之奔走的学问，在两千多年后，竟然会影响到另一个他们根本不知道的地方：欧洲。

在 17 世纪的东西方文化交流中，大量的中国传统文化典籍被翻译并传播到了西方，其中包括中国先秦诸子百家的经典著作，尤其是记录了农家思想的《管子》，被当时的传教士利玛窦翻译成拉丁文。中国农家学派在西方社会，很快掀起了不小的波动，17 世纪时期兴起的法国重农学派，大力引进农家里有关商业活动的论述，抨击西方的重商主义。重商主义与重农主义之间的这场论战，其结果几乎决定了最终欧洲资本主义化的发展方向。产生于中国封建化早期的学说，对于启蒙世纪的欧洲，依然可以起到振聋发聩的效果。

三十一　战国兵家那些事

战国年代，百家争鸣的场面，出奇的热闹。

相关的学派很多，牛人牛事很多，相互之间的争吵掐架更是非常多。流传到今天，好些景象也十分吸引眼球，几个主要学派，比如儒家、法家、墨家，影响都传承两千年，知名度更是十分高，对中国历史的走向与思想文化的影响，也是十分震撼。但如果要问那些学派里，有哪一家在战国时期，最受诸侯国欢迎，也最有知名度，恐怕后来我们熟悉的儒家、法家，都要靠边站，当时公认最高的，只有一家：兵家！

为什么高，看行业需求就知道，战国最焦点的事情，就是战争，诸侯国成天烧脑的大事，就是如何打赢，那么专门研究兵法战策的兵家，当然也最符合需求，因此自然火爆！

待到后来天下一统了，特别是汉代建立大一统国家，和平建设成了主流，战国时期十分火爆的兵家，当然也就靠边站了。但它的价值意义，却依然不可估量。战国的惨烈战场，兵家层出不穷的思维理念，好似剧烈的化学反应，迅速推进了中国古代军事的前进变革，中国两千年封建社会的基本军事制度和战略理念，都是在这个年代的碰撞里，以无数战火生命为代价，痛苦地形成的。

串联在这惨烈过程里的，就是相关的代表学派牛人们！首先要说的，就是一位传奇兵家强人，孙膑！

谜一样的孙膑

战国军事强人孙膑的大名，对每个战国迷来说，都是如雷贯耳。

按照相关的记录，此人身份很传奇，孙武的后人。成长也很传奇，拜到鬼谷子大师门下，还被师弟庞涓陷害，在魏国被挖去了膝盖骨。这样的悲剧人生里他依然不屈不挠，终于转投齐国，在战场上堂堂正正地击败师弟庞涓率领的魏国大军。公元前 341 年的马陵之战，孙膑为军师的齐军，将庞涓的魏军打到全军覆没，庞涓悲情自尽。这场战争不但给孙膑自己报了仇，更是整个战国历史的分水岭：魏国从此衰落，结束称霸时代，齐秦争霸时代开始!

从这个意义上看，这位大名鼎鼎的军事家，在战国历史走向上的地位，是重量级的。但如此重量级且家喻户晓的人物，却有一个问题，后世甚至一些史家们，都是长期迷糊：这么强的孙膑，军事思想到底是什么?

这件事，真不怪史家们外行，实在是造化太弄人，凝结孙膑一生心血的著名军事典籍《孙膑兵法》，曾在东汉末年遗失了。

我们今天说"孙子兵法"，基本都是一回事，但是在东汉以前，特别是两汉年代，"孙子兵法"却是两回事，除了孙武留下的那一部外，还有一部叫"齐孙子兵法"，即孙膑所著的《齐孙子》，也就是我们常说的"孙膑兵法"。可这部同样强大的兵法典籍，却在东汉末年的天下大乱里，不幸地遗失了。为什么遗失？脑补一下东汉末年，董卓乱政起，中原大地的各种浩劫，长安洛阳烧成一片废墟的惨样，区区一部兵书，想不遗失确实难!

从此以后，有关《孙膑兵法》的内容，也就成了历代学者感兴趣的一大话题，这部兵书里写了什么？有什么伟大的思想，从东汉末至明清，很多军事专家们都凑热闹，相关猜测的文献留了一堆！甚至也因为它的不幸遗失，连带孙膑本人的身份都被怀疑，特别是到了清朝中后期，经过乾隆皇帝打着修书旗号，毁坏各种文化。后来的清代学者们，也有好些人大胆假设，莫非历史上根本没有孙膑这个人？甚或连他的师父鬼谷子都是子虚乌有？

确实，在《孙膑兵法》下落不明的情况下，外加各种以讹传讹，就算孙膑活转过来，想证明他是孙膑，也是不容易的。还好，造化虽说弄人，却终归没让后人一直遗憾下去，1972 年 4 月，山东临沂银雀山汉墓，一个惊雷般的消息突然震惊世界：遗失近两千年的《孙膑兵法》出土了！这一堆蒙尘的竹简，共有 440 多枚，1.1 万字左右，且内容相当齐全。上下两编里，不但有孙膑军事思想的基本内容，更有孙膑日常做事以及和别人纵论兵法的桥段记录，每一句话，都是研究这位战国军事强人的珍贵线索。而且更大的收获是，由于这一卷内容十分丰富，因此可以断定，这不只是孙膑手写的兵书，更包括了孙膑这一派兵家的基本思想，其弟子们的整理记录，如此厚重的内容，堪称填补史学空白。

也正是从这珍贵的发现里，神秘了两千多年的孙膑，终于揭开了蒙尘的面纱！特别清晰的，正是他的军事思想。比起孙武的军事思想，孙膑可谓是一个强大的传承者。对比《孙子兵法》，就可看到二人的差别在何处。孙子兵法之所以受欢迎，因为其内容十分纯粹，就是围绕如何战胜敌人，至于为什么打仗，打什么性质的仗，着墨十分少，基本走的是技术流。而在这件事上，孙膑除了有技术，更多了情怀！他与孙武的最大不同也就在此：战争，绝不是不问原因地瞎打，而是要有正义和邪恶之分，以其原话说：战而无义，天下无能以固且强者。如果发动的是不义战争，你就算打得赢，也守不住胜利果实！

千万别以为，孙膑这只是空谈情怀，谈情怀就是为了打胜仗，因为有情怀，所以打仗的注意事项也就多，典型如选将，在选将这条上，孙武就已经考虑得很全面，制定了严格的选拔标准，即“智信仁勇严”，孙膑则来个锦上添花，这五条都是技术层面，还得加上情怀——忠！一个不忠的将领，另外五条越强大，必然越危险！

而且除了讲情怀，孙膑也很讲技术，在继承孙武思想的同时，也敢大胆否定，连孙武最著名的一大思想：其下攻城，他竟然都霸气修正，谁说攻城就一定“下策”？有七种情况下，必须果断攻城！为什么敢这么推翻？关键还是时代不同了，比起科技水平严重落后的春秋晚期，孙膑生活的战国年代，军事科技也突飞猛进，尤其是攻城科技、投石机、弩箭的水平，早已远远甩开春秋时期。于是孙膑的观念，也就与时俱进。而有情怀有技术的孙膑，其兵法的另一大重要思想，就是如何看待战争的价值。以他的话说，战争的意义，在于“战胜而强立，故天下服”，即维护王权的尊严和天下的统一。这是中国古代史上，第一次系统阐述战争价值的军事家。

如果对照后来战争发展历史看的话，我们就不难发现，孙膑之前，战争虽然不少，但是对于战争的认识，还从未这样系统过。也正是从孙膑之后，战争的价值、操作、军事的建设，开始形成一套系统的模式。越是重大的战争，对于战争意义的阐述，也就更加的成熟。从这个意义上说，孙膑的军事理念，几乎得到了完整的传承，并未随着孙膑兵法的一度失踪而断代，重新出土的孙膑兵法，更见证了他真正的价值！

这群人竟也懂打仗

战国百家争鸣、学派纵横，但作为后人看来，经常感到犯愁的一件事：哪怕是个很熟悉的历史人物，他到底该属于哪派，也都不好划分。因为百家争鸣的另一大特点，就是你中有我我中有你，同样一个人，可能既属于儒家学派，但同时又学习过法家的思想，甚至与墨家也有渊源，简单粗暴地把一个人划为某个派系，基本就是闹笑话！

从这一点来说，中国人传统的一大特点，就是包容性。哪怕学问思想不同，但绝不盲目排斥，相反会在激烈的论辩里，一边针尖对麦芒地论辩，一边低下头来认真学习，取对方之长补自家之短。这样的精神，从战国时期起，在彻底闭关锁国前，曾经是我们两千年不朽的传承。正如明朝中后期，葡萄牙学者们对中国人的评语：他们（中国人）善于勇敢发现并承认自己的不足，然后毫不犹豫地学习！

而在战国时期，这种毫不犹豫地学习，也是在激烈辩论外表下，各路学派们每天都在做的事情，放在兵家身上，一些其他学派的名家，不但积极学习兵家的思想，而且其本人也成为兵家中的强大人物，比如一个最反对打仗的派别：黄老学派！

黄老学派，诞生于战国中期，传承老子道家思想，倡导清静无为。看这思想就知道，这学派有多反对战争，再看主要观点，那更是恨战争恨得不得了，以其原话说：兵者，不祥之器也！白话意思就是说：打仗，就是祸害！既然都当祸害了，那对战争，黄老学派是不是就是粗暴排斥？恰恰相反！痛恨战争的黄老学派，恰恰是兵家之中，十分强大的一类，很多黄老学派的代表人物，都是杰出的兵家，甚至他们对战争的专业研究水平，一些军界人士都要汗颜！

具体有多专业？说一件事就知道，别看黄老学派反对战争，可说起打仗来，他们的时间表规划，却是相当到位的。比如在黄老学派眼里，一个国家要想军事征服另一个国家，就必须要学会制订时间表，哪怕要打大仗，也要按照时间表认真来。什么时间表呢？“一年从其俗，二年用其德，三年而民有德，四年而发号令”，也就是说不但要有军事准备，还要有文化、思想的全面入侵，最后从军事和精神上全面征服对手。这个说法有没有用？其实现代战争也照样有用，不信看美国打伊拉克就知道，确实很管用！

黄老学派的这种征伐理论，其实也没有随着时间流逝而消失，相反越发细化，等到汉朝独尊儒术的年代，更是经过儒家的修正，成为儒家“德政”里的重要组成部分。特别是在后来中原王朝经营边疆的谋略里，正是这脱胎黄老学派的治理思想，在汉唐宋明几个朝代里，都曾起过大作用，对我国统一的多民族国家形成，真是有它的贡献。

同样强的，还有黄老学派的军事谋略，不夸张地说，反对战争的黄老学派，却为战争贡献了最为低成本的发动方式，更提供了最科学的战争控制理念。其中很重要的一个理念，就是一个国家怎样用最小的代价，赢得一场战争最大的利益，包括情报战的发动、对敌人方面的贿赂，还有对敌人核心力量的打击。黄老学派的《十大经》，更系统地提出了先弱而后发的理论。忍，就是为了爆发！

这个思想，在战国不出名，到了汉朝，起了大作用。西汉为什么在开国面临匈奴威胁的情况下，果断选择了和亲政策？正是因为当时的汉代，黄老思想占统治地位，因此选择暂时的忍耐，也就顺理成章。那为什么到了汉武帝时代，汉朝可以果断采取反击策略？因为即使在隐忍的60年里，汉朝也不是单单在忍，更没有在富庶生活中磨灭应有的志气与血性。因为即使受黄老思想影响，也绝不是忘战，相反一直在进行战争的规划准备，后来汉朝横扫草原的强大骑兵，正是在黄老学说时代苦心建设出来的。

兵家成就了商鞅

战国年代，轰轰烈烈的一大热潮，就是变法。这热潮里比较悲情的一个群体，就是变法家。他们用热血和生命，造就了这个天翻地覆的时代，然后又同样以热血和生命的代价，换来了这个时代的蓬勃向前！

其中最著名的，就是商鞅。

关于商鞅，这位亲手造就了秦国华丽转身——从蛮荒边鄙国家到超级帝国——强大变法家，他的故事很多人已经耳熟能详了。喜欢战国的朋友，都知道他很强，强在精准的判断力，高效率的行动力，言必信、行必果的做事风格。但另一个能力，熟悉的却不多：强大的军事能力！

正如前面所说，战国时代的头等大事，就是打仗，哪怕一个改革家，想要在变法斗争中站稳脚跟，顺利推行自己的变法思想，也必须要有强大的军事能力来撑场。打得赢，一切都好说，一旦打不赢，后果就很严重。放在商鞅身上，正是如此。虽说对于他的军事能力，史家着墨得不多，但对于他的改革大业来说，这事却很重要。

而从身份说，商鞅，也同样是兵家之中十分强大的一位！

商鞅有多强？说一个事实就知道，《汉书》里的《兵书略》章节，收录商鞅的军事文章，就多达27篇，俨然战国兵家里的大家，不单汉朝人推崇，就连战国同时代人也推崇，以荀子的赞叹说，商鞅就是“世俗中擅用兵者”，也就是现实中活生生的军事强人。

这评价过分不？这是有实打实的战绩做证的。当年商鞅变法期间，除了对内折腾改革，商鞅也没少对外折腾战事，多次亲自带兵出战，而且还填补了秦国历史的空白。在对魏国的西河战争中层层推进，多次打败魏军，连魏国公子也被他活捉。当然这件事，按照很多史料的说法，是他笑里藏刀耍诈，靠过去的交情把人骗了当俘虏，还是诡计制胜。但仔细看看商鞅的军事思想，就会发现这位一辈子办实在事的强人，打仗也十分实在，最讲究的就是战争的具体技战术，贡献最大的就是军事方面的革新，攻和守的战法，都创了好些新思路。尤其著名的一句话：使民怯于邑斗而勇于寇战。一个治安状况奇差，民间斗殴不断的国家，必然是一个外战特别㞞，被人随意欺负的国家。这句著名的断言，在后来的历史里，不断得到印证。而秦国军队强大的一个重要经验，也是由此而来：秦国法律明文规定，民间禁止私斗。正是这严格法律的规范，造就了秦国人强悍的民风，从此横扫六国。

在进攻战里，商鞅一直强调的另一个重大原则，就是正确认识敌我之间的力量，千万不能为情绪左右盲目发兵。发动一场战争，需要仔细评估自己的实力，更要认真了解战争的态势，而且在商鞅看来，一场战争发生，国家真正的隐患，不是那些担忧战争的人，恰恰相反，是那些盲目喊打的人，这些人不懂军事却瞎指挥，最后断送的，恰恰是可能会赢的战局。对比后来中国历史，看看北宋“靖康之耻”、明朝“甲申之变”，如果当政者能多读读商鞅的书，这些令国人至今痛彻心扉的悲剧，很有可能会平安避过。

苦心变法的商鞅，最终死在了秦惠文君手里，但商鞅的变法，并未因为他的死而中断，其实同样没有中断的，还有商鞅的另一个重大军事思想：四战之国贵守战。当一个国家面临四面受敌的状况时，首先一定要学会防守，而不是盲目进攻。

这个论断有多重要？看看后来的秦国就知道，当秦国统一天下的战争隆隆开进的时候，秦国也曾多次面临着被六国联合针对的状况，即著名的“合纵”政策，可是为什么每次轰轰烈烈的合纵，最后不是被秦国打花，就是被秦国巧妙拆散，因为秦国除了军事的强大，更重要的是正确的政策，每次总是分化瓦解，甚至是以守为攻，利用对手的矛盾，不断拆散其联盟，在整个战国中后期的军事历史上，秦国面临合纵的次数很多，但是真被人围殴，却是少之又少。

以这个贡献说，商鞅一个人改写了秦国历史，真是毫不夸张。

三十二　战国的官职都怎么叫

战国题材，让很多影视剧编导，常感到压力很大。不但是吃的用的穿的，一不留神就出错被人吐槽，就连最简单的一件事——官职称呼，都经常闹出天雷滚滚的笑话来。

比如20世纪一个讲屈原的电视剧，里面屈原一出场就被叫“御史”，后来还有个叫吕不韦的电视剧，吕不韦的称呼变成了“阁老”，简直就是各个朝代全来乱串，播出之后，自然招来骂声不断。

其实说句实在话，如果要找战国时期比较乱的事，除了眼花缭乱的战争，就应当是这官职称呼了。

不同的国家，各有一套制度习俗，具体到官职上，也是叫法不同，有时候还是生僻字扎堆，想不出错？别说是电视剧编导，就是一些专家，有时候也难免。

但战国另一件很有意义的事，就是这看上去容易犯错的事——战国的官职制度！

为什么有意义？因为战国的官职演变，奠定的正是未来两千年中国传统政治制度的框架雏形。后面那些容易叫错，甚至电视剧里乱串的官职，基本都是由战国演变而来！

到了战国就变了

为什么东周战乱，从春秋到战国，被分成两个时代，因为这两个时代比起来，好些事真的变化快，尤其快的，就是官职制度！

为什么会变化快，就是因为统治背景不同了。

对比西周就知道，西周的分封制下，大小诸侯国林立，还算长期稳定，等到东周年间就不稳定了，各种战乱蜂起，而且不单是诸侯国之间打，国家内部打得也厉害，国家内部的权臣贵族们，打起来有时候比国家间的战争还热闹。比如春秋末年的齐国、楚国，国内都爆发过大规模内讧，还有更令人大跌眼镜的状况是，两个国家没有打，两个国家各自权臣的私家武装，居然打得比国家战争还热闹。就好比今天俄罗斯的总理拉上自家的保镖，和美国国务卿家的保镖开练，竟然阵仗比越战还狠，类似此类战争，春秋晚期很多。

打来打去，后果也很明显，原来强大的晋国，打成了韩赵魏三个国家，像原来姜家统治的齐国，变成了田家统治，总之不但是国家的版图轮廓打得变化了，连内部的政治制度，跟着也变了，自然地，官职秩序也要跟着变。

但更重要的原因，却是国家生存的需要。

战国时期，如本书所说，生产井喷，经济高速发展，科技突飞猛进。具体到战争上，阵仗更比以前大得多，春秋时期打仗，几万人就是大规模，到了战国年间，几十万人都算是常规规模。发动一场几十万人的大型战争，依照原先的政治体制，显然是无法做到的，必须要有新的政治体制，与之对接配套。

在这种情况下，各个国家的官职设定，不但彼此之间不同，比起春秋时期，更是不同。但有一个核心内容，却是相同的，以《史记》上评价说，国分文武，君之二术。中央集权制上，按照文武职能分配官职，改过去的松散管理为集中管理，方便集中人力物力，应对残酷考验，在这个战国年代生存下来——这是当时主要国家不约而同的选择！

在这种选择下，战国国家的官职体制，也就基本类似：中央有负责行政的相国与负责战争的将军，分别统领相关官员。地方上建立郡县制度，由国君直接任命管理地方军政官员。大小官职仿佛都用绳索牵住，绳头牢牢抓在国君手里。各个国家的管理方式不同，但都是异曲同工。

在这个目标下，列国的主要官职都有哪些呢？又该怎么叫呢？

战国的这些官眼熟不

首先要说的，就是各国统揽行政大权的职务：相！

看过将相和的典故就知道，战功卓著的廉颇，可以为了蔺相如做相不服，差点闹出事端来，可见这个“相”，列国都是令人眼热职务！

其实在春秋时期，就有了“相”，但论地位，却是天上地下。春秋时期的相，只是小礼宾官而已，根本没什么实权，当时辅佐国君处理国家大事的，被称作“太宰”！但到了战国时期，“相”就翻身了，最早开始把“相”设为国君之下高官的，是春秋时期的齐国，战国时期继承这一设定的，则是最早雄霸列强的魏国，随后是韩、赵两国。魏国能够最早雄起，这个制度的优势，确实立竿见影！

至于后来变法崛起的秦国？虽说一些影视剧，都喊商鞅丞相，其实他刚入秦时，做的真不是丞相，而是“左庶长”，后来顺风顺水，做到了大良造，其实这就相当于“相”的角色，只是还没有名分。

秦国真正开始有了名副其实的“相”，则是在秦惠文王杀掉商鞅后，新得宠的张仪，他在秦惠文王十年（公元前 328 年）官拜秦国相。而在称呼上，秦国也有了一个尊称：相邦。如果哪个电视剧上，吕不韦等秦国相，是被这样称呼的，必须赞一声，专业！而能与之相媲美的官职，就是总揽军事大权的将。将与相，这两个战国时期各国国家机器上的最高端官职，好比中央集权国王的左膀右臂。

然而比起“相”来，战国时期的“将军”，更是个新名词，最早有这个创新的，依然还是魏国。在魏文侯首霸诸侯的年代里，魏国除设置了“相”这个行政官职，还首创了文武分家，专门由军事人才来主持战事。乐羊子和吴起，这两位为魏国出生入死的名将，也可以说是战国时代最早的一代将军。

有了这个军事体制创新后，这种新型模式，也很快被列国效仿，比如齐国的田忌、燕国的乐毅，这些呼啸一时的名将，都是专职的将军，这在文武不分家的春秋年代，是很少可以看到的。但相对例外的，还是秦国。

作为战国长期军事实力最强的国家，军事魔兽的秦国，其实在将的任命上，却是相当地保守。别看秦国一直军力强大，但在其他国家专职的将，放在秦国，却是个典型的临时工职务，一般都是有仗打了才随机委派，打完仗就收回权力。直到秦昭王时代，才有了第一位专职把持兵权的将军：穰侯魏冉！为什么偏偏他可以？当时秦昭王刚登基，王位都没坐稳，魏冉更是他的亲舅，不信他信谁？当然等到魏冉倒台，秦国又基本恢复了老样子了！

那么如此保守的秦国，为什么没有出现军令不通的情况呢？因为虽然将是临时的，但另一个军事职务却是固定的：国尉。

其实国尉这个职务，也是早在春秋时期就有，晋国的制度最成熟，但当时晋国担当这个职务的，也主要以文官为主。到了战国时期，这个职务终于变成了完全的军事官职，负责全面的军事工作，正是因为有这个职务，秦国日常的军务才能有条不紊地进行，遇到重大战事，才能和临危受命的将军无缝对接。所以在战国各国里，秦国才最有国家军队的样子，强大在于管理和维护，并非只靠将领自己的能力、谋略带兵，而是无论谁带，都可以保持强大的战斗力。正是这种恐怖的战斗力、保持能力，才造就了秦国纵横天下的风光！

当然秦国的国尉，也是经过一个演变过程的。最早的时候，也只是大良造下的武官，属于给相打酱油的职务，比如我们熟悉的很多秦国名将，类似白起、甘茂，都曾经有过这样打酱油的工作经历，但等到秦国设相且取消大良造职务后，国尉，也就成了军事的最高长官。这种体制改革的过程，见证了秦国变法的逐步深入！而比起这几个官职来，另一个官职，应当是熟悉封建王朝的朋友，都格外地熟悉：御史！

单以“寿命”论，“御史”这个官职，堪称中国古代官职里的老寿星！商朝的时候就有，清末厘定新官制前依然在，结结实实的官场“老炮”，但事实上，别看“御史”一直在，但是它的身份到了战国时期才变的！

战国以后的御史，如我们熟悉的那样，主要都是做监察工作，但战国以前，并不是这个！

那最早的御史是干什么的？其实只要看看“秦赵渑池会”就知道，秦国、赵国斗智斗勇，蔺相如大展雄风，但旁边始终忙活的，却是御史们，秦赵两国国君出了什么状况，他们都要认真负责记录，哪怕被蔺相如吆来喝去，也不敢有半点怠慢。没错，他们那时候就干这个，就是领导身边的记录员，主要记录大事，特别是修史时，所有的现场情况，都要由他们记录！

这也就是说，后来从事司法监察工作的御史，在战国时期，还跟这行当离得很远，但看上去很远，其实也很近，因为那时候御史们的一个职责，就是监督规劝国君们，国君们有哪些行为不像话，别人看不见，御史可看得见。而最早把御史往监督职能上拉的，还是秦国：秦国的御史，除了做记录，还要保管档案，秦国法律规定，每年廷尉都要找御史们去核对一年的档案记录。从单纯的秘书到专业监督，御史的转行，其实就是从此开始的。

既然御史当时只是秘书，那么战国时期，司法工作又是由谁负责？那正是孔圣人曾经从事过的工作：司寇。

到了战国时期，许多国家还是保留着司寇这个官职，但秦国却是个例外。秦国掌管司法的官职，正是上面说过的廷尉，而且对照汉朝就知道，汉朝的廷尉制度，正是从秦国沿袭而来，所谓汉承秦制，这个制度传承就是缩影！

上面这几个中央职务，基本都是战国列强共有的，而除此之外，各国也有一些独家官职设定。比如辅佐太子的官职，在齐国和燕国叫太傅，在秦国又分开，分别叫作师和傅。齐国和秦国还专门有博士，全是精通典籍的学者，专业给帝王当顾问。值得一提的还有司空这个官职，主要管工程营造，韩国和秦国都有，但事权又不一样，韩国的司空只管干工程，秦国的司空却还要管牢狱，原因也简单：秦国干工程的，主要是囚犯。

地方官职才是关键

如果说中央这些官职变迁，好些都给后人似曾相识之感，那么真正对中国古代历史影响深远的，还是地方行政结构的变化。

社会的变化，关键就是从根子上变，放在战国年代，这个根基，正是地方的行政体制，这个变了，才意味着中国历史上这个转型期——关键的环节已经完成。

这个最关键的环节，就是郡县制！

严格一点来说，郡县制也同样产生在春秋时代，但春秋时代不同的是，县的级别要远高于郡。公元前 493 年，晋国权臣赵鞅要讨伐范中兴氏，战前开动员会的时候就许愿：大功劳打完了给个县，小功劳给个郡。由此可见，当时县还在郡之上。

但什么时候，郡反而跑在前面了？依然还是战争需要，最早的郡为什么级别低？因为那时候郡只在边境有，后来战争规模越来越大，郡的重要性越来越多，给的实权也就越来越大。地盘也越来越大，相应地，国君的控制力也要加强，其地位自然也就水涨船高了！

因此，郡也就有了一套新的制度，长官叫作郡守，责任大权力也大，可以征发本地的士兵，但权力太大了控制不住怎么办？郡守下面还有郡尉，主抓军事工作，正好可以彼此牵制！

当然，也不是所有的国家，地方建制都是叫郡，齐国就是叫都，但意思基本一样。

一开始的郡，地盘少编制也就少，后来郡越来越多，出于事权统一的需要，下面更要有层级机构，因此县也就正式作为下级机构，和郡形成了上下关系！

县的长官，叫作县令，这个称呼，也差不多延续了整个封建时代。县令的下面，又有县丞、县尉，这个结构，之后也是一脉相承。中国古代号称皇权不下县，中央直属的官制，最低到县级，这种模式，也是从此开始！而郡与县的两级制度，也就是我们所说的郡县制，战国的列强里，谁推广这个制度最给力最彻底，也就意味着谁转型封建社会的速度最快。很显然，秦国走在了前面！

不过，要以为秦国是简单粗暴的郡县制，那就错了。任何一个国家，任何一个年代，都需要按照自己的需求设计制度。再好用的制度，也不是生搬硬套来的。秦国在整个战国时代，最凌驾于列强之上的，就是强大的动员能力。其不但能动用近百万军队投入作战，更能长期保障战争供应，战争的支持能力，强大到如此恐怖，还与其一些附加制度有关，例如“道”！

道，是设在少数民族地区的行政机构，往往是在郡以下，与县是平级的机构。这样做的好处是，可以协调不同民族之间的关系，更方便对少数民族地区进行管理。这种模式帮助秦国稳定了内部的制度，是他们面对强大动员，依然可以稳定运转的基石！这样的制度模式，在后来的汉唐宋明几个朝代，也都有所参考，在治理少数民族地区时，历代都发挥了大作用！

战国时期，在县以下也有了两级的机构：乡和里，这是中国古代农村的传统机构制度，也同样是从战国开始，绵延两千多年。而且和中央直属管理郡县不同，乡和里两个层级，在管理上也有学问：乡是由乡主来管理，基本都是这一地方德高望重的人物，类似《汉书》里说的“三老”，里稍有不同，里的管理者叫里典。在秦国，里典通常选择勇武人物，也叫作“率璈”。里中的居民叫“里人”，按照居住地来编伍，也叫作“四邻”。我们今天常说的街坊四邻，就是这么来的。这是中国封建社会基层管理的缩影。

战国大事年表

公元前 455 年　原晋国韩赵魏三大家族，尽灭晋国大族智氏，至此，昔日春秋时代中原第一强国晋国，已基本被三大家族瓜分完毕

公元前 403 年　周威烈王册封韩赵魏三家大夫为诸侯，从此晋国正式成为历史概念，取而代之的是三个新兴国家：韩国、赵国、魏国

公元前 397 年　战国四大刺客之一的聂政刺韩相事件爆发

公元前 389 年　阴晋大战，战国初期著名以少胜多大战，名将吴起率 10 万魏军大败 50 万秦兵，魏武卒强悍威名流传天下

公元前 388 年　墨翟所著的战国科学宝典《墨经》问世

公元前 386 年　齐国田和放逐齐康公自立为国君，正式成为齐国新的统治者，是为“田氏代齐”

公元前 375 年　韩国攻灭郑国，将都城迁至原郑国都城新郑

公元前 361 年　魏国迁都大梁，确立了对西部秦国防御，全力东进的战略

公元前 359 年　卫鞅入秦，改变战国力量对比的商鞅变法即将开始

公元前 355 年　齐国邹忌改革，是为齐国崛起的重要一步，这个春秋时代的东方传统强国彻底复苏，开始争霸之路

公元前 353 年　齐魏桂陵大战，横扫中原的魏国遭到齐国痛击，霸业大为削减

公元前 341 年　齐魏马陵大战，书写围魏救赵妙笔，齐国重创魏国，从此成为关东最强国

公元前334年　齐国魏国徐州相王，至此，关东国家基本称王

公元前321年　秦国张仪兼相秦魏，连横政策大力推动

公元前318年　楚、赵、韩、魏、燕五国合纵讨伐秦国，在函谷关大败

公元前312年　秦楚丹阳大战，楚国8万人覆没，汉中600里土地丢失

公元前301年　齐楚垂沙大战，楚国再度战败，齐国确立了其关东六国的领袖地位

公元前296年　齐国牵头合纵，率领韩国、魏国攻克函谷关，迫使秦国求和

公元前294年　齐国田甲劫王事件发生，齐国孟尝君仓皇逃走，齐湣王大权独揽

公元前288年　齐国和秦国各称东帝、西帝，是为战国一时的两极格局

公元前286年　齐国攻灭宋国，引发秦国恐慌，燕国乘机策动五国伐齐

公元前284年　燕国率领五国联军横扫齐国，占领大片土地，齐国崩溃覆灭在即

公元前279年　齐国名将田单以火牛阵破燕军，齐国收复国土复国成功，但国力衰退，战国两极格局瓦解

公元前269年　赵国名将赵奢在阏与之战中击败秦国，赵国崛起

公元前260年　长平大战进入大决战，秦将白起斩杀赵国45万人，赵国遭到重创

公元前257年　邯郸大战，赵国绝地反击，信陵君窃符救赵，秦国大败

公元前255年　楚国灭鲁国

公元前249年　秦国灭东周，八百年周朝不复存在

公元前241年　韩、赵、魏、楚、燕五国最后一次合纵，一度威逼函谷关，最终失败

公元前237年　秦国权相吕不韦倒台，秦王嬴政亲政

公元前230年　秦国灭韩

公元前 228 年　秦国灭赵

公元前 225 年　秦国灭魏

公元前 223 年　秦国灭楚

公元前 222 年　秦国灭燕

公元前 221 年　秦国灭齐，战国时代结束，天下一统